河北经贸大学学术著作出版基金资助
社会治理德治与法治河北省协同创新中心立项支持

叶金国　吕　洁　著

乡村振兴背景下
农村养老问题研究

社会科学文献出版社
SOCIAL SCIENCES ACADEMIC PRESS (CHINA)

前　言

　　在向第二个百年奋斗目标迈进的新征程中，我国将始终面对人口持续老龄化以及由此导致的养老难题的困扰。根据国家统计局发布的《中华人民共和国2021年国民经济和社会发展统计公报》，2021年，我国60岁及以上老年人有2.67亿人，占总人口的比重为18.9%；65岁及以上老年人有2.01亿人，占总人口的比重达14.2%。按照联合国标准，65岁及以上人口的占比超过14%的社会为"老龄社会"，这标志着中国已经正式进入"老龄社会"。根据国务院发展研究中心课题组2022年发布的预测，到2035年和2050年，中国65岁及以上老年人口规模将分别达到3.46亿人和4.49亿人，老龄化率将分别达到20.5%和37.3%，据此，中国社会将相继进入"超老龄社会"和"深度老龄社会"。我国人口老龄化呈现出规模大、速度快等特征已是不争的事实，持续的人口老龄化将使我国养老问题日益严重。

　　相对于城市，中国农村人口老龄化局势更加严峻，养老问题更加突出。根据第七次全国人口普查数据和国家卫健委发布的《2020年度国家老龄事业发展公报》，我国老龄化水平城乡差异明显，乡村的老龄化水平明显高于城镇。2020年乡村60岁及以上、65岁及以上老年人口占乡村总人口的比重分别为23.81%、17.72%，比城镇60岁及以上、65岁及以上老年人口占城镇总人口的比重分别高出7.99个百分点、6.61个百分点，比全国平均水平分别高出5.11个百分点、4.22个百分点。农村人口老龄化严重的主要原因是农村年轻人口大量流入城市，他们或由于务工居住在城

1

市，或通过打拼成为城市居民。根据第七次全国人口普查数据，2020 年，全国人口中居住在城镇的人口为 90199 万人，占 63.89%（2020 年我国户籍人口城镇化率为 45.4%）；居住在乡村的人口为 50979 万人，占 36.11%。2000 年第五次全国人口普查数据显示，居住在城镇的人口为 45594 万人，占总人口的 36.09%；居住在乡村的人口为 80739 万人，占总人口的 63.91%。与 2000 年相比，2020 年城镇人口增加 44605 万人，乡村人口减少 29760 万人，乡村人口占比大幅度下降 27.80 个百分点。由于老年人流动的限制性较强，人口流出的农村地区的老龄化更加严重，这使本来就薄弱的农村社会保障体系雪上加霜。年轻人长期在外务工，削弱了农村传统的家庭养老功能。农村老龄化水平持续提高，社会养老服务需求不断增长，但供给不足，基础十分薄弱，有效的服务模式仍在艰难探索中。养老保险制度建立时间不长，保障能力十分有限。因此，农村养老问题应该引起包括学界在内的各界人士的更多关注，解决农村养老问题是解决中国养老问题的重点和核心，也是解决中国养老问题的突破口。

研究解决农村养老问题必须考虑一个重要的行动背景，那就是乡村振兴战略。建立健全农村养老保障制度和养老服务体系需要在乡村振兴战略的总目标中来系统思考。党的十九大提出实施乡村振兴战略，是以习近平同志为核心的党中央着眼于党和国家事业全局，深刻把握现代化建设规律和城乡关系变化特征，顺应亿万农民对美好生活的向往，对"三农"工作做出的重大决策部署。这是一个管全面、管长远的重大决策行动。解决农村养老问题理所当然是包括在其中的重要内容，同时也是推动乡村振兴的重要保障。农村养老问题是乡村建设发展的短板和难点，实施乡村振兴战略必将给农村养老问题的解决带来机遇和内生动力，必将将我国农村养老推向新的发展阶段，脱离乡村振兴战略背景去研究探讨农村养老问题的解决是不科学、不全面的。以乡村振兴为背景，研究农村养老保障及其与乡村振兴的协同发展，是本书选题和展开研究的着眼点。具体说来，选择这一研究主题是基于以下三点考虑。

首先，解决好农村养老问题，是推动实施乡村振兴战略的重要一环和应有之义。《中共中央 国务院关于实施乡村振兴战略的意见》提出要"加强农村社会保障体系建设","完善城乡居民基本养老保险制度,建立城乡居民基本养老保险待遇确定和基础养老金标准正常调整机制","构建多层次农村养老保障体系,创新多元化照料服务模式"。这就意味着,在实施乡村振兴战略过程中,要不断完善农村居民的基本养老制度、提升养老保障水平,建立健全多层次、多元化的农村养老服务体系,推动农村养老事业的发展。在发展中解决农村养老问题,是乡村振兴的一项重要内容。在乡村振兴战略之下,推进农村养老保障制度和养老服务体系建设已经成为新时代的必然要求,也是实现农村高质量发展的必然之选。

其次,农村养老保障制度和养老服务体系建设与乡村振兴战略目标必须协调一致。《中共中央 国务院关于实施乡村振兴战略的意见》提出了这样的目标,即"到2035年,乡村振兴取得决定性进展,农业农村现代化基本实现","到2050年,乡村全面振兴,农业强、农村美、农民富全面实现"。相应地,随着乡村振兴战略的推进,到2035年,我国农村也将构建起多层次养老保险制度体系,中国特色养老服务体系成熟定型,全体老年人享有基本养老服务。到2050年,高质量的农村养老保障体系必将全面建成。

最后,乡村振兴战略提出"产业兴旺""生态宜居""乡风文明""治理有效""生活富裕"五个方面的乡村振兴总要求,这为农村养老事业发展提供了强大的内生动力。"产业兴旺"将为农村康养产业和养老服务业提供新活力。"生态宜居"将使农村人居环境大大改善,为农村养老自然环境布局打开新的境界。"乡风文明"将为丰富农村老年人精神文化生活和营造孝老爱老敬老社会氛围开启新篇章。"治理有效"将为夯实养老服务发展基础并促进其可持续发展提供新动能。"生活富裕"意味着老年人在农村养老的经济支持水平和生活水平将得到极大提高。

本书从乡村振兴的大背景出发,在全面审视我国农村养老现状的基础上,研究探讨了农村养老保险制度发展和保障水平提升、农村养老服务人才队伍建设、农村孝老乡风树立、农村养老社会支持体系的构建、农村多种养老模式的共生发展等问题。全书共有七章。

第一章为"我国农村人口老龄化与养老面临的困境"。研究乡村振兴背景下我国农村养老问题，第一步就是要对我国农村老龄化的现状以及农村养老面临的困境进行梳理和分析，基于这样的考虑，本书第一章专门针对这一问题进行了较为全面的探讨。该章明确了人口老龄化概念，探讨了我国整体以及我国农村人口老龄化的现状、发展趋势和特征，研究分析了农村家庭养老的困境、农村老年人社会保障面临的突出问题和农村社会化养老服务发展所存在的不足。总的来看，我国农村人口老龄化程度持续加深，农村养老面临多重挑战。

第二章为"乡村振兴与农村养老"。该章旨在讨论乡村振兴与农村养老的关系，认识实施乡村振兴战略对推进农村养老发展的支持和影响。该章阐释了乡村振兴战略提出的背景与过程，对乡村振兴战略实施过程中推出的政策进行了梳理，对乡村振兴战略的目标任务、重要意义进行了讨论；分析研究了乡村振兴战略为农村养老发展创造的条件、乡村振兴战略推进农村养老服务发展的路径、乡村振兴背景下城乡养老制度融合的趋势和路径选择。乡村振兴战略对农村养老的影响将是系统性的、全面的和深远的。

第三章为"农村养老保险制度与养老保障水平"。目前我国农村与城镇的居民基本养老保险制度是合并运行的，在城乡居民基本养老保险制度建设方面我国取得突出成就，建立了世界上最大的城乡居民养老保障体系。该章首先讨论了我国城乡居民基本养老保险制度的建立和发展历程，鉴于城乡居民基本养老保险制度数据难以分离以及一体化运行实际情况，该章对我国城乡居民基本养老保险制度和保障水平的区域差异与影响因素进行了分析评价，并对未来我国城乡居民基本养老保险水平的提升路径进行了测算分析。

第四章为"乡村振兴背景下农村养老服务人才队伍建设"。农村养老服务人才队伍建设是支撑农村养老发展的重要因素，也是现实的难题，必须在乡村振兴战略实施过程中不断强化，这是该章讨论的主题。该章研究分析了我国农村老年人口养老需求现状和特征，阐述了农村养老服务人才现状及其存在的问题，介绍了发达国家和部分地区养老服务人才队伍建设的经验，据此，较为系统地提出了完善我国农村养老服务人才队伍建设的对策建议。采取多元化策略是壮大我国农村养老服务人才队伍的必然选择，包括挖掘老年人力资源潜力、大力培养专业人才、积极培育志愿服务人员和社会工作者等。

第五章为"乡村振兴背景下农村孝老乡风的树立"。孝老乡风与乡风文明密切相关，并对家庭养老活动乃至社会化养老行为产生深刻影响，孝老乡风不仅引导家庭养老活动，也为农村养老发展提供良好环境，是乡村振兴背景下农村养老发展的重要基础。该章首先讨论孝老乡风与家庭养老的关系，然后分析当前农村孝道伦理观念发展现状及弱化的原因，最后重点探讨了乡村振兴背景下农村孝老乡风的建设路径。

第六章为"乡村振兴背景下农村养老社会支持体系的构建"。构建农村养老社会支持体系是我国农村养老发展的现实要求，在乡村振兴背景下更具有必要性和可行性。该章从社会支持理论出发，探讨了农村养老社会支持体系基本内容，阐述了乡村振兴对农村养老社会支持体系建设的推动作用；借鉴发达国家经验，研究分析了政府在农村养老公共服务供给中发挥的作用；讨论了我国农村社区居家养老的现状和存在的问题，提出了以社区为依托构建多层次农村养老服务体系的对策建议。该章最后还讨论了依托社会力量发展农村互助养老的问题。

第七章为"乡村振兴背景下多种养老模式的共生发展"。目前家庭养老依然是我国农村养老的主要模式，但随着农村经济社会发展，各种社会化养老模式会涌现出来，并在农村养老中发挥积极作用。该章讨论了农村养老模式类型及其发展演变历程，运用共生理论研究阐述了家庭养老模式和社会化养老模式共生的内在机理，认为二者相互补充、相互依托、相辅相成、缺一不可，两种养老模式及其衍生的其他养老模式将在乡村振兴背景下共生、共存和发展。

本书是在多项课题研究基础上写作完成的，叶金国、吕洁指导课题研究，拟定本书研究框架和写作提纲。第一章由吕洁、国一铭合作完成，第二章由吕洁完成，第三章由叶金国、罗坤、韩珍合作完成，第四章由吕洁、赵萌合作完成，第五章由吕洁、刘硕合作完成，第六章由吕洁、赵欣合作完成，第七章由叶金国、孙冰阳合作完成。路静参与了本书前期课题的研究和撰稿。全书由叶金国统稿修订。

本书的出版获得河北经贸大学学术著作出版基金资助和社会治理德治与法治河北省协同创新中心的立项支持，在此表示感谢！

由于作者水平有限，书中难免有错误和不妥之处，敬请读者批评指正。

目录
CONTENTS

251

第七章
乡村振兴背景下多种养老模式的共生发展

第一章

我国农村人口老龄化
与养老面临的困境

CHAPTER 1

研究乡村振兴背景下我国农村养老问题，第一步就是要对我国农村老龄化的现状以及农村养老面临的困境进行梳理和分析，基于这样的考虑，本章专门针对这一问题进行探讨。本章将明确人口老龄化概念，探讨我国整体以及我国农村人口老龄化的现状、发展趋势和特征，研究分析农村家庭养老的困境、农村老年人社会保障面临的突出问题和农村社会化养老服务发展所存在的不足。

第一节　我国农村人口老龄化现状及特征

一　我国人口老龄化现状及发展趋势

从广义上讲，人口老龄化包含了个体的老化和人口群体的老化。个体的老化主要是指个体的衰老，是一种不可逆的衰老过程；人口群体的老化是指某一国家或区域人口年龄结构的改变，即老年人口规模持续增大、占总人口比例持续提高，少儿和成人人口数量持续减少、占总人口比例不断降低，这都是人口年龄结构中各年龄段人口此消彼长的结果，在一定条件下是可逆转的。[①] 其中人口群体的老化是人口统计学中老龄化的本源含义，是最常见的人口老龄化的概念来源，也是本书定义人口老龄化的重要依据。

一个国家或地区的总人口由老年人口、成年人口（劳动年龄人口）和少儿人口构成。无论是分析个体的老化还是分析人口群体的老化，能够准

---

① 李仲生：《人口经济学》（第三版），清华大学出版社，2013。

确识别老年、成年和少儿年龄界限都尤为关键。老年人口是指年龄在老年年龄界限以上的、逐渐丧失劳动能力的人口，按照联合国和诸多研究部门的标准来划分，老年人口一般界定为年龄在 60 岁及以上或 65 岁及以上的人口，而 65 岁及以上是最通用的界定标准；成年人口（劳动年龄人口）是社会总人口中处于劳动年龄范围内的人口，在国际上通常将成年人口年龄范围界定为 15 ~ 64 岁（含）；少儿人口是指由于身体发育未完全成熟，尚未具有劳动能力的人口，国际上一致认为应将 14 岁作为少儿人口年龄的上限。

可以用三种指标来衡量人口老龄化程度，分别为人口老龄化系数、老年负担系数和人口老龄化指数。人口老龄化系数是指老年人数量占总人口数量的比重，其能对人口老龄化的绝对水平进行直观的反映；老年负担系数又称为老年人口抚养比（值），它是一种综合指标，反映老年人口与劳动年龄人口的比值；人口老龄化指数亦称为老少比，它反映了老年人口与少儿人口的比值，可以用来考察老年人与少儿在同一时期发生变化时的相互关系，并可以作为判断人口年龄结构类型的一个重要指标。目前国际上最通用的衡量人口老龄化程度的指标是人口老龄化系数，按照联合国对人口年龄结构类型的划分标准，当人口老龄化系数低于 4% 时，人口年龄结构为年轻型；当人口老龄化系数在 4% ~ 7% 时，人口年龄结构为成年型；若人口老龄化系数超过 7%，则表明此国家或地区已步入了老龄化社会。[1]

基于上述人口老龄化的含义、各类型人口的界定和人口老龄化程度的度量标准，本书将人口老龄化定义为在总人口中老年人口比例相应增长的动态过程。而此动态过程是由人口生育率降低和人均寿命延长导致的年轻人口数量减少、年长人口数量增加所引起的。一个国家或地区进入老龄化社会的标准有两个：一个是 65 岁及以上的老年人口在总人口中所占比例超过 7%，另一个是 60 岁及以上老年人口在总人口中的占比超过 10%。人口老龄化可以理解为老年人口数量增加、占比上升的一种动态过程，也可以

---

[1] 李通屏、朱雅丽、邵红梅等编著《人口经济学》（第二版），清华大学出版社，2014。

理解为社会人口结构呈现老龄化的状态。我国于 2000 年开始进入老龄化社会，并且老龄化程度随着时间的推移持续加深（见表 1 - 1）。

表 1 - 1　2000 年、2010 年、2020 年我国老年人口数量及占比

单位：万人，%

年份	60 岁及以上人口数量	60 岁及以上人口占比	65 岁及以上人口数量	65 岁及以上人口占比
2000	13051	10.3	8861	7.0
2010	17764	13.3	11924	8.9
2020	26402	18.7	19064	13.5

资料来源：国家统计局。

　　表 1 - 1 表明了我国在进入 21 世纪后人口年龄结构的变化趋势。从现实原因角度出发，有两方面因素可以解释这一变化：一是受计划生育政策影响，新生儿出生率呈现下降趋势；二是我国平均寿命延长，老年人死亡率降低，这离不开社会经济发展水平的提高和医疗卫生条件的改善。在新生儿出生率的下降和老年人死亡率的降低这两方面因素共同作用下，我国人口年龄结构在不断地加速老龄化。

　　2000 年以来，在我国育龄妇女规模缩小和占比下降、生育水平持续走低等多种因素的长期累积影响下，我国人口年龄结构发生了重大变化。全面二孩生育政策调整仅带来少儿人口比例的小幅回升，并没有改变人口结构变老的长期发展趋势。[1] 2020 年第七次全国人口普查数据显示，我国老年人口的数量和比重并没有下降，仍呈现持续攀升的趋势。60 岁及以上老年人口数达 2.64 亿，占总人口的比重为 18.7%，65 岁及以上老年人口数达 1.91 亿，占总人口的比重为 13.50%，两者比重分别较 2000 年的统计数据上升了 8.37 个百分点和 6.54 个百分点。[2] 从所整理的第七次全国人口普查数据中可得出结论：尽管国家对人口生育政策进行了调整和完善，

---

[1]　陆杰华、刘芹：《中国老龄社会新形态的特征、影响及其应对策略——基于"七普"数据的解读》，《人口与经济》2021 年第 5 期，第 15 ~ 17 页。

[2]　《第七次全国人口普查公报》，中华人民共和国中央人民政府网站，http://www.gov.cn/guoqing/2021 - 05/13/content_5606149.htm。

但仍无法扭转我国人口老龄化程度持续加深的趋势,无法有效解决老年人口规模膨胀所带来的一系列问题,这些调整和完善对减缓老龄化速度、控制老龄化水平的作用也相对有限。当下不可否认的是我国人口老龄化程度在持续加深,老龄社会新形态的格局已经形成并且不可在短时间内发生逆转。

自 2000 年步入老龄化社会以后,我国老年人口的数量和其占总人口的比重一直在加速增长,仅仅 20 多年,60 岁及以上的老年人口占总人口比重就增长了 8 个百分点以上。然而,要全面了解我国的人口老龄化状况,既要全面回顾历史,又要对其发展趋势进行动态的了解和预测。人口老龄化的发展并不是匀速、同向的运动,而是具有动态和变化的特点,学者们根据我国当前人口结构对未来 60 岁及以上人口数量及占比情况进行了预测(见表 1 - 2)。

表 1 - 2   部分学者预测的 60 岁及以上人口数量及占比情况

单位:亿人,%

学者姓名与 预测发布时间	60 岁及以上预测人口数量			60 岁及以上预测人口占比		
	2030 年	2040 年	2050 年	2030 年	2040 年	2050 年
杜鹏、李龙,2021 年	3.65	4.32	4.80	26.0	32.0	37.8
翟振武、陈佳鞠、 李龙,2017 年	3.70	4.34	4.79	25.5	30.4	34.8
陈艳玫、刘子锋、 李贤德等,2018 年	3.98	4.63	4.98	—	—	—

资料来源:杜鹏、李龙:《新时代中国人口老龄化长期趋势预测》,《中国人民大学学报》2021 年第 1 期,第 96 ~ 109 页;翟振武、陈佳鞠、李龙:《2015 ~ 2100 年中国人口与老龄化变动趋势》,《人口研究》2017 年第 4 期,第 60 ~ 71 页;陈艳玫、刘子锋、李贤德等《2015—2050 年中国人口老龄化趋势与老年人口预测》,《中国社会医学杂志》2018 年第 5 期,第 480 ~ 483 页。

二   我国农村人口老龄化现状及特征

(一)我国农村人口老龄化现状

由于我国人口基数大且区域经济发展不平衡,与全国或城镇相比,农村人口老龄化现象较为突出(见表 1 - 3)。

表 1－3　2010 年、2020 年我国全国 60 岁及以上老年人口数量
和农村与城镇 60 岁及以上老年人口数量、占比

单位：万人，%

60 岁及以上老年人口数量、占比	2010 年	2020 年
全国 60 岁及以上老年人口数量	17759	26402
农村 60 岁及以上老年人口数量	9930	12100
农村 60 岁及以上老年人口占农村总人口比例	14.98	23.81
城镇 60 岁及以上老年人口数量	7829	14300
城镇 60 岁及以上老年人口占城市总人口比例	11.68	15.82

资料来源：第六次、第七次全国人口普查数据。

根据表 1－3 的数据可以推测出，与全国和城镇相比，我国农村地区的人口老龄化程度更高，要想更好地解决我国人口老龄化问题，农村人口老龄化问题必须首先得到重视和解决。

一般来讲，我们把年龄在 60 岁或 65 岁及以上的人口称作老年人口。根据联合国所规定的标准，一个国家或地区，当 60 岁及以上的人口占总人口的 10%，或者 65 岁及以上的人口占总人口的 7% 时，就称为老龄化社会。2000 年开展的第五次全国人口普查的数据显示，中国 60 岁及以上人口占总人口的 10.33%，根据前文所提及的进入老龄化社会的标准，该比例说明早在 21 世纪初中国就已经迈入了老龄化社会；2020 年第七次全国人口普查顺利完成，其数据资料显示，在中国 60 岁及以上人口占总人口的比重已增至 18.7%，其中，农村地区的人口老龄化更快、更严重，其与农村地区的人口出生率下降、死亡率明显降低、预期寿命有所延长等因素紧密相关。另外，由于农村的生产率低下，农村的迁出人口远远超过迁入人口，成年人口大量流出农村，留在农村的人口多为老年人，这使农村面临愈加严重的人口老龄化问题。目前，我国人口老龄化在总体格局上表现出三点特征：汉族地区比少数民族地区快、东部发达地区比中西部地区快、农村地区比城镇地区快。我国农村地区的人口老龄化特点是速度变快、分布不均、老龄化提前和人均收入水平较低。

第五次全国人口普查资料表明，农村人口老龄化水平（65 岁及以上老年人口占总人口比重，下同）高于城镇人口老龄化水平大约 1.08 个百分

点；第六次全国人口普查的资料显示，农村人口老龄化水平高于城镇人口老龄化水平约 2.26 个百分点，表现出相对较快的提升速度；第七次全国人口普查的数据表明，农村人口老龄化水平要高于城镇地区 5 个百分点以上，这说明农村地区比城镇地区更先进入老龄化社会，而且其老龄化速度更快。

同时，我国人口平均寿命的增长速度快于发达国家的同期水平，出现了"未富先老"的现象。目前，我国还未完全建立起由政府、市场、社会等多元主体来共同应对人口老龄化的制度体系，养老和医疗保障水平还不高，农村老龄事业一直处于滞后状态。20 世纪 90 年代开始的人口迁移潮，使得农村老龄人口的处境变得更为复杂，特别是大量农村青年劳动力进入城市，远离了年龄逐渐增长的父母。

中国城乡二元分化不仅是地域上的问题，还是制度上的问题。1958 年我国开始正式实施户籍登记制度，即要求登记"户口"，每一位中国公民都必须在出生所在地的户籍管理部门进行登记，户口分为城市户口和农村户口，这样就可以将全体公民分成两类。该制度的推行，使许多属于农村户口的公民丧失了一些应有的权利，其中包括政府养老和城市居民所享有的社会福利，因此他们只能继续依靠家庭内部的支持系统。

自 20 世纪 80 年代起，中国开始朝着社会主义市场经济体制这个方向积极探索。探索社会主义市场经济体制也让集体农业逐渐回归到家庭农业，政府放松对市场的管制，放宽农村人口流动的限制。这些政策的调整使我国出现了有史以来最大的一次人口迁移潮。截至 2021 年底，我国流动人口达 3.85 亿人，但由于户籍制度的存在，其不仅无法享用城市中的一部分公共资源和社会福利，反而还会在这方面受到制约。在城乡二元体制下，农村流动人口面临社会保障不足与制度性差异，这给他们的家庭带来了极大的风险和挑战。

（二）农村人口老龄化特征

1. 城乡经济发展不平衡造成人口老龄化城乡倒置

在当今世界绝大多数国家都存在一种普遍的现象，即农村人口老龄化程度高于城镇的城乡倒置问题，中国也不例外。[①] 历次的全国人口普查和人口抽样调查资料显示，我国农村老年人口比例高于城镇，这种老龄化城乡倒置的现象已经出现了很长时间。从 1964 年第二次全国人口普查到 2015 年全国 1% 人口抽样调查数据公布，其间中国城镇和农村人口年龄结构逐渐向老龄化方向发展，但农村老龄化程度始终高于城镇，在 2000 年中国步入老龄化社会之际，农村人口老龄化系数同样超过了老龄化社会的临界值 7%，而城镇低于 7%，尚处于成年型人口年龄结构阶段。此外，随着时间的推移，老龄化的城乡差异经历了先缩小后扩大的演变历程，即在 1964~1990 年，人口老龄化系数城乡差距由 0.701 个百分点缩小至 0.124 个百分点，随后从 1995 年开始稳步扩大，2015 年城乡人口老龄化系数差已经增加至 2.79 个百分点，人口老龄化城乡倒置问题愈发凸显。

我国人口老龄化存在城乡差异性，并且城乡倒置特征明显，这是我国人口老龄化与资本主义国家之间存在明显差异的一个具体体现。第五次全国人口普查结果表明，我国人口老龄化水平在 2000 年是 7.1%，其中，农村、乡镇与城市分别为 7.5%、6.7% 和 6.0%，在人口老龄化水平方面，城镇地区低于农村地区。第七次全国人口普查结果表明，2020 年我国 60 岁及以上的老年人口达 2.64 亿人，其中，在农村地区 60 岁及以上的老年人口达到 1.21 亿人，占全国老年人口的 45.97%，农村地区老龄化水平（老年人口指 65 岁及以上人口）是城镇地区的 1.59 倍。根据上述数据可以发现：大多数的老年人口集中在我国农村地区，我国人口老龄化呈现出明显的城乡倒置特征。

2. 预期寿命的增加、总和生育率的下降，加速了农村人口老龄化进程

出生率和死亡率的双重降低直接导致了人口老龄化。长期实行计划生育和独生子女政策造成的生育率偏低是导致我国人口老龄化的最直接因素，而低生育率又使低年龄组人口数量不断减少。在 20 世纪五六十年代，

---

① 林宝：《人口老龄化城乡倒置：普遍性与阶段性》，《人口研究》2018 年第 3 期，第 38~50 页。

我国人口模式是高出生率、低死亡率、高自然增长率。实施计划生育政策后，我国人口模式逐渐过渡到低出生率、低死亡率、低自然增长率。

人口寿命延长是造成人口老龄化的间接原因。经济发展使人民收入和生活水平大幅度提高、医疗卫生保健事业逐步得到发展。人口平均寿命逐渐延长离不开医疗技术的进步与社会保障制度的完善。新中国刚成立时，人口平均预期寿命还不足 35 岁，1950 年增加到 40.8 岁，1981 年为 67.8 岁，2000 年为 71.4 岁，2021 年为 78.2 岁。1996 年，我国人口平均预期寿命首次超过 70 岁，增至 70.8 岁。多年来，我国人口平均预期寿命保持上升趋势，据学者预测，到 2050 年，我国人口平均预期寿命或将达到 85 岁。

在人口结构中，预期寿命和生育率的变化会对青年人口的数量产生影响。2016 年，在全世界 195 个国家中中国人口平均预期寿命排在第 68 位，按照目前的人口预期寿命增速，到 2040 年，我国人口预期寿命将达到 81.9 岁。《2019 年我国卫生健康事业发展统计公报》显示，2018 年我国人口平均预期寿命为 77.0 岁，比 2000 年高出 5.9 岁，2019 年为 77.3 岁。许多学者认为，长寿时代已经来临。[①] 农村人均预期寿命虽然比城镇低，但是近年来也一直在稳定增长。农村的人口老龄化，不仅是因为农村人均预期寿命增加，还是因为农村总和生育率，即平均每对夫妇生育的子女数也在降低。郭志刚表示，2015 年全国总和生育率下降，尤其是农村地区生育率的下降最为明显，由 2010 年的 1.444 降至 2015 年的 1.265，减少了 0.179。[②] 第七次全国人口普查资料数据显示，我国总和生育率在 2020 年已经降低到了 1.3。由此可见，我国农村总和生育率急剧下降已经是不可改变的现实。

3. 农村劳动力转移加快了农村人口老龄化进程

《2021 年度人力资源和社会保障事业发展统计公报》显示，2021 年我国农民工总量为 29251 万人，比上年增加 691 万人，增长 2.4%。随着城

---

① L. Gratton, A. J. Scott, *The 100 - Year Life: Living and Working in an Age of Longevity* (Blooms-bury Publishing, 2016), p.56.

② 郭志刚：《中国低生育进程的主要特征——2015 年 1% 人口抽样调查结果的启示》，《中国人口科学》2017 年第 4 期，第 2~14 页。

镇化、工业化的进一步推进，大量的农村剩余劳动力向第二、第三产业转移。农村青年劳动力的流动，必然会导致农村人口结构、家庭类型、就业结构的变化。[①] 农村青年劳动力的流出对农村地区人口平均年龄增长的贡献率由 2000～2005 年的 8.04% 增至 2006～2010 年的 16.91%，[②] 在典型的农村地区和经济发展较好的县域地区，人口空心化的水平越来越高。[③] 因而，一些学者把农村地区人口空心化的特点界定为：青年劳动力从农村大量涌入城市，从而造成了农村人口的减少，这样农村剩余的大部分是老人、妇女和儿童。[④] 同时，大量的人口外流会引发一系列问题，如农村劳动力短缺、经济衰退和营商环境退化，而高人力资本人口的过度流失也导致了乡村螺旋式的衰退。[⑤]

4. 农村人口老龄化存在明显的区域差异

图 1-1 描绘了 2019 年 31 个省（区、市）城镇化率与农村人口老龄化水平的情况。本书将 2019 年我国城镇化率（60.6%）和农村人口老龄化水平（14.69%）作为基准点，将 31 个省（区、市）按照城镇化率和农村人口老龄化水平划分为四个象限，从而可以直观地反映农村人口老龄化所存在的区域差异。在新型工农城乡关系形成的大背景下，从图 1-1 中可发现，在第一象限的多是东部沿海发达地区，其特征是城镇化率和农村人口老龄化水平均较高，如上海、浙江、江苏、山东等省市。位于第二象限的省份有四川、湖南、安徽等，所呈现的特征是：低城镇化率、高农村人口老龄化水平。绝大多数省（区、市）在第三象限，如河北、河南、陕西、吉林、贵州等，所呈现的特征是：城镇化率和农村人口老龄化水平均较低。只有少数省（区、市）在第四象限，如北京、天津、广东、福建等，所呈现的特征是：

---

① 张琛、彭超、孔祥智：《农户分化的演化逻辑、历史演变与未来展望》，《改革》2019 年第 2 期，第 5～16 页。

② 邹湘江、吴丹：《人口流动对农村人口老龄化的影响研究——基于"五普"和"六普"数据分析》，《人口学刊》2013 年第 4 期，第 70～79 页。

③ 韩纪江：《什么样的村庄更容易空心化？——基于全国 14 省 44 县 111 个行政村的调查数据》，《江南大学学报》（人文社会科学版）2020 年第 6 期，第 83～90 页。

④ 周祝平：《中国农村人口空心化及其挑战》，《人口研究》2008 年第 2 期，第 45～52 页。

⑤ Y. Liu and Y. Li, "Revitalize the World's Countryside," *Nature* 548 (2017): 275–277.

高城镇化率、低农村人口老龄化水平。综上，我国农村人口老龄化呈现明显的区域差异，东部沿海的发达地区大多城镇化率和农村人口老龄化水平较高，而相反这两个指标均低的省（区、市）大多处于中西部地区。

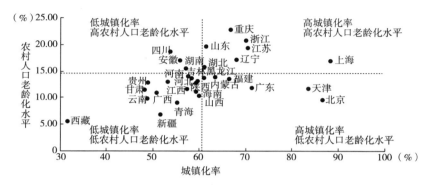

图1-1　2019年31个省（区、市）城镇化率与农村人口老龄化水平

第二节　农村家庭养老的困境

一　农村人口老龄化、高龄化不断加剧

老年人口数量庞大，老龄化的速度加剧。从总体而言，中国是人口大国，人口基数大，且拥有大量的老年人。特别是随着医疗技术和医疗水平的提升，老人的平均寿命不断延长，老人的死亡率逐年降低，老年人口数量逐渐增加，加速了我国的老龄化进程。2000年中国刚进入老龄化社会，60岁及以上老人数量已达1.3亿，占全国总人口的10.3%，65岁及以上老人已达8861万，占全国总人口的7%。2010年全国人口普查资料表明，中国60岁及以上老人数量接近1.8亿，约占全国总人口的13.32%，其中男性8704万，女性9055万；65岁及以上老人数量接近1.2亿，占全国总人口的8.92%，其中男性5721万，女性6172万，女性老年人口群体比男

性大。实际上，中国的老人数量已经大大超过了全球很多国家的全国总
人数。

老年人口规模逐年扩大，高龄化现象也更为突出。2020 年我国 80 岁及
以上人口数量为 3580 万，预计 2050 年将增加到 1.59 亿，高龄老人的健康问
题可能是更加严重的，空巢、独居老人数量的增加会削弱家庭的养老功能。
从前，"人生七十古来稀"；现在，"七八十岁不稀奇"。近年来，人们生活水
平和医疗水平不断提高，农村居民预期寿命也在逐年增长，高龄化趋势愈加
明显。第五次全国人口普查资料显示，在农村 60 岁及以上老人数量中，80
岁及以上老人占 9.5%。一方面，国民人均寿命的提高增加了赡养老年人口
的时间。随着赡养人年龄的增长，家中就会有两代老人，赡养人数增加。
另一方面，人口高龄化的趋势也使得照料老年人的需求增加。我们知道，
农村老人的自理能力随着其年龄增长而逐渐下降，这就意味着需要更多的
长期护理人员。2005 年 1% 的人口抽样调查数据表明，在 60 岁及以上的老
人中，有 18.2% 的人无法正常工作或者生活不能自理。老年人在经济和生
活照料护理方面对家庭和社会的依赖程度将进一步提高。若某个家庭中有
一位长期卧床不起的失能老人，且子女和保姆都不具备专业的护理技能，
那么不仅会影响子女的工作、生活，[1] 而且易激化家庭矛盾。

农村人口老龄化水平从 1982 年起就开始高于城镇了，并且两者的差距
呈逐年增大的趋势。根据 1990 年、2000 年、2010 年、2020 年四次全国人
口普查的统计数据，可以看出：在 1990～2020 年，我国农村 65 岁及以上
老人所占比重由 5.69% 增至 17.72%，增加了 12.03 个百分点；在同一时
期，城镇由 5.01% 增至 11.14%，增加了 6.13 个百分点，农村增长幅度明
显比城镇大。这说明我国农村人口的老龄化程度在这 30 年中比城镇要高，
并且农村人口的老龄化进程比城镇要快，从 1980 年开始，城乡之间的老龄化
程度差异一直在加大，到 2020 年，两者相差 6.58 个百分点（见表 1-4），这

---

① 刘红尘：《以"养老机构延伸服务社区"解决养老难题》，安吉新闻网，2009 年 10 月 28
日，http：//ajnews.zjol.com.cn/ajnews/system/2009/10/28/011526779.shtml。

是 1970～2020 年中城乡之间人口老龄化的最大差距。

表 1-4　1990 年、2000 年、2010 年、2020 年我国城镇
与农村 65 岁及以上老年人口所占比重

单位:%

年　份	城　镇	农　村
1990	5.01	5.69
2000	6.42	7.5
2010	7.8	10.06
2020	11.14	17.72

资料来源:根据 1990 年、2000 年、2010 年和 2020 年四次全国人口普查数据计算得出。

城乡高龄化发展较快,且农村地区高龄人口的数量和占总人口的比重都比城镇大。80 岁及以上的老人一般被称作"高龄人口",从全国人口普查和抽样调查等资料中可以看到,在全国总人口中,高龄人口占比由 1980 年的 0.4% 增至 2010 年的 1.6%,增加了 1.2 个百分点(见表 1-5)。我国的高龄人口数量还会继续增长,并且是老年人群中增长速度最快的。到 2050 年,我国高龄人口数量的年平均增长率将达 4.02%,是老年人口年平均增长率的 1.7 倍,是总人口年平均增长率的 20 倍。我国高龄人口的这种增速在全球人口老龄化的历史上都是很少见的。

表 1-5　1980～2020 年我国 65 岁及以上老年人口和 80 岁及以上高龄人口占比

单位:%

年　份	65 岁及以上老年人口	80 岁及以上高龄人口
1980	4.7	0.4
1985	5.2	0.6
1990	5.6	0.7
1995	6.1	0.7
2000	7.1	1
2005	7.7	1.4
2010	8.9	1.6
2020	13.5	2.5

资料来源:1980～1995 年数据引自 United Nations, Department of Economic and Social Affairs, Population Division, *World Population Prospects*(The 2000 Revision);2005 年数据根据 2005 年人口抽样调查数据计算,2000 年数据根据《中国 2000 年人口普查资料》计算,2010 年数据根据《中国 2010 年人口普查资料》计算,2020 年数据根据《中国人口普查年鉴 2020》计算。

1990～2010 年，我国城镇和农村地区的高龄人口数量都在迅速增加，但是农村地区高龄人口的数量一直比城镇多。从统计资料中可以看出，1990 年全国人口普查结果显示，城镇地区高龄人口有 192 万，农村地区高龄人口有 575 万，农村地区大约是城镇地区的 3 倍；2000 年，城镇地区和农村地区的高龄人口分别为 381 万、818 万；到 2010 年，城镇地区和农村地区的高龄人口分别为 606 万、1193 万。与城镇和农村地区 65 岁及以上老年人口规模差别不同，80 岁及以上高龄人口的城镇和农村规模差距持续增大。1990 年，农村地区 80 岁及以上高龄人口数量比城镇地区多 383 万，2000 年这一数字增至 437 万，2010 年进一步增至 587 万。

二　家庭生育率下降导致家庭照料能力日益弱化

家庭是指人们基于婚姻、血缘、领养等关系组成的群体。从 1980 年开始，我国家庭这一单位发生如下变化：家庭结构越来越简单、家庭规模越来越小，核心家庭在家庭结构类型中逐渐占据主导地位。2010 年全国人口普查结果表明，我国家庭户的平均规模为 3.10 人，较 1982 年减少了 1.31 人。在家庭户中，一代户的占比为 34.18%，两代户的占比为 47.83%，三代户的占比为 17.31%，二代户、三代户占比与 2000 年相比有所降低。2020 年的全国人口普查结果则表明，我国家庭户的平均规模为 2.62 人，比 2010 年的 3.10 人减少了 0.48 人。家庭成员为老年人口提供养老资源，家庭规模与结构的这一变化将会使家庭可利用的养老资源减少。

家庭变迁对老年人照料造成了冲击。随着计划生育政策的实施，家庭伦理关系、家庭养老功能等都出现了新变化。在传统家庭中最主要的始终是家庭纵向关系，老人在家庭中占据着主导地位；而在现代家庭中主要关系基本为横向的夫妻关系。[①] 在照料老人方面，家庭所扮演的角色不断弱化，所占据的地位不断降低，而养老资源的匮乏已经是现代家庭所面临的

①　王宗廷：《家庭转型与居家养老》，《理论月刊》2000 年第 3 期，第 26～27 页。

一个普遍问题。随着人口老龄化现象加剧，低龄老人和高龄老人共同居住的家庭很多，在此类家庭中，低龄老人无法得到照顾，高龄老人的照顾也难以得到保障；由此可见，子女面对的是生活与工作的双重压力，而子女又是家庭养老资源的主要提供者，受人口变迁和社会转型因素的影响，独生子女数量较多、居住分散，可替代的照顾资源不足，照顾失能、半失能老人势必增加其生活压力。因此，专业化的养老机构和社区服务应运而生，农村家庭的代际关系更加需要融入社会，但在我国，建立和完善社会化养老服务体系仍需要很长时间。

三　农村老年人空巢化严重

"空巢"的英文为"empty nest"，它是对自然界一种现象的描述，本意是幼鸟长大后飞走了，原来的鸟巢里只剩下了老鸟，这就形成了所谓的"空巢"。后来引申到人，指原有家庭中的孩子们均已结婚，婚后分了家，离开了原来的家并开始了新的生活，家中只剩下老两口单独生活的一种家庭现象。空巢老人是家庭生命周期发展到一定阶段的产物。在一个家庭中，当子女长大成人，因求学、工作或结婚另组家庭等原因而搬出原来的家庭后，原始家庭中只剩下年迈或者即将步入老年期的父母，这部分老人即被称为"空巢老人"。但在现实生活中情况往往较为复杂，对于空巢老人的划分无法给出一个清晰的界限。例如，未婚独居的老年人，虽不符合上述空巢老人的定义，但其实际生活状态同空巢老人一样，都缺少来自子女的照料。即使是在格外重视"养儿防老"的农村地区，子女成家后搬离原始家庭的现象也越来越普遍，虽然可能居住在同村，但是也未必能时时刻刻关注到父母所需。因此，在对空巢老人下定义时，很多学者不仅考虑到子女与老年人居住距离的因素，还考虑到了老年人是否能够及时得到照顾等因素。农村空巢老人是由空巢老人中细分出来的，它是指生活在农村，与子女分开居住或子女长期在外，子女很少有时间或者没有时间回家照顾其生活的那部分特殊老年人群。基于本书的研究内容及目的，书中将农村空巢老人界定为长期（一年以上）居住在农村地区，且子女不经常在身边（或无子女）照顾的 60 岁及以上的老年人。

农村空巢老人产生的原因主要有以下四个方面。一是随着城镇化的发展，年轻人选择离开世世代代生活的农村去城市发展，农村留下了大量的劳动能力基本丧失、生活难以自理的老人，这一因素导致了空巢老人的出现与加速增长；二是孩子考上了大学，户口由农业变成非农业，大学毕业后，也很少再愿意回到农村，而是选择在城市安家立业，与父母相距甚远，且迫于生活压力，他们需要更加努力工作，回家与父母团聚的机会少之又少；三是有些不孝顺的子女，结婚后与父母分开生活，不愿赡养父母，老人只能独居；四是有一群人由于种种原因没有成家立业，他们也成了其中一员。

农村空巢老人的困境主要体现在自理能力差、收入水平低、生活条件差、精神生活贫乏、养老不能得到保障等方面。随着改革开放的深入推进，人们的思维进一步转变，特别是现代人的孝道观念较过去淡薄，这对传统的家庭养老模式也产生了一定的冲击。

在工业化和城市化的进程中，年轻人已经不像父辈那样有着浓厚的农村情结，他们多数选择背井离乡进入城市生活，这样一来农村地区就留下了失去劳动能力和基础生活自理能力的老人，逐渐形成了具有中国特色的农村空巢老人，面对如此庞大的社会群体，如何解决他们的养老问题成了全社会关注的焦点和难题。由于农村空巢老人数量不断增加，且不具备完善的相对应的农村养老服务体系建设，这些老人面临着生活拮据、情感空虚、缺乏照顾等诸多问题。因此，农村空巢老人的养老问题已经不仅是个人的问题，而且是涉及整个农村发展的社会性问题。农村空巢老人的养老，直接关系到我国能否促进可持续发展和建成社会主义现代化强国等问题。随着年龄的增长，老人身体机能逐渐衰退，自理能力逐渐下降，情感需求逐渐上升，对家庭、对子女的依赖更凸显，而原有的家庭养老模式受到较大冲击，已无法适应农村人口老龄化、空巢化的发展需求。因此，为更好为农村空巢老人这一社会群体提供帮助，我国现有农村养老模式亟须创新。

随着社会发展水平的不断提升，家庭生活成本不断提高，同时青壮年人群面临就业难、买房难、养孩难等压力，促使越来越多的农村青壮年人群涌向城市，寻求更多发展机会，从而造成老年人常年与子女分居的农村社会现状。在长期与子女分居过程中，农村空巢老人的精神、身体和经济方面承受着巨大的压力，从而产生对自身养老问题的忧虑。农村空巢老人与子女常年分居，缺乏陪伴和沟通交流，精神慰藉出现了空缺，从而产生孤独感、精神抑郁以及主观上对生活的不满意；同时，农村空巢老人的经济收入能力有限，经济来源单一，也存在子女的经济与物质支持有限以及不及时的情况，空巢老人不得不继续参与劳作，以增加经济收入，维持自身生活；此外，空巢老人随着年龄的增加，身体健康水平会逐渐下降，而身边缺乏子女照料，在日常行为方面存在一定困难。因此，针对精神、经济压力之下不得不劳动的情况以及身体健康方面的问题，缓解农村空巢老人养老忧虑，实现其老有所养、老有所依就显得尤为重要。

近年来，中国在国际上扮演着重要的角色，已然成为世界上最大的发展中国家，在城乡一体化不断发展的时代背景之下，虽然城镇与农村已经完成部分整合，农村人口呈下降趋势，但是农村居民仍然占较大比重。截至 2020 年底，全国人口约有 14.10 亿，60 岁及以上老年人口约有 2.64 亿，占总人口的 18.7%，这些老年人口中农村老年人占比将近 1/2。我国也是世界上老龄化速度最快的国家之一，2019 年相比 2018 年新增 65 岁及以上老年人高达 945 万。预计到 2040 年，60 岁及以上老年人占总人口的比例将达到 28%，65 岁及以上老年人口占总人口的比例将超过 20%。[①] 因此，农村老年人的养老问题成为不可忽视的社会性问题，农村社会的发展和稳定也是我国国民经济发展和社会稳定的前提保障。

农村地区老年人空巢化的程度比城市深。由于城镇化、工业化水平不断提高，大量的农村青壮年劳动力由农村向城市迁徙，加速了农村迁徙性

---

① 庞国防、胡才友、杨泽：《中国人口老龄化趋势与对策》，《中国老年保健医学》2021 年第 1 期，第 3～5 页。

老龄化的进程，提高了农村家庭的空巢化程度。统计数据显示，2011 年全国农民工约有 2.53 亿人，约占农村总人口的 38.5%，其中 40 岁以下的农民工占一半以上。受到经济发展、社会现状、历史特点等多种因素的影响，各省（区、市）的老龄化特征也不尽相同，但是，农村老人的空巢化水平高于城市依然是全国的普遍现象。社会发展现状促使农村的青壮年因求学、就业、经商、参军等诸多原因离开农村，不断加剧农村老人的空巢化趋势，但是相比城市，农村的人口老龄化应对能力明显较弱，因此，农村的养老保障工作既是迫切的又是艰巨的。

随着现代社会生活节奏和生活观念的转变，很多青壮年背井离乡，看望父母时间较少，对老人照顾也少，加之其具有工作、学业的双重压力，空巢家庭数量日益增加。同时随着新一代年轻人思维的变化，尊老敬老爱老的价值观受到了冲击，这也进一步削弱了家庭的养老功能。

农村"空巢化"现象加剧了农村养老供需矛盾。据统计，截至 2019 年底，进城务工农民数量高达 2.9 亿人，大量青壮年进入城市后，到 2015 年，农村老人中空巢老人占比增至 37% 左右。① 农村老年人无人照料的情况增多，绝大多数老年人对未来生活表示担忧。在生活照料和情感慰藉方面，农村"空巢化"导致了家庭养老功能逐渐退化。

从民政部的统计数据可以看出，2000～2010 年，全国城镇地区的空巢老人比例从 42% 增至 54%，农村地区则从 37.9% 增至 45.6%。2013 年我国空巢老人数量已超 1 亿人，2019 年增至 1.2 亿人，占全国老年人口总数的 68.6%。北京大学曾毅教授的研究团队预测，到 2030 年，中国空巢老人的数量将超过 2 亿，约占全国老年人口总数的 90%。调查结果表明，在 1982～2015 年，中国家庭户平均人数从 4.41 人降低到 3.10 人，预测到 2050 年这一数字将降低到 2.51 人。随着家庭在规模上日益小型化，独居老人的数量大幅增加。从民政部抽样调查的数据来看，2010 年我国独

---

① 纪志耿、祝林林：《中国农村养老服务供给：理论基础、形势判断及政策优化》，《农村经济》2019 年第 5 期，第 105～111 页。

居老人的数量约为 1754 万人，到 2019 年则增至 3710 万人。随着作为
"独一代"父母的 50 后、60 后人群迈入老年人行列，独生子女的老年父
母数量迅速增长，老人空巢化、独居化和家庭小型化的趋势持续发展。

可见，农村空巢老人大量存在已经成为一种社会现状。空巢留守老人
缺乏子女的精神慰藉，易产生老年孤独感以及心理问题。中国老龄科学研
究中心的调查表明，在主观幸福度上，农村老年人口中感到幸福的仅占
33.1%，而感到不幸福的占比高达 66.9%。在孤独感方面，农村空巢老人
中感到寂寞的占比高达 69%。通常情况下，随着年龄的增长和身体健康状
况越来越差，劳动者会逐渐退出劳动力市场，但农村空巢老人于经济压力
继续工作的情况并不罕见。《中国健康与养老报告》统计发现，60 岁及以
上老年人对自身的健康评价状态不容乐观。对自己健康评价为"不好"
"很不好"的老年人分别占 19.5% 和 5.2%，整体占比为 24.7%。可见，
老年人的健康状况不佳成为老年生活的一大难题。综上所述，农村空巢老
人在精神方面、经济以及身体健康方面存在困难，进而使得农村空巢老人
对其自身养老问题产生忧虑。

第三节　农村老年人社会保障面临的突出问题

一　基础养老金水平较低，经济供养能力弱

我国城乡居民基本养老保险制度的发展经历了数个阶段。农村经济体
制改革后，原有的农村社会保障体制难以适应经济和社会的发展需要，我
国于 1986～1991 年开始探索农村社会保障制度并开展了试点工作。1986
年，国家首次提出要在一些经济较为发达的农村地区探索运行社区养老保
险，并于 1991 年开展农村社会养老保险（简称"老农保"）制度试点。经
济较发达地区，如北京、山东等，成为首批试点区。1992 年，民政部颁布

《县级农村社会养老保险基本方案（试行）》，确立了首个正式的农村社会养老保险制度，即"老农保"制度，自此，"老农保"进入推广期。但由于制度设计存在缺陷，在其"个人缴费为主，集体补助为辅，国家政策扶持"的制度模式中，集体补助难以落实，国家财政扶持力度不足，农民个人缴费严重偏低，各种因素共同导致人均养老保险待遇极低，月标准在10元以下，从1998年开始，参保人数开始下降并出现退保现象。1999年7月，国家对"老农保"制度进行清理整顿，该制度进入停滞期。2009年，新型农村社会养老保险（简称"新农保"）制度试点启动，2011年，城镇居民社会养老保险也开始了试点，随后两种养老保险制度合并，统称为城乡居民基本养老保险制度，并规定了两种制度的衔接方式。截至2022年末，全国参加城乡居民基本养老保险人数达到5.49亿人，[①] 基础养老金标准也经历了多次上调。

作为一项宏大且密切关系人民生计的工程，城乡居民基本养老保险制度是提升农村与城镇居民老年生活质量的关键因素。回顾其发展历程，我们共同见证了中国城乡居民基本养老保险制度从无到有的建立，从二元到一元的制度整合，从地区试点到全国覆盖的制度普及，从低水平到高水平的制度完善。最初，"老农保"体系解体，"新农保"应运而生，农民养老风险降低。随后，城镇居民社会养老保险制度为城镇非就业人员的养老之路撑起了"保护伞"。最终城镇居民社会养老保险和"新农保"两项制度合二为一，解决了制度的碎片化问题。这在我国养老保险改革道路上发挥了决定性的作用。然而，对于城乡居民基本养老保险制度本身而言，它仅仅处于自身发展进程中的摇篮阶段。随着时间推移，其暴露出本身存在的许多问题。其中，养老保险待遇水平偏低是最为突出的一个问题。以2020年为例，依据该年份国家相关规定计算，满足领取条件的老人每月可获得105元的基础养老金。从全国层面来看，全国人均月收入为2682.4元，基

---

① 《2022年度人力资源和社会保障事业发展统计公报》，中华人民共和国人力资源和社会保障部网站，http://www.mohrss.gov.cn/SYrlzyhshbzb/zwgk/szrs/tjgb/202306/W0202306305 16037377667.pdf。

础养老金替代率仅为 3.91%。同时，从地域划分来看，中西部替代率高于东部。从国际视角来看，2020 年，日本基础养老金替代率达到了 70% 左右，德国为 44.6%，美国依据收入不同替代率有所不同（低、中、高收入者替代率分别为 52%、42%、30%）。相比之下，我国城乡居民基本养老保险养老金替代率偏低，存在保障水平严重不足的问题。

二 农村医疗卫生条件较差，老年人健康问题突出

老年人的病症主要集中在循环系统、呼吸系统、运动系统等的慢性退化性疾病上，并且此类慢性病的病程长、死亡率高、治疗成本高。目前中国老龄化问题日益严重，老年人的基本生活自理能力会随着时间推移不断下降，同时其心理和精神状态也会越来越差。作为我国医疗保健的主要消费群体，由于生理机能的衰退，老年人的身体素质下降，属于高患病率人群，其医疗服务需求较大，医疗费用一般较高，在医疗费用报销中的自费比例也比较高。

新中国成立特别是改革开放以来，我国健康领域改革发展成就显著，人民生活水平不断提高。然而，老年人的医疗保障制度体系和医疗护理服务体系却依旧不够健全，特别是农村地区，其在就医条件及便利性等方面和城镇地区还存在较大的差距。农村老年人群体对自身的健康状况和高昂的治疗费用都很担忧，并且拖延治疗而导致病情加重的状况时常发生，看病难、看病贵的问题依然没有得到根本解决。另外，针对老年疾病的专科门诊和专科医院数量较少，很多不太复杂的老年疾病不能在第一时间得到及时治疗，从而对老年人的身体和心理健康造成很大的负面影响。随着人口老龄化程度的日渐加深，农村老年人对医护服务的需求，不仅会增加家庭和社会的负担，还会使我国医护服务存在的一些问题变得更加显著，如医疗资源配置不公、养老服务机构建设落后、医护水平不足等。

三 农村老年人收入较低，更容易陷入贫困

我国农村的经济发展水平远落后于城市，农村老年人贫困问题尤为突出，因为其不仅是一个数量庞大的、典型的弱势群体，而且与年轻人在贫困问题上有显著的区别。首先，多数农村老年人贫困的状态是难以逆转的，农村老人们基本从事传统农业生产，难以增收，而且体力比不上年轻人，没有稳定的收入来源，所以很难通过改变自身来脱离贫困。其次，农村老年人贫困的原因不仅与自身有关，还在于赡养支持的不充分。这种不充分，可能是由于子女的原因，也可能有社会的原因，如家庭结构小型化和子女的频繁流动导致传统家庭养老功能逐渐弱化，再加上农村地区公共服务基础设施和养老保障体系的不健全，这些因素都加剧了农村老年人的贫困现象。①

随着经济社会的发展、科技水平的提高，农业规模化经营成为现代农业发展的必然要求。一方面，我国农村人口众多，土地资源有限，且在城市化的过程中大量农村土地被征用，可耕种土地面积急剧缩小，人均占有土地量极低，这与农业规模化经营相违背。另一方面，随着我国城市化进程不断加快，许多农村人口向城市集中，这又使得通过土地流转实现农业的规模化经营成为可能。当前，大规模的土地流转正在全国各地区展开。在这一背景下，农村人口收入水平逐渐分化。一方面，大量外出务工人员通过转移土地使用权提高了财产性收入，部分留守农民通过政府扶持开展农业规模化经营，收入水平也显著提高；另一方面，相当一部分中老年群体收入水平却出现下降，经济生活出现困难。这部分群体由于知识水平和年龄限制，外出务工难以找到合适工作，也无法获得信贷支持购置现代农业机器开展规模化土地经营，在土地流转现象大规模出现之前，他们主要

---

① 乔晓春、张恺悌、孙陆军：《中国老年贫困人口特征分析》，《人口学刊》2006 年第 4 期，第 3~8 页。

依靠种植自有耕地、撂荒地或租赁费用极低的耕地开展小规模经营，土地收益率较低。土地流转大规模开展后，土地租赁价格出现较大幅度的上涨，原有生产模式难以为继，这部分群体生产生活陷入困难。同时，我国实行农村土地集体所有的产权制度，土地以村集体为单位所有，而随着城市化进程的推进，不同村落人口变迁情况差异较大，这也造成各地区、各集体之间成员人均占有耕地量的差异，在土地确权背景下，进一步造成了人均资源享有量的差距和财产性收入的差距。因此，必须改革创新农村养老保障体制，分层次、分对象开展农村养老保障体系建设。

目前，我国已步入老龄化社会，并且在快速迈向深度老龄化社会，60岁及以上的老人已占全国总人口数量的近20%，老年人的养老问题愈发突出。当前我国农村养老保障主要有家庭养老、土地养老、储蓄养老和社会养老四种方式，看似完善的保障体系其实每一个方面都相当脆弱。随着人口的流动，农村孤寡老人数量日益增多，同时，独生子女政策造成家庭结构小型化，年轻人赡养负担过重，这些都造成作为基础养老支撑的家庭养老模式受到挑战。土地长期以来是农民生存的天然依靠和保障，但是随着社会经济的发展、城市化进程的加快，可用的耕地面积逐年缩小，失地农民数量日益增多，同时社会生活成本逐年提高，土地经营的收益较低，从事传统手工农业生产已经到了入不敷出的程度，土地所具有的生存保障功能逐渐弱化和衰退。实施储蓄养老的前提是农民本身具有足够的储蓄，但当代农民显然不具有这样的条件，人均耕地保有量较低，生产力水平较低，农业收益率较低，同时，农业人口向非农产业转移前期也存在诸多障碍，这些条件都使得当代农民不可能有较高水平的财富积累来支撑养老。在社会养老方面，2009年我国开始新型农村社会养老保险的试点工作，虽然目前其普及率较高，但普遍缴费档次较低，特别是基础养老金方面主要依靠财政转移支付，与职工养老保险保障水平相比明显不足。

在农村土地流转这一新背景下，农村社会保障出现了许多新的情况，传统农村养老保障制度面临诸多挑战，许多问题亟待解决。探索构建全新的养老保障体系并将传统的制度体系纳入其中成为一种必然趋势。

第四节　农村社会化养老服务发展不足

一　城乡养老服务发展严重失衡

我国的养老服务体系一直以来都是沿着一条"重城市、轻农村"的道路发展的，这和老龄化城乡倒置的发展趋势是截然不同的。正像前文叙述的那样，我国农村地区人口老龄化速度更快，老年人口失能、半失能程度更高，照料需求更大，但是大部分的养老服务资源集中在城镇地区，这就造成城乡养老服务发展的严重失衡。

本书以《中国民政统计年鉴2020》中的相关信息为基础，对2010～2019年我国城镇地区和农村地区养老院的发展状况进行了测评。结果发现，2010～2019年，虽然在相当长的一段时期里，农村地区的养老机构数量超过城镇，但是从2013年开始，农村地区的养老机构数量和养老床位数急剧下降，其中养老机构数量由2012年的32787家下降至2019年的15932家，降低了51%，养老床位数由2013年的峰值272.8万张下降至2019年的164.5万张，降低了39.7%。与此形成鲜明对比的是，城镇地区的养老机构从2010年开始一直在迅速发展，养老机构数由2010年的8432家增至2019年的18437家，增长119%，养老床位数由2010年的91.2万张增至2019年的274.3万张，增长201%。相比农村，城镇可以得到更多更好的养老投资，在2015年，城镇地区的养老床位的数量超过了农村，且到2018年，其养老机构的数量也超过了农村。从以上的数据可以看出，我国城乡养老院的体量都在不断地增大，城镇养老院的体量由2010年的每个机构有108张床位扩大至2019年的每个机构有149张床位，农村则由2010年的每个机构有71张床位扩大至2019年的每个机构有103张床位。

从整体上来看，不论是养老机构的数量还是养老床位的数量，养老资源的分布在城镇和农村地区之间都存在着越来越大的差距。从这一点可以看出，随着我国人口老龄化水平的不断提高，与城市地区相比，农村每个人所能拥有的机构养老服务资源数量越来越少。

我国城乡的养老服务发展，不仅在机构数量上失衡，而且在服务质量方面也有很大的差别。从整体上来看，农村地区的养老服务体系十分不健全，以公立的乡镇养老院为主要载体，大部分的养老院都是在乡镇一级统筹，之后又上升到了县一级的财政统筹，由于大部分县的财力不是很雄厚，所以其在养老院领域的投资就有了很大的限制。许多养老院都是在20世纪八九十年代建造的，由于当时的建筑水平比较低，维护资金比较少，其建筑表皮老化，设备陈旧且难以更新换代。此外，由于养老院专业护理人员欠缺，只能满足入住老人基础层面上的需要，而无法像城市养老院那样具备文体活动、康复护理等项目，不能满足老人日益多样化的养老需求。

二 农村养老服务供需矛盾突出

农村社会化养老服务起步晚、层次低、覆盖面窄，养老服务设施数量少，养老机构服务水平低，无法满足老年人日益多样化的养老需要，未能弥补由于家庭养老功能削弱而产生的老年人生活照料方面的空白。

农村老年福利供求关系严重失衡。需求层次理论是社会福利理论中一个非常重要的组成部分，奥尔德弗在这一理论的基础上提出了人本主义需求理论（ERG理论），它是对需求层次理论的归纳和升华。他认为，人的需要包括生存、关系和成长，需求层次理论和ERG理论都指出了人类需求的多样性。由于我国农村地区有大量老年人口，而且老龄化和高龄化的水平越来越高，因此，农村地区老年福利的需求也在快速增加。再者，城乡二元体制的限制对城镇和农村地区的福利体系产生了一定的影响，不管是在福利的内容上，还是在福利的供给方面，城镇老年福利都要比农村地区的好，这就产生了我国农村老年福利需求总量巨大但供给相对短缺的现象。

政策制定者的供给偏好与农村老年福利的现实需求不匹配。目前我国农村老年福利体系并不是从老年群体的实际需要出发的，而是更倾向福利供给主体的偏好，也就是说是按照福利供给主体的偏好来设计福利内容和服务流程的。随着年龄的增长，体质较差的老年人由于身体机能的下降会更容易患病，无论是居家养老还是社区养老，都无法满足老人的养老需要。身体健康的老人不愿意接受上门养老服务；而身体较差的老人更愿意选择养老院，因为在养老院可以享受到相应的养老服务，还会有同辈的陪伴来缓解孤独感和失落感。因此，在设计农村老年福利内容和实施农村老年福利供给的整个流程中，都应该从老年人的实际需要出发，而不应该只考虑福利供给主体的偏好。

当前我国的养老资源从总体上来看存在较大的供给缺失，农村的供给缺失更大。本书以 CHARLS（中国健康与养老追踪调查）数据中有关失能老人照料的资料为基础，对我国失能老人的照料缺口进行了分析。CHARLS 调查问卷针对那些需要别人协助才能完成 ADL/IADL（日常生活活动能力/工具性日常生活活动能力）测试的失能老人，详细调查了为其提供照料服务的主要人员及他们提供照料服务的时间长度。考虑到有多人照料的情况，本书将提供照料服务时间长度最长的人作为主要照料者，并对其在配偶、子女家庭、有酬照料者和其他人中的分布进行分析。其中，子女家庭照料包括子女、子女的配偶或孙子女的照顾；有酬照料者的照料包括保姆、所居住的社区和养老院的照顾；其他人照料包括父母、兄弟姐妹和其他人提供的照顾。图 1-2 表明，在城镇和农村，照顾失能老人的主力军都是配偶和子女家庭，以这一群体为主、要照料者的失能老人在农村占到了所有失能老人的 75.2%，在城镇占到了 81.2%；而以有酬照料者为主要照料者的所占比重相对较低，农村是 1.3%，城镇是 3.2%。应当注意到，图 1-2 也表明：在农村有 18.8% 的失能老人需要别人照顾却得不到照顾；在经济条件比较好的城镇，也有 11% 的失能老人得不到任何关怀照顾。由此可见，农村失能老人的照料缺失比例比城镇高了近 8 个百分点。

在养老资源的供给服务大量缺失的背景下，"一床难求"和"床位空闲"的现象同时存在，是我国养老资源服务在城乡之间的配置所表现出来

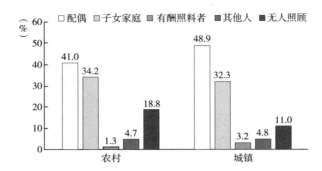

图 1 - 2　2018 年城乡 60 岁及以上失能老人的主要照料者占比情况

资料来源：CHARLS 2018 年数据。

的一种结构性失衡。在我国农村地区，乡镇养老院是机构养老的主要载体，而大部分养老院只为"三无"、五保人员提供养老服务，但由于我国经济发展水平的提升，五保人员的数量明显减少，特别是 2015 年以来，集中供养的五保人员的数量迅速减少，因此五保人员的床位需求量也大幅下降。集中供养五保人员数量的下降，使得养老院的一些床位得到了释放，此时如果不向农村地区的非五保老年人口提供这些床位，就会造成这些床位的空置。

本书使用《中国民政统计年鉴 2015》《中国民政统计年鉴 2020》的数据（包括机构收养老年人口的数量和机构所拥有的床位数量）来对农村地区养老院的床位空闲情况进行大概的测量。2010～2019 年，我国农村养老院的床位空置率一直在迅速增长，由 2010 年的 18.9% 增至 2019 年的 46.7%，9 年的时间增长了约 28 个百分点。

在农村地区养老院床位空置率持续上升的情况下，如前所述，农村地区仍有近 19% 的失能老年人需要照顾却得不到照顾，有人希望住进养老院，但由于种种因素不能入住，因此造成"一床难求"和"床位空闲"的现象同时存在，养老资源严重浪费。

首先，养老机构供需错配。当前我国农村养老服务体系建设还处在摸索的阶段，各种养老服务设施的发展都远远落后于城镇。在养老需求、机构布局和产业发展等方面的研究都比较欠缺，养老服务体系和项目等都还无法满足老年群体的养老需求。一些养老院的普通床位存在着"有而不用"这种资源闲置的现象。2017年,相比城镇地区,农村地区的养老院数量多出了1242家,但其整体的使用情况不容乐观,而城镇地区所入住的老年人口数量是农村地区的两倍。农村地区的日间照料中心大多空闲着不用,并且社区居家养老服务存在着很大的缺位。对照"到2020年养老床位资源中护理型的床位应占三成以上,2022年应占半数以上"的目标来看,农村养老机构的相关资源仍有很大的不足。城镇地区私营养老院发展得更快,私营养老院有七成以上分布在城镇。其次,养老服务供需城乡分布相反。调查结果显示,农村地区老年人口的各种养老服务需求都比城镇要大,尤其是在上门看病和就医陪同陪护方面存在着显著差异。但城镇地区和农村地区的养老服务资源供给与需求并不配套,城镇样本中附近的养老资源比农村多很多,出现了养老服务需要与配置的城乡分布相反的情况(见表1-6),农村相关养老服务的可得性比较低。另外,不管是城镇地区还是农村地区,养老服务的使用水平都比较低。最后,农村养老服务区域发展不协调。我国的养老服务属于地方性事务,更多的是依靠当地政府的财政投入。由于区域经济、公共资源配套情况、政府重视程度等多种条件的限制,中西部地区的养老服务水平比东部沿海地区低,农村地区的养老服务水平比城镇地区低。高水准的养老服务资源主要分布在城镇和东部沿海地区,而农村和中西部地区的养老服务资源既数量少又水平低。

表1-6 城乡养老服务需要、附近配置与利用情况

单位:%

养老服务	需要情况		附近配置情况		利用情况	
	农 村	城 镇	农 村	城 镇	农 村	城 镇
助餐服务	17.32	11.34	10.34	32.46	3.88	5.15
助浴服务	13.65	7.53	6.71	15.49	3.03	3.46
上门做家务	14.12	10.53	9.55	30.65	3.83	6.08
上门看病	45.03	20.62	48.08	41.87	35.43	13.91
日间照料	17.24	10.23	10.78	25.28	3.12	2.43
康复护理	24.23	14.37	9.92	26.38	4.17	4.66

养老服务	需要情况		附近配置情况		利用情况	
	农 村	城 镇	农 村	城 镇	农 村	城 镇
健康教育服务	40.37	31.64	16.31	31.84	11.26	15.08
心理咨询、聊天解闷	30.08	19.53	10.47	20.04	6.61	4.99
就医陪同、陪护	32.93	19.88	11.99	20.99	9.06	5.92
社会工作服务	32.05	23.77	12.87	30.75	7.38	8.81
喘息服务	21.36	13.06	6.72	14.17	4.04	2.78

资料来源：民政部政策研究中心 2018 年"托底性民生保障政策支持系统建设"项目调查数据。表中数据由"农村或城镇/全国"计算得出。

三　农村机构养老服务社会化程度低

我国农村养老服务供给与需求的失衡也反映出农村养老服务领域的社会化水平低，并且缺少对社会投资的积极引导。目前，我国农村养老服务领域中还存在着一些问题，比如服务提供主体单一、社会参与水平低等，从而无法为农村老年群体提供令其满意的养老服务。

从农村机构养老服务的主要载体来看，公立养老院一枝独秀。从20 世纪 50 年代开始，国家开始兴办一批养老机构，用来集中供养农村的五保人群，这样极大缓解了农村贫困人群的基本生活困难，[①] 但是，由于统筹层次较低、运营资金有限，大部分机构仅能为社会保障兜底人群提供最基础的服务资源。2013 年《国务院关于加快发展养老服务业的若干意见》出台前，养老院只为五保老人等特定人群提供养老服务；出台后，养老院开始面向大众提供服务。我国许多农村地区把养老院作为机构养老的唯一载体，但其设施一般都比较落后，同时也存在着制度上的约束，不能满足农村地区老年人的养老需要，因此民办养老机构开始像雨后春笋般不断增多。

然而在农村地区，民办养老机构经营起来面对着更高的风险。养老服

---

① 张静：《农村敬老院转型与发展研究》，《老龄科学研究》2016 年第 8 期，第 42～51 页。

务产业的投入成本高、利润低、投资回收期长，存在着较高的运营风险，而农村居民收入水平低、支付能力弱，所以社会资本更倾向于选择城市中能够满足更高养老需要的养老机构。同时，在农村地区，大部分的五保老年人群不愿意在养老院生活，而真正愿意在养老院住的是那些生活不能自理的失能老年人群，他们更加需要护理和康养，因此就需要有专业的工作人员，这就会增加机构的运营成本。因此，在支付能力较弱的农村地区，经营养老机构就会面对更大的风险。

此外，民营养老机构在进入农村养老服务领域的过程中面对着较高的壁垒，难以获得经营备案。从 2013 年开始，民政部门针对民营养老机构的运营陆续出台了监管条例，从开办许可到注册备案，虽然简化了办理程序，但也有一些条件是强制性的要求，比如消防安全条件要达标等。民营养老机构要想获得运营资质，就必须提供十余项材料，如建筑、消防、食品安全和医疗卫生等方面的材料。但是对于很多利用现有的农村建筑建造出来的养老院，单提供消防工程设计图纸或者消防工程竣工图纸就是个很难完成的任务。

四 医养结合面临实践性困难

随着人口老龄化程度的提高，建立"医养一体化"的养老服务体系已成为各级政府的必然选择，在政府的号召下各地也在积极探索实现两者有机结合这一新模式。2019 年，国家卫生健康委联合 11 个部委出台了《关于深入推进医养结合发展的若干意见》，积极支持社区和社区卫生服务机构的合作。然而，在实践中医养结合面临的诸多难题亟待解决。

从两者的整合方式来看，目前较为普遍的方式是在养老机构内部设立医疗机构。但是，当前的农村养老机构盈利能力有限，甚至只能勉强维持收支平衡，无力承担内部医疗机构的资金压力；而且要达到国家卫生部规定的一系列标准，才能在养老机构中设立医疗机构。所以，在实践过程中，这种结合的形式更多地表现为乡村养老院和乡镇医院联合，在养老院建立服务站或者医务室，定期派遣医疗人员到养老院进行治疗，但是无法解决老人看病、吃药、报销等问题。

从理论上来说，在医疗机构内部建立养老机构也是一种可行的模式，然而，以现有条件为基础的医疗机构，往往存在着医疗资源不足的问题，如果基于其继续建立一个养老机构，不仅会增加医院的负担，而且还无法解决当前"看病难"的问题。所以，目前国内大型公共卫生机构对在内部提供养老服务的积极性并不高。

另一种形式的医养结合表现为由医疗机构与养老院签约，为老人提供医疗服务。目前各大医院都有很多工作要做，很少有医疗机构积极与养老机构进行这样的合作，常常是养老机构积极寻求合作但医疗机构力不从心。

除了居住在养老院的老人以外，居家养老的老人在享受医疗服务方面也面临诸多问题，如看病时往往要求有孩子陪护，孩子需要请假陪护。此外，由于老年人体质较差，到医院就诊排队时间长，去医院看病会给老年人带来一定的心理负担。这也是老年人不愿意去医院就诊、更需要医生上门服务的原因。2020 年 12 月 17 日，国家卫生健康委办公厅、国家中医药管理局办公室联合下发《关于加强老年人居家医疗服务工作的通知》，要求医疗机构增加老年人居家医疗服务的供给，为老年人提供诊疗服务、医疗护理、康复治疗、药学服务、安宁疗护、中医服务等全方位的服务，并将具体的服务内容列了出来。不足的是，政府尚未就此项服务的价格提出任何建议，所以具体落实可能需要一些时间。

总之，当前医养结合所面临的困境，主要是由医疗资源有限造成的。在医院里，老年人的人数虽然比年轻人多，但他们一般都不会做昂贵的体检，他们所需的服务更多的是控制慢性病，所以医疗机构一般也不会考虑把服务老年人作为主营业务。

第二章

乡村振兴与农村养老

CHAPTER 2

　　党的二十大提出全面推进乡村振兴，农村养老与乡村振兴密切关联，为了认识实施乡村振兴战略对推进农村养老发展的支持和影响，本章将阐释乡村振兴战略提出的背景与过程，对乡村振兴战略实施过程中推出的政策进行梳理，对乡村振兴战略的目标任务、重要意义进行讨论，分析研究乡村振兴战略为农村养老发展创造的条件、乡村振兴战略推进农村养老发展的路径、乡村振兴背景下城乡养老制度融合的趋势和路径选择。

第一节　乡村振兴战略的提出

一　乡村振兴战略提出的背景与过程

　　乡村振兴战略是党的十九大首次提出的重大国家战略。党的十九大以来，中共中央和国务院围绕乡村振兴战略作出一系列重大决策部署。2018年1月，中共中央、国务院印发《关于实施乡村振兴战略的意见》，2018年9月，中共中央、国务院印发《乡村振兴战略规划（2018—2022年）》。党的十九届五中全会再次提出，要"走中国特色社会主义乡村振兴道路，全面实施乡村振兴战略"①。党的二十大提出"坚持农业农村优先发展，坚持城乡融合发展，畅通城乡要素流动"，"统筹乡村基础设施和公共服务布

---

　　① 《中共中央关于制定国民经济和社会发展第十四个五年规划和二〇三五年远景目标的建议》，《人民日报》2020年11月4日，第1版。

局，建设宜居宜业和美乡村"。①

（一）乡村振兴战略提出的背景

中国如期完成脱贫攻坚目标任务、全面建成小康社会以后，应持续巩固拓展脱贫攻坚成果，做好同乡村振兴的有效衔接。把解决好"三农"问题作为工作重点，坚持农业农村优先发展，走中国特色社会主义乡村振兴道路。② 新发展阶段做好"三农"工作具有必要性和迫切性，主要是因为农村经济落后于城市经济、农村居民生活水平落后于城市居民生活水平。正如《乡村振兴战略规划（2018—2022年)》所指出的，我国人民日益增长的美好生活需要和不平衡不充分的发展之间的矛盾在乡村最为突出，我国仍处于并将长期处于社会主义初级阶段的特征很大程度上表现在乡村，全面建设社会主义现代化强国，最艰巨最繁重的任务在农村，最广泛最深厚的基础在农村，最大的潜力和后劲也在农村。实施乡村振兴战略，是解决新时代我国社会主要矛盾、实现建成社会主义现代化强国奋斗目标和中华民族伟大复兴中国梦的必然要求。

1. 城乡发展不平衡

城乡发展不平衡是我国特有的经济现象。不断扩大的城乡地区发展差距，对实现我国所设定的共同富裕目标形成了巨大障碍。从国际比较来看，发达国家如英国、加拿大的城乡收入比接近于1∶1，发展中国家印度的城乡收入比将近1.9∶1，即便是非洲的低收入国家，如乌干达的城乡收入比最高也只有2.3∶1；根据国家统计局的数据，2020年中国的城乡收入比却高达2.56∶1。可见，我国城乡差距在世界范围内都是偏高的。此外，从城乡差距对全国收入差距的贡献率来看，我国城乡差距的贡献占到了27%左右，而发达国家如瑞士、芬兰、加拿大等国的城乡差距贡献率不到

---

① 习近平：《高举中国特色社会主义伟大旗帜 为全面建设社会主义现代化国家而团结奋斗——在中国共产党第二十次全国代表大会上的报告》，中华人民共和国中央人民政府网站，2022年10月25日，http://www.gov.cn/xinwen/2022 – 10/25/content_5721685.htm。
② 《人类减贫的中国实践》，中华人民共和国国务院新闻办公室网站，2021年4月6日，http://www.scio.gov.cn/zfbps/ndhf/44691/Document/1701664/1701664.htm。

10%，发展中国家如菲律宾和印度的城乡差距贡献率也没有超过20%。因此城乡收入差距是我国城乡之间发展不平衡的一个突出表现。

除了收入维度的差距，城乡社会的差距还表现为诸如教育、医疗保健等人力资本投入上的差距。根据住户调查数据计算，2018年我国农村年人均教育投入为916元，而城市人均教育投入则达到了1639元，是农村的1.79倍。从不同的教育阶段来看，学前教育的投入差距是最大的，城乡投入比为2.81∶1，小学教育城乡投入比为2.08∶1，高等教育投入城乡差距相对较低，初中和高中（包括职高）的教育投入城乡差距是最小的。医疗保健方面，2018年城市人均医疗投入是农村的1.68倍，医疗报销金额方面城乡比为1.81∶1。在养老保障方面，2020年城镇职工养老金平均每月为3000元左右，而农村居民能领到的城乡居民养老金平均水平为每月174元，城乡比高达17∶1。由此可见，无论是教育、医疗投入还是养老保障，城乡之间都存在明显的差距。

党的十九大报告指出，当前我国社会的主要矛盾已经转变为人民日益增长的美好生活需要和不平衡、不充分发展之间的矛盾，而城乡之间的差距就是我国最大的不平衡现象。农村居民收入低，农村家庭的教育投入等人力资本投入不足，基本公共服务的城乡差别又进一步扩大了城乡之间的差距，不利于我国实现共同富裕的目标。在这样的背景下，实施乡村振兴战略、缓解我国由来已久的城乡发展不平衡问题，对我国在21世纪中叶基本实现全体人民共同富裕来说意义重大。①

2. 农业农村现代化水平低

城乡发展不均衡背后一个重要原因在于城乡产业结构的差异。由于农业农村的现代化水平较低，我国农业农村的可持续发展、农民可持续增收存在较大难度，这也成为城乡地区实现共同富裕的障碍。根据国家统计局的数据，2019年我国农业就业占比为24.7%，而同一时期美国的农业就业

---

① 李实、陈基平、滕阳川：《共同富裕路上的乡村振兴：问题、挑战与建议》，《兰州大学学报》（社会科学版）2021年第3期，第38~42页。

占比只有1.3%，日本、韩国、欧盟等发达国家和经济体的农业就业占比
也只有3%~5%（见表2-1）。较多的农业人口被限制在有限的土地内，
务农劳动收益偏低，农业的规模化经营、机械化生产以及科技化应用都无
法实现，[①] 导致我国农业现代化水平呈现整体偏低的局面。

表2-1 2019年部分地区农业现代化水平、农产品国际竞争力重要指标

单位:%, 公顷

地 区	农业就业占比	农业产值占比	人均耕地面积	谷物生产总量在全球总产量中占比	谷物出口在全球总量中占比	谷物进口在全球总量中占比	财政支农占比
美 国	1.3	0.9	0.47	14.2	16.08	1.35	0.5
欧 盟	4.2	1.6	0.22	10.9	22.05	20.64	0.6
日 本	3.4	1.2	0.03	0.4	0.06	5.08	0.9
韩 国	4.8	1.7	0.03	0.2	0.02	3.33	1.5
中 国	24.7	7.1	0.09	20.6	0.70	3.83	1.6
世 界	26.5	3.3	0.19	100.0	100.0	100.0	0.5

注：表中数据以2019年数据为主，2019年数据缺失的使用相邻年份数据代替。
资料来源：世界银行数据库、联合国粮农组织数据库。

农业现代化水平低会导致农业生产率偏低、农产品国际竞争力较低，
甚至威胁到国家的粮食安全。[②] 根据联合国粮农组织数据，以作为主要粮
食的谷物类产品为考察对象，2019年，我国谷物生产总量占全球总产量
的20.6%，明显高于美国、欧盟等发达国家的产量，但我国谷物出口仅
占全球总量的0.7%，进口却占全球总量的3.83%；美国谷物出口占全
球总量的16.08%，进口却只占1.35%；欧盟谷物出口占全球总量的
22.05%，进口占20.64%。形成鲜明对比的是，我国成为粮食净进口
国，而美国和欧盟却是净出口国。由于我国粮食出口没有优势，进口
压力较大，为了保证国家的粮食安全，我国不断加大财政支农力度，
逐渐增加了财政负担，2019年我国财政支农占比高达1.6%，明显高

① 黄季焜：《乡村振兴：农村转型、结构转型和政府职能》，《农业经济问题》2020年第1
期，第4~9页。
② 张红宇、张海阳、李伟毅等：《中国特色农业现代化：目标定位与改革创新》，《中国农村
经济》2015年第1期，第4~9页。

于表 2-1 中其他国家和地区。

总之，我国农业农村的发展仍存在明显的结构性问题，农业生产方式较为落后，仍有大量的劳动力在从事小规模的家庭农业生产经营活动，农业劳动的收益偏低。农业发展不充分的现象不仅阻碍了农民的稳定增收，也不利于农产品国际竞争力的提升，农产品市场日益依赖政府的财政补贴。乡村振兴，"产业兴旺"是重中之重，实施乡村振兴战略，推动我国农业农村现代化，对农村地区、农村产业、农民生活的可持续发展都具有重要意义，这也是"三农"事业在共同富裕目标中的应有之义。

3. 农村仍存在大量低收入人口

除了上述城乡之间的差距，农村内部的贫富差距也值得关注。2020年是我国全面建成小康社会、消除绝对贫困取得决定性胜利的一年，意味着在现行贫困标准下，我国农村的贫困人口已经全面摆脱贫困。但是，绝对贫困的消除并不意味着贫困的终结。如果以全国居民收入中位数的40%作为标准，2021年农村相对贫困发生率约为23%，还有将近2亿农村人口处于相对贫困之中。如果利用欧盟或 OECD（经济合作与发展组织）所采用的 50% 或 60% 的标准，我国农村的相对贫困人口数量将会更大。

我国依旧存在着规模庞大的农村低收入人口，要实现共同富裕必然要重视低收入人口的可持续发展。虽然我国已经全面消除了绝对贫困，但当前农村脱贫家庭收入结构中，来自政府财政补贴的转移性收入占 40% 以上，这些家庭表现出了对政府社会保障支出较强的依赖性，[1] 脱贫攻坚期内的成就是在大量政策支持和投入的基础上取得的，脱贫人口的贫困脆弱性依然较突出，自主脱贫意识和能力尚不够强，如果立即停止所有扶贫政策的支持和投入，脱贫人口就可能存在返贫风险。[2] 为了低收入人口的可

---

[1] 岳希明、种聪：《我国社会保障支出的收入分配和减贫效应研究——基于全面建成小康社会的视角》，*China Economist* 2020 年第 4 期，第 127 页。

[2] 张琦、孔梅：《"十四五"时期我国的减贫目标及战略重点》，《改革》2019 年第 11 期，第 119 页。

持续发展，需要不断巩固脱贫攻坚成果，"脱贫不脱政策"仍需要继续执行。乡村振兴战略正好可以将脱贫攻坚过程中形成的一系列行之有效的政策、制度和工作体系以新的形式移植到乡村振兴的框架中来，从而与脱贫攻坚战略有效衔接。总之，消除绝对贫困以后，为了实现全体人民的共同富裕，仍需要重视数量庞大的低收入人口的可持续发展问题，这也与世界银行提出的到 2030 年要促进低收入人口"共享繁荣"的目标相统一。实施乡村振兴战略，有助于与脱贫攻坚战略进行有效衔接，重点关注低收入人口的可持续发展问题，为低收入人口提供兜底保障，这样才能逐步实现"共享繁荣"、共同富裕的目标。

综上所述，由于城乡发展不平衡现象突出、农业农村现代化水平较低、农村仍有较多低收入人口，实施乡村振兴战略是实现共同富裕的必然要求。乡村振兴对城乡共同富裕的重要性不言而喻，然而实施乡村振兴战略还面临诸多挑战，如果不能有效应对这些挑战，共同富裕目标的实现将化为泡影。

（二）乡村振兴战略提出的过程及政策梳理

1. 乡村振兴战略提出的过程

乡村振兴战略是习近平总书记 2017 年 10 月 18 日在党的十九大报告中提出的战略。党的十九大报告指出，农业农村农民问题是关系国计民生的根本性问题，必须始终把解决好"三农"问题作为全党工作的重中之重，实施乡村振兴战略。

2018 年，中央一号文件对乡村振兴战略的实施进行了部署。文件指出，中国发展不平衡不充分问题在农村表现最为突出，实施乡村振兴战略，是解决人民日益增长的美好生活需要和不平衡不充分的发展之间矛盾的必然要求。文件提出了乡村振兴战略三个阶段的目标任务："到 2020年，乡村振兴取得重要进展，制度框架和政策体系基本形成"；"到 2035年，乡村振兴取得决定性进展，农业农村现代化基本实现"；"到 2050 年，乡村全面振兴，农业强、农村美、农民富全面实现"。文件从脱贫攻坚、体制机制创新、人才支撑、资金保障、党的领导等方面全面部署了乡村振兴战略的实施。①

2018 年 3 月 8 日，习近平在参加十三届全国人大一次会议山东代表团审议时提出"五个振兴"的科学论断，对实施乡村振兴的战略目标和路径进行了明确指示，即乡村产业振兴、人才振兴、文化振兴、生态振兴、组织振兴。②

2018 年 4 月 3 日，新组建的农业农村部正式挂牌，对农业农村工作进行统筹，使农业产业链更加统一；农业农村部可根据生产要求进行土地整治规划，对农业生产、乡村振兴都有很大的促进作用。另外，乡村振兴需要充分利用各类土地，农业农村部的成立，可以统筹管理农村各类建设用地，使土地得到充分利用。

2018 年 9 月，中共中央、国务院印发了《乡村振兴战略规划（2018—2022 年）》，从构建乡村振兴新格局、加快农业现代化步伐、发展壮大乡村产业、建设生态宜居的美丽乡村、繁荣发展乡村文化、健全现代乡村治理体系、保障和改善农村民生、完善城乡融合发展政策体系等方面对 2018 ~ 2022 年乡村振兴战略的具体实施内容进行了部署，具有极强的问题引导性和可操作性。

2018 年 9 月 30 日，农业农村部办公厅印发了《乡村振兴科技支撑行动实施方案》，其核心内容是按照乡村振兴战略的总体要求，"推动科技创新导向的转变和工作重心的调整，集聚科技、产业、金融、资本等各类创新要素，着力开展关键技术创新、生态循环模式创建、典型示范引领、新型生产经营主体培育和体制机制创新，显著提升科技对农业质量效益竞争力和农村生态环境改善的支撑水平，有力推动农业农村发展质量变革、效率变革、动力变革，支撑引领乡村全面振兴和农业农

---

① 孔祥智：《实施乡村振兴战略的进展、问题与趋势》，《中国特色社会主义研究》2019 年第 1 期，第 5 ~ 7 页。
② 《习近平、李克强、王沪宁、赵乐际、韩正分别参加全国人大会议一些代表团审议》，《人民日报》2018 年 3 月 9 日，第 1 版。

村现代化"。

2021年2月，《中共中央 国务院关于全面推进乡村振兴加快农业农村现代化的意见》提出："坚持农业农村优先发展，坚持农业现代化与农村现代化一体设计、一并推进，坚持创新驱动发展，以推动高质量发展为主题，统筹发展和安全，落实加快构建新发展格局要求，巩固和完善农村基本经营制度，深入推进农业供给侧结构性改革，把乡村建设摆在社会主义现代化建设的重要位置，全面推进乡村产业、人才、文化、生态、组织振兴，充分发挥农业产品供给、生态屏障、文化传承等功能，走中国特色社会主义乡村振兴道路，加快农业农村现代化，加快形成工农互促、城乡互补、协调发展、共同繁荣的新型工农城乡关系，促进农业高质高效、乡村宜居宜业、农民富裕富足，为全面建设社会主义现代化国家开好局、起好步提供有力支撑。"

2021年2月25日，国家乡村振兴局正式挂牌。脱贫攻坚目标任务完成后，对摆脱贫困的县，从脱贫之日起设立5年过渡期，做到扶上马送一程。过渡期内，保持现有主要帮扶政策总体稳定，并逐项分类优化调整，合理把握节奏、力度和时限，逐步实现由集中资源支持脱贫攻坚向全面推进乡村振兴平稳过渡，推动"三农"工作重心历史性转移。抓紧出台各项政策完善优化的具体实施办法，确保工作不留空当、政策不留空白。

2021年3月，《中华人民共和国国民经济和社会发展第十四个五年规划和二〇三五年远景目标纲要》发布，提出要"走中国特色社会主义乡村振兴道路，全面实施乡村振兴战略，强化以工补农、以城带乡，推动形成工农互促、城乡互补、协调发展、共同繁荣的新型工农城乡关系，加快农业农村现代化"。

2. 乡村振兴战略政策梳理

乡村振兴战略提出之后，一系列新修订的法律、政策为乡村振兴战略的实施奠定了法律和制度基础（见表2-2）。

表 2-2　有关乡村振兴的法律和政策

法律、政策	发布/通过者	发布时间	内容简介
《关于实施乡村振兴战略的意见》（中发〔2018〕1号）	中共中央、国务院	2018年2月4日	对乡村振兴战略的实施进行了具体部署，提出了2020年、2035年、2050年三个阶段的目标任务
《农村人居环境整治三年行动方案》	中共中央办公厅、国务院办公厅	2018年2月5日	统筹城乡发展，统筹生产生活生态，以建设美丽宜居村庄为导向，以农村垃圾、污水治理和村容村貌提升为主攻方向，动员各方力量，整合各种资源，强化各项举措，加快补齐农村人居环境突出短板
《乡村振兴战略规划（2018—2022年）》	中共中央、国务院	2018年9月26日	按照产业兴旺、生态宜居、乡风文明、治理有效、生活富裕的总要求，对实施乡村振兴战略作出阶段性谋划，分别明确至2020年全面建成小康社会和2022年召开党的二十大时的目标任务，细化实化工作重点和政策措施，部署重大工程、重大计划、重大行动
《乡村振兴科技支撑行动实施方案》	农业农村部办公厅	2018年9月30日	按照乡村振兴战略的总体要求，调整农业科技创新方向，着力开展关键技术创新、生态循环模式创建、典型示范引领、新型生产经营主体培育和体制机制创新，显著提升科技对农业质量效益竞争力和农村生态环境改善的支撑水平
《关于实现巩固拓展脱贫攻坚成果同乡村振兴有效衔接的意见》	中共中央、国务院	2021年3月	建立健全巩固拓展脱贫攻坚成果长效机制，聚力做好脱贫地区巩固拓展脱贫攻坚成果同乡村振兴有效衔接重点工作
《关于全面推进乡村振兴加快农业农村现代化的意见》	中共中央、国务院	2021年2月	实现巩固拓展脱贫攻坚成果同乡村振兴有效衔接，加快推进农业现代化，大力实施乡村建设行动
《中华人民共和国国民经济和社会发展第十四个五年规划和二〇三五年远景目标纲要》	第十三届全国人民代表大会	2021年3月	对新发展阶段优先发展农业农村、全面推进乡村振兴作出总体部署，为做好当前和今后一个时期"三农"工作指明了方向
《中华人民共和国乡村振兴促进法》	第十三届全国人民代表大会常务委员会	2021年4月	为全面实施乡村振兴战略，促进农业全面升级、农村全面进步、农民全面发展，加快农业农村现代化，全面建设社会主义现代化国家提供法律保障

总的来讲，乡村振兴战略提出后，法律和政策密集出台，从不同角度共同推动乡村振兴战略的实施。这些法律、政策结合在一起，基本上形成了乡村振兴战略的支撑体系。

二　乡村振兴的内涵

乡村振兴是在我国经济社会发展进入新时代的背景下，按照"产业兴旺、生态宜居、乡风文明、治理有效、生活富裕"的总要求，使农村产业、生态环境、精神文明等获得全方位发展，基层社会治理体系更加完善、农民收入不断提高，逐步实现农业农村的现代化。具体来说，可从以下四个方面来理解其内涵。一是乡村振兴的提出是基于对我国农村不断衰落现象的观照的。在我国经济社会发展进入新的历史阶段的背景下，农村大量劳动力向城市转移，农村逐渐衰败、经济停滞不前，城乡二元结构尚未完全破除，城乡差距依然较大，农村是我国经济社会发展中的短板。二是乡村振兴不仅仅是要发展农村经济、增加农民收入，还包括了优化农村生态环境、完善基层社会治理和实现村庄价值及意识形态的重新整合等面向，即党的十九大报告所提出的"产业兴旺、生态宜居、乡风文明、治理有效、生活富裕"的"二十字方针"。这不仅体现了乡村振兴的主要内容，也是乡村振兴战略所追求的价值目标和其成功的标准。三是乡村振兴的本质和根本目标是通过坚持农业农村优先发展，建立健全城乡融合发展机制，不断缩小城乡差距，逐步实现共同富裕，加快推进农业农村的现代化。四是乡村振兴内容的多面性决定了其复杂性和长期性，在实施的过程中应结合各地实际情况和发展规律，因地制宜、因村制宜，切忌千篇一律、急于求成。

乡村振兴战略不仅是继中国新农村建设战略后着眼于农业农村优先发展和着力解决中国"三农"问题的又一重大战略，而且是着眼于解决新时代中国发展不平衡和不充分，尤其是城乡发展不平衡和农村发展不充分问题的重大举措。实施乡村振兴战略，不仅需要充分认识这一战略的重大意义，还要从以下两个方面深刻把握这一战略的科学内涵。

（一）准确把握乡村振兴战略和新型城镇化战略的关系

乡村振兴战略必须置于城乡融合、城乡一体的架构中推进，并且应以新型城镇化战略来引领，以建成"以城带乡""以城兴乡""以工补农""以智助农""城乡互促共进"融合发展的美丽乡村并实现乡村振兴。当前，无论是从中国产业转型升级和协调发展的要求看，还是从三次产业结构的演进规律看，中国均处在城镇化加快发展的时期。尽管由于城乡二元结构的影响，中国城镇化进程中仍存在农业转移人口市民化滞后和城市群发展不充分等问题，但党的十八大以来的一系列重大方针和举措表明，破解城乡二元结构，推进城乡发展一体化和以人为本的新型城镇化，以城市群为主体构建大中小城市和小城镇协调发展的城镇格局，加快农业转移人口市民化，[①] 正在成为中国新型城镇化战略坚定不移推进的重点与方向。从世界发达国家的现代化历程看，城镇化是现代化的必经之路。城镇化是人口和非农产业在空间中集聚的过程，也必然是乡村本土人口减少的过程，但是，城镇化并不排斥乡村的现代化和振兴，相反，乡村的现代化和振兴要以城镇化的充分发展为前提。因此，从人口流动和空间集聚的角度讲，中国乡村振兴的过程，一定是城镇化充分发展的过程，是人口、土地、资本等生产要素在城乡之间优化配置的过程，是城乡互动和融合发展的过程。其基本的逻辑是：城镇化离不开乡村人口、土地等生产要素的融入，而乡村振兴和现代化也离不开城镇对乡村的带动和城镇人口对乡村的向往。

乡村振兴的战略重点与任务既在乡村，又在乡村以外。要实现城乡间人口的交互流动和资源的优化配置，必须拓宽乡村振兴战略的视野，既重视乡村内部的建设发展和体制机制的创新，又重视乡村振兴外部环境的改

---

① 习近平：《决胜全面建成小康社会 夺取新时代中国特色社会主义伟大胜利——在中国共产党第十九次全国代表大会上的报告》，中华人民共和国中央人民政府网站，2017 年 10 月 27 日，http://www.gov.cn/zhuanti/2017 – 10/27/content_5234876.htm。

善。由于中国的城乡二元结构具有社会保障和财产权利双层二元的特性，因此，从破解城乡二元结构的角度看，以城乡社会保障体制和农村集体产权制度为重点的三大联动改革，即城乡联动、区域联动以及中央和地方联动的改革，应被纳入乡村振兴的战略框架，并成为实施乡村振兴战略的基本驱动力。也就是说，破解城乡二元结构，建立城乡一体、城乡融合、城乡互促共进的体制机制，应成为乡村振兴和乡村现代化的必要条件。

（二）准确把握中国乡村形态及其变化趋势

改革开放以来，随着工业化、城镇化和市场化的发展，中国农村劳动力转移的规模巨大，2021 年全国农民工总量达 29251 万人，其中外出农民工有 17172 万人。① 村庄的数量也在不断减少，从 2006 年的 54.9 万个行政村，减少到 2021 年的 48.1 万个行政村。② 村庄已经分化成不同的类型，从人口集聚状况与生活方式看，大体可以分成三大类型。一类是已被城镇化区域覆盖或即将被覆盖的村庄，如城中村、镇中村和城郊村，这些村庄人口集聚程度较高，村民生产和生活相分离，空间人口既包括村民，也包括非村民。另一类是 2005 年国家实施新农村建设以来由若干村庄"撤扩并"逐步形成的，人口相对集聚、村民生产与生活相分离、社区服务功能基本健全的中心村。还有一类是人口集聚度不高、村民生产生活依然不分离的传统村庄。很显然，这些不同类型的村庄，在乡村振兴中将会有不同的发展走向。有的会很快融入城镇化潮流，直接成为城市的组成部分；有的可能成为乡村社区的服务中心或新型田园生态小城镇；有的村庄，如

---

① 《2021 年度人力资源和社会保障事业发展统计公报》，中华人民共和国人力资源和社会保障部网站 http：//www.mohrss.gov.cn/xxgk2020/fdzdgknr/ghtj/tj/ndtj/202206/W020220600757293 2236389.pdf。

② 《2006 年城乡建设统计年鉴》，中华人民共和国住房和城乡建设部网站，https：//www.mohurd.gov.cn/file/old/2016/20160202/w02016020220935108149666279.rar；《2021 年城乡建设统计年鉴》，中华人民共和国住房和城乡建设部网站，https：//www.mohurd.gov.cn/file/2022/20221012/5683cd2a－1b26－4cd7－854f－22d40ce98636.zip？n＝2021％E5％B9％B4％E5％9F％8E％E4％B9％A1％E5％BB％BA％E8％AE％BE％E7％BB％9F％E8％AE％A1％E5％B9％B4％E9％89％B4。

"一方水土养不活一方人口"的贫困村，或者空心村，则有可能随着人口的迁移或村庄的撤并而逐渐消亡；而大量的村庄，通过乡村振兴战略的实施，会成为"产业兴旺、生态宜居、乡风文明、治理有效、生活富裕"和乡愁依旧的美丽家园。

中国乡村形态分化与发展的态势表明，随着城镇化和工业化的发展，中国乡村人口分布正在逐步从分散的自给型经济分布向相对集聚的市场型经济分布转变，乡村人口的空间格局与分布正在发生剧变。这种剧变过程意味着，一方面，乡村的发展和振兴不仅需要城镇化的引领，而且需要乡村人口自身在空间上的相对集聚和优化分布，这两者应该是同步的过程；另一方面，乡村人口空间格局与分布的变化，也为乡村振兴战略的实施提供了创新空间，具体而言，是为"乡"和"村"的有机结合、优化配置与融合发展提供了创新空间。从中国不同区域乡村的不同类型和发展实际出发，既可以"村"为基本载体实施乡村振兴战略，也可以"乡"为载体实施乡村振兴战略。也就是说，在有条件的乡村区域，可以通过体制机制的改革创新，探索由"乡"主导，以"乡"带"村"，"乡""村"共治与融合发展的新型乡村治理结构，对乡村组织、干部体制、人口集聚、产业发展、公共服务和产权制度等进行深化改革和优化配置，实现新型城镇化与乡村振兴的深度融合。总而言之，中国乡村振兴战略与新型城镇化战略并不是个矛盾体，二者之间是"你中有我，我中有你"的相互交融关系。在中国乡村振兴的进程中，乡村定将成为农业转移人口市民化的助推器、发展田园生态城镇的新空间、承载城乡居民对美好生活向往与追求的宜居地。

三　乡村振兴战略的目标任务

乡村振兴战略的总目标是实现农业农村现代化。这一目标的实现将分为三个阶段。第一阶段，到 2020 年，乡村振兴取得重要进展，制度框架和政策体系基本形成。第二阶段，到 2035 年，乡村振兴取得决定性进展，农业农村现代化基本实现。第三阶段，到 2050 年，乡村全面振兴，农业强、农村美、农民富全面实现。① 具体的建设目标和任务集中体现为党的十九大报告中关于实施乡村振兴战略的"二十字方针"，其要求"按照产业兴旺、生态宜居、乡风文明、治理有效、生活富裕的总要求，建立健全城乡融合发展体制机制和政策体系，加快推进农业农村现代化"②。"产业兴旺、生态宜居、乡风文明、治理有效、生活富裕"这"二十字方针"与 2005年党在十六届五中全会提出的建设社会主义新农村的"生产发展、生活宽裕、乡风文明、村容整洁、管理民主"的"二十字方针"相比，无论是在提法的表述及其内涵方面，还是在目标要求等方面，都有了不少全新的意涵和指向，必须予以准确把握，使相关政策和建设举措既切合乡村振兴战略的总体要求，又与各地乡村发展的实际紧密结合，产生切实的效果。③

（一）乡村振兴是要持续发展和繁荣农村经济

乡村振兴，产业兴旺是重点。产业兴旺是指发展、繁荣农村经济。农村产业的高质量发展是解决我国农村诸多问题的关键，只有实现了产业兴旺，才能从根本上推动农村的全面进步和农民的全面发展。当前我国农村产业发展的短板弱项主要表现在以下两个方面。一方面，农村产业存在门类不全、产业链条较短、规模效益较差、布局分散等特征，农村产业的综合实力和竞争力较弱。乡村一、二、三产业融合度较低，在我国乡村产业发展中，产业之间分割断裂，导致产业的附加值较低，无法带动农民就业和激发农村生产潜力和活力；产品的生产、销售较为分散，难以产生规模效益；此外，同质化竞争的现象也比较突出，产业特色不明显，譬如各地农村在发展乡村旅游的过程中，没有结合本地的风土人情和文化特色开发旅游资源，而是盲目跟风，对发展较好的景区进行模仿，导致我国很多乡

---

① 《中共中央 国务院关于实施乡村振兴战略的意见》，中华人民共和国中央人民政府网站，2018 年 2 月 4 日，http：//www. gov. cn/zhengce/2018 – 02/04/content_5263807. htm。

② 习近平：《决胜全面建成小康社会 夺取新时代中国特色社会主义伟大胜利——在中国共产党第十九次全国代表大会上的报告》，中华人民共和国中央人民政府网站，2017 年 10 月 27 日，http：//www. gov. cn/zhuanti/2017 – 10/27/content_5234876. htm。

③ 黄祖辉：《准确把握中国乡村振兴战略》，《中国农村经济》2018 年第 4 期，第 4 页。

村旅游景点千篇一律、毫无特色。另一方面，农业发展方式较为粗放，仍以劳动力的大量投入为主，科技创新投入不足，生产设备简陋，加工技术落后，农业生产标准化程度较低，农产品加工水平和能力有待提高。此外，农村产业发展的资源要素和配套设施保障能力不足，人才、资金等要素双向流动机制和平等交换机制尚未建立，乡村交通物流、网络通信、仓储冷链等基础设施建设也有待加强。

解决以上问题要立足于我国各地农村产业特征、顺应产业发展规律，以农民为主体，以各地农村优势资源为依托，以科技创新和信息平台为支撑，以实现农村一、二、三产业融合为目标，以市场为导向，有效发挥政府干预和调节作用，以现代化农业、特色富民产业提升乡村农业发展的动力、活力和竞争力。

（二）乡村振兴是要不断改善农村生态环境

乡村振兴，生态宜居是关键。生态宜居主要是指农村生态环境与经济发展要相互协调。良好的生态环境是农村最大的优势，通过宣传引导使农村人口树立环保意识，尊重自然规律，通过发展绿色农业、生态农业，实现农村经济发展和生态环境保护的和谐统一。加大对农村突出环境污染问题的治理力度，减轻生态压力，让农村看得见青山、望得见绿水、记得住乡愁，实现百姓富、生态美的双赢。

2015 年，我国开始对农业面源污染进行攻坚治理，并提出到 2020 年实现"一控两减三基本"的目标。2017 年，围绕畜禽粪便再利用、果菜茶有机肥替代、东北地区秸秆处理、农膜回收、水生生物保护等重点领域和关键环节，启动实施农业绿色发展行动。习近平总书记强调，"人与自然是生命共同体……生态文明建设是关系中华民族永续发展的千年大计，必须站在人与自然和谐共生的高度来谋划经济社会发展"，应"系统谋划生态文明体制改革，一体治理山水林田湖草沙"。[①] 习近平总书记所提出的统

---

① 习近平：《习近平谈治国理政》（第 4 卷），外文出版社，2022。

筹治理理念就是在坚持整体观和联系观的基础上，对我国生态环境治理提出的具体路径和方向引领。推进农村生态环境的整体性治理，一方面要坚持因地制宜，绝不能简单化了事；另一方面要坚持精准施策，实现高效治理。针对不同地区的生态环境特点，通过多领域、多要素的系统集成和联动发展，创新生态环境综合治理体系，实现百姓富和乡村美的有机统一。

（三）乡村振兴是要形成良好的农村社会风气

乡村振兴，乡风文明是保障，乡风文明是乡村建设的精神保障。乡风是农村人口信守和遵从的信仰、观念、习俗、礼节、传统、习惯和行为方式的总称。在我国农耕文明发展过程中，形成了艰苦奋斗、勤俭持家、尊老爱幼、诚实守信、守望相助等优秀的乡村文化。这些优秀文化中所蕴含的价值目标和道德规范在整合村庄集体意识、教化群众、规范行为等方面发挥着重要作用，需要进一步继承和发扬，形成良好的农村社会风气。坚持德治为先，以德育人符合习近平新时代中国特色社会主义思想中"三治合一"治理理念的基本价值取向，同时也契合中国农村的社会生态人文环境。

乡村振兴既要发展农村经济，更要形塑农村文化。以社会主义核心价值观为引领，采取宣传教育、舆论引导、榜样示范等多种符合农村特点的有效方式，加强农村思想道德建设，提升农民精神文化素养。将传统农耕文化中的优秀元素传承下去并赋予其新的时代内涵，使其在社会治理、人际交往、行为规范等方面继续发挥引导、监督和制约作用。在脱贫攻坚过程中，不少扶贫干部就发现落后的文化观念所带来的封闭、保守是造成贫困的主要原因，是脱贫攻坚的主要障碍。因此，乡村振兴首先要移风易俗，以社会主义先进文化取代落后文化，树立农村文明新风尚。这就需要加大农村文化建设力度，弘扬新时代农村文明新风，倡导科学健康的生活方式和文明理念，摒弃陈规陋习，为乡村经济发展提供良好的人文生态环境。

（四）乡村振兴是要实现对农村社会的有效治理

乡村振兴，有效治理是基础。随着我国城镇化、工业化的发展，农村经济、社会结构均发生了深刻变革，传统的、高度同质化的农民阶层逐渐分化为职业、收入、身份迥异的各个社会阶层，乡村社会治理的难度不断升高、治理成本不断增加，传统的乡村治理模式遇到了前所未有的挑战。党的二十大提出："在社会基层坚持和发展新时代'枫桥经验'……畅通和规范群众诉求表达、利益协调、权益保障通道，完善网格化管理、精细化服务、信息化支撑的基层治理平台，健全城乡社区治理体系，及时把矛盾纠纷化解在基层、化解在萌芽状态。"① 建立健全"党委领导、政府负责、社会协同、公众参与、法治保障、科技支撑"的现代乡村社会治理体制，不断完善多元协同治理格局。在推进法治的同时，充分发挥基层自治组织的功能，使其在基层党组织的领导下，代表村民行使自治权，激发农民管理和参与村庄公共事务的积极性和主动性，增强农民的主人翁意识和集体责任感；同时也要充分发挥德治在村庄整合及社会秩序维系方面的重要作用，最终形成"三治合一"的现代化治理体系。

（五）乡村振兴是要让农民过上富裕幸福生活

乡村振兴，生活富裕是根本。近年来农民收入持续快速增长，2020 年我国农村居民人均可支配收入为 1.71 万元，较上年增长了 6.87%；2020 年城镇居民人均可支配收入为 4.38 万元，较上年增长了 3.5%。虽然城乡居民收入还存在较大差距，但农村居民收入增长速度远快于城镇，城乡居民收入相对差距会不断缩小。从收入结构来看，除了务农收入，外出务工经商、返乡创业、盘活资源成为农民增收的新亮点。务工收入方面，农民工工资水平不断提高，2020 年月均收入为 4072 元，较上年增长了 2.8%，对农民增收贡献最大。受制于农村土地制度市场化不足、集体分配功能弱化等不利因素的影响，农民的财产性收入较低，成为制约农民收入增长的

---

① 习近平：《高举中国特色社会主义伟大旗帜 为全面建设社会主义现代化国家而团结奋斗——在中国共产党第二十次全国代表大会上的报告》，中华人民共和国中央人民政府网站，2022 年 10 月 25 日，http://www.gov.cn/xinwen/2022-10/25/content_5721685.htm。

关键性因素。但我国农村尚有大量未被盘活和有效利用的资源以及各类闲置资产，农民增收的空间和潜力巨大。从城乡收入差距来看，虽然农村居民人均可支配收入的增速已连续十几年超过城镇居民，城乡居民可支配收入之间的相对差距不断缩小，但也要看到，城乡居民收入绝对差距还在拉大，区域间收入差距依然明显，促进农民增收的难度依然很大，尤其是 2020 年以来受疫情及经济发展形势的影响，企业减员减薪，压缩人工成本，外出务工人数减少，给农民增收带来较大的不确定性。今后应深化农村土地制度市场化改革，建立城乡要素流通机制，促进农村一、二、三产业不断融合，利用互联网信息技术繁荣乡村经济、发展富民乡村产业；不断完善农村社会保障制度，扩大基本养老和医疗保险覆盖面，提高社会救助水平，实现应保尽保；持续向种粮农户发放农资和种粮补贴；鼓励农村劳动力外出务工经商，深化户籍制度、教育制度及社会保障制度改革，保障农民工及其随迁家属的各项权益；发展集体经济、盘活集体资产，发挥集体经济在农民增收方面的作用；加大对中西部落后农村地区的财政转移支付力度，重点在群众普遍关注的义务教育、基础设施等方面开展治理。总之，应从农村经济发展、生态环境保护、人才培养等各方面入手全方位改善农村面貌，不断提高农民的获得感、幸福感和安全感。

乡村振兴五方面目标任务是一个有内在联系的有机整体，需要用整体性、全局性、系统性的思维来进行统筹考虑，但各分项目标任务之间却各有侧重，既具备了整体性的逻辑主线又体现了独立性的特色内容。因此，对乡村振兴体系需要采用系统性的视角来整体思考和分析，产业兴旺和生活富裕是乡村振兴的"硬基础"，而生态宜居、乡风文明和治理有效则是乡村振兴的"软环境"，只有实现二者的有效统一协调，才能真正达到振兴乡村的目的。①

---

① 贾晋、李雪峰、申云：《乡村振兴战略的指标体系构建与实证分析》，《财经科学》2018年第 11 期，第 73 页。

四 乡村振兴战略的重要意义

乡村振兴是党的十九大作出的重大战略部署，反映出党和国家始终把"三农"工作放在经济社会发展的首位。近年来，国家持续出台惠农富农政策、加大农民种粮补贴力度、深化农村土地制度改革、完善农村社会保障制度和公共服务，我国粮食生产能力不断提升，农业供给侧改革初见成效，农民收入持续增长，基础设施和公共服务持续改善，最重要的是2020年脱贫攻坚战取得决定性胜利，完成了消除绝对贫困的艰巨任务。2021年2月25日，习近平总书记在全国脱贫攻坚总结表彰大会上强调："脱贫摘帽不是终点，而是新生活、新奋斗的起点。"[1] 消除绝对贫困任务的完成仅仅是解决了农村人口的温饱问题，并不意味着"三农"工作的终结，要始终把"三农"工作放在首位，下一步的工作任务是要通过发展农村经济、不断优化农村产业结构，最终实现农业农村现代化，朝着第二个百年奋斗目标迈进。

党的十九届五中全会提出："走中国特色社会主义乡村振兴道路，全面实施乡村振兴战略。""全面"二字反映出乡村振兴工作会涉及多个不同领域，既包括乡村产业发展和农民持续增收，也包含乡村生态环境保护、精神文明建设和社会治理体系的不断完善。乡村振兴战略的提出既肯定了脱贫攻坚任务完成后农村工作的既得成果，又为下一步农村工作重点指明了方向。因此，脱贫攻坚任务完成之后，"三农"工作的重点要转变到乡村的全面振兴上来，依靠全面深化农村经济、社会各领域改革，促进农村全面振兴和农民收入持续稳定增长，为实现农业农村现代化打下坚实的基础，进而向第二个百年奋斗目标迈进。

（一）为新发展阶段"三农"工作的开展提供了方向和指南

习近平总书记在2020年12月中央农村工作会议上强调："在脱贫攻坚

---

[1] 习近平：《在全国脱贫攻坚表彰大会上的讲话》，《人民日报》2021年2月26日，第2版。

目标任务已经完成的形势下……巩固拓展脱贫攻坚成果，全面推进乡村振兴……这是'三农'工作重心的历史性转移。"① 当前，我国社会主要矛盾依然是人民日益增长的美好生活需要和不平衡不充分的发展之间的矛盾，② 我国农业农村在国家政策性支持下获得快速发展，但城乡间差距依然巨大，农村产业发展不足、基础设施落后、生活保障不充分等问题依然存在，"三农"工作目标尚未实现。要想从根本上改变农村的落后现状，必须全面实施乡村振兴战略，坚持总体观和大局观，以推进农村产业发展为基础，以产业发展带动农民增收，以产业发展促进农民思想观念和生活方式的转变，最终实现农业农村的现代化。首先，以深化农村经济改革为先锋，不断完善农业供给侧结构性改革；加快农业科技创新，转变农业生产方式，推动高标准农田建设，提高农作物生产效率，保障粮食生产和重要农产品的供给，实现农业高质量发展；推进农村一、二、三产业融合式发展，建立农村完整产业链，深化农产品加工，提高农产品附加值；统筹城乡劳动力市场，促进生产要素城乡流动机制建设。其次，打造宜居宜业的生态环境。生态优美、环境宜居是我们改造乡村的最终目标。乡村振兴不是要把乡村变为城市，也不是照抄照搬成功地区的经验，把所有的乡村变成一个模式。乡村振兴是要在尊重自然、保护自然、回归自然的前提下，遵循经济建设和生态环境相统一的发展规律，在发展乡村产业的同时，重塑生态优美、宜居宜业的乡村生态环境。通过不断完善农村基础设施、信息服务平台、通信和现代物流设施建设，优化营商环境，吸引城市资本下乡，吸引优秀的人才返乡创业，才能使农村重新焕发出活力和生机。最后，要把农民收入持续提高、城乡收入差距不断缩小作为乡村振兴战略实施取得成功的重要判断标准。因为，不论是发展农村经济还是提高农村社会治理水平和能力，最后的落脚点都是要使农民过上丰裕富足的生活，能

---

① 习近平：《坚持把解决好"三农"问题作为全党工作重中之重 举全党全社会之力推动乡村振兴》，共产党员网，2022 年 3 月 31 日，https：//www. 12371. cn/2022/03/31/ARTI1648714506421324. shtml。

② 文丰安：《全面实施乡村振兴战略：重要性、动力及促进机制》，《东岳论丛》2022 年第 3 期，第 5 ~ 15 页。

够在满足最基本生活需要的同时，平等享受经济社会发展所带来的成果，各项公民权益能够得到最大限度的实现，向实现共同富裕的目标迈进，进一步彰显中国特色社会主义制度的优越性。

（二）是进一步促进城乡融合发展的重要路径

乡村振兴必须打破城乡发展对立观，走城乡融合之路，实现生产要素在城乡间的双向自由流动，实现公共资源在城乡间的合理、公平配置，以工补农、工农协调，以城市发展带动农村发展，形成新型工农城乡关系。习近平总书记在党的十九大报告中指出，要"建立健全城乡融合发展体制机制和政策体系，加快推进农业农村现代化"[①]。但是，当前我国城乡之间发展差距较大，相对于城市，农村经济发展水平落后，基础设施建设不足，生活保障体系不够健全，大量年轻劳动力进入城市务工经商，农村老龄化、空心化现象较为突出，城乡劳动力市场割裂，生产要素向城市集聚，农村发展缺乏必要的资金、技术和人才支撑。要解决农村面临的困境，改变城乡割裂的现状，必须走城乡融合发展之路。一是以产业兴旺促进城乡产业融合。产业兴旺属于乡村振兴的应有之义，是乡村振兴的基础，可为实现乡村全面发展提供保障和支撑。深化农产品加工，提高农业附加值，通过现代化智能销售平台拓宽农产品流通渠道；支持农村发展龙头企业，形成品牌效应，实现农村劳动力就地城镇化，同时还可以吸引优秀人才到农村就业安置；推动农业技术创新，提高农产品科技含量，加快实施高标准农田建设，提高农业机械化和种植养殖现代化水平；加快推进农村现代物流和互联网设施建设，让资金能够进得来，农产品能够走出去。二是以人才兴旺促进城乡人才融合。人才是乡村振兴的关键，乡村产业发展需要人才，乡村社会治理也需要人才。不断完善城乡间人才流动转移体制机制，引导和鼓励优秀人才到农村创业，鼓励农民工返乡创业，健

---

① 习近平：《决胜全面建成小康社会 夺取新时代中国特色社会主义伟大胜利》，《人民日报》2017年10月28日，第1版。

全大学生下乡机制，引导社会资本下乡，资本和项目是吸引人才下乡的关键。此外，政府应加强宣传引导和加大政策优惠力度以鼓励人才下乡，通过拓宽融资渠道、加强创新创业培训及农村产业孵化等措施，进一步充实城乡人才队伍。三是以生态宜居促进城乡融合。城乡间的融合发展不应仅限于经济领域，生态环境的共享共建共治也是城乡融合发展的重要方面。农村基础设施落后、居民环保意识较薄弱，是我国生态和环境治理的重点和难点，也是与生态系统联系最紧密的地区。加强农村生态治理，实现农村生态环境的根本改善，是实现城乡融合发展的重要保障。[①] 近年来，农村在经济发展的同时产生了诸多的环境污染问题，生活生产垃圾处理不当，污水废气肆意排放，农村生态环境遭到严重破坏。应不断强化环保意识，加强基础设施建设和生态环境治理，优化垃圾处理技术，发展绿色生态农业。

（三）是解决我国农村社会主要矛盾的重要途径

我国经济发展最薄弱的环节是农村，城乡之间发展不均衡甚至是城乡之间的断裂是当前我国经济社会发展中比较突出的问题，也成为制约我国经济发展的短板。城乡之间发展的不均衡表现在户籍、收入、消费、教育、医疗、就业等经济社会的各个方面。因此，乡村的全面振兴是解决我国社会主要矛盾、向第二个百年奋斗目标迈进的关键。全面实施乡村振兴战略，要坚持把农业农村发展放在我国经济发展的首要位置，把农村工作放在党和国家工作的首要位置。坚持农业农村优先发展不是放慢城市的发展速度或者降低城镇化水平，也不意味着其他产业发展要为农业让步，而是要在城乡融合的前提下补历史的欠账，以工带农、以工补农，实现城乡之间的优势互补、共建共享。全面实施乡村振兴战略，最终目标是要实现农业农村的现代化，构建一个全新的农村，在动态发展中打破城乡壁垒和地域分割局面，使资源在城乡间均衡配置和双向自由流动。必须用动态的

---

① 文丰安：《农村生态治理现代化：重要性、治理经验及新时代发展途径》，《理论学刊》2020年第 3 期，第 67、71 页。

视角去处理城市与乡村、人与自然、人与自身之间的关系，通过协调区域发展来实现人与人之间的平衡，通过精神文明建设来实现人与自身的平衡。随着乡村振兴战略的深入实施，实现城乡间资源的公平分配、公共产品和服务的均衡配置，社会法治状况和安全环境的全面改善，国家治理能力和水平的全面提升。全面实施乡村振兴战略，能够持续增加农民收入，提高农民生活质量，增强广大农民的获得感，促进社会公平和正义，提高和夯实党在基层的执政能力和群众基础。因此，全面实施乡村振兴战略是现阶段从根本上解决我国社会主要矛盾的关键所在，是实现共同富裕、全面建成社会主义现代化强国的必然选择。

（四）是实现农村共同富裕的必经之路

为中国人民谋幸福是中国共产党的初心和使命，建党 100 余年来，中国共产党带领中国人民经过艰苦奋斗和不懈努力，实现了从站起来到富起来、强起来的伟大转变，消除了绝对贫困，走上了从全面小康到共同富裕的跨越式发展之路。① 党的十八大以来，党中央坚持城乡统筹，推进区域协调发展，不断完善民生保障，如期完成脱贫攻坚任务，全面建成小康社会，为实现共同富裕打下了坚实的基础。共同富裕虽说是全体人民的富裕，但不是同等富裕，也不是同步或同时富裕，更不是社会财富的无差别分配，共同富裕的实现具有长期性和复杂性，是一个庞大的系统性目标。实现共同富裕目标首先就是要打破城乡壁垒，缩小城乡发展差距。一方面，党的二十大提出要发展新型农村集体经济、发展新型农业经营主体和社会化服务、发展农业适度规模经营，为完成这些任务，首先要解决的是农民物质生活层面的问题。全面实施乡村振兴战略与农村改革相呼应，通过多方面举措，调整农业产业结构，畅通城乡间要素流动，稳步增加农民收入，缩小城乡差距，有力解决城乡发展不平衡问题，逐步实现人民物质

---

① 文丰安、段光鹏：《中国共产党发展理论的百年探索与实践经验》，《经济与管理研究》2021 年第 4 期，第 3 页。

层面富裕。① 另一方面，随着农村扶贫工作任务的完成和目标的实现、农村公共服务的不断完善，农村民生保障取得显著成效，广大农民在衣食、住房、医疗、教育等方面获得了基本的保障。在新发展阶段，农村工作需要更加关注农民的意识形态和精神文明建设，通过舆论宣传引导重塑乡村文化，构建以社会主义核心价值观为基础的新型农村文化生态系统，消除传统落后封建文化的残余，让农民在精神文明和意识形态方面也得到极大丰富和满足。共同富裕不仅是全体人民的共同富裕，而且包含了物质文明和精神文明的双重发展、齐头并进，在乡村产业不断发展、农民经济收入不断提高的同时，着重提高农民的精神文明水平，符合共同富裕的内涵和本质。

五　乡村振兴与城乡协同发展

当前，在中国农业供给侧结构性改革的背景下，以人为本的新型城镇化快速推进，推动了农业农村发展，成为促进经济增长的新引擎。与传统城镇化相比，新型城镇化不再追求规模宏大的城市扩张，而是致力于解决城镇化进程中资源环境约束、城市承载力不足等问题，同时重点突出农民的主体地位，构建互补互惠、协调共生的城乡关系。② 自新型城镇化战略实施以来，中国城乡经济结构发生显著变化，农民总体收入不断增长，城乡差距呈现缩小趋势。但长期以来的"城市偏向型"政策和生产要素的单向流动，使得城乡发展面临着"城市病"和"乡村病"共存的现实困境，农村发展动力机制缺乏，城乡公共服务均等化问题未得到有效解决。城乡发展不平衡、不充分依旧是限制中国经济发展的主要因素。③ 党的十九大提出实施乡村振兴战略，随后 2018 年发布的《乡村振兴战略规划（2018—

---

① 张蕴萍、赵建、叶丹：《新中国 70 年收入分配制度改革的基本经验与趋向研判》，《改革》2019 年第 12 期，第 118 页。
② 文丰安：《乡村振兴战略与新型城镇化建设融合发展：经验、梗阻及新时代方案》，《东岳论丛》2020 年第 5 期，第 70～77 页。
③ 魏后凯：《实施乡村振兴战略的目标及难点》，《社会发展研究》2018 年第 1 期，第 2～8 页。

2022 年)》明确了科学有序推进乡村产业、人才、文化、生态和组织振兴的发展路径。2021 年中央一号文件指出，解决发展不平衡不充分问题，应补齐农业农村短板，推动城乡协调发展。2022 年中央一号文件提出要支持城镇产业向乡村有序转移，培育农村新业态。显然，推动新型城镇化与乡村振兴战略的协同发展，是解决新时代中国社会主要矛盾的必然要求和建设现代化经济体系的重要基础。

（一）城乡关系理论研究

西方学界对城乡关系问题的探索以经济学为基础在多个学科领域中相继展开，大致可以分为两类：一类是从发展经济学的视角，探讨发展中国家在经济发展过程中普遍面临的城乡问题，形成基本的理论分析框架，如刘易斯的二元经济模型①、缪尔达尔的地理二元经济结构理论②和哈里斯 - 托达罗模型③等；另一类是从社会学和城市经济学的视角，就社会发展中普遍存在的居住拥挤、环境恶化、交通拥堵等"城市病"提出城乡协调发展的观点，如霍华德的田园城市理论④、沙里宁的有机疏散理论⑤和赖特的广亩城理论⑥等。

国内学界对城乡关系问题的研究起步较晚，已有研究大致可以分为三类。一是针对城乡关系变迁的研究，例如，夏金梅基于马克思主义城乡关系理论，提出中国城乡关系遵循乡育城市、城乡分离、城乡对立和城乡融合的发展规律；⑦ 高帆认为中国城乡收入差距不断缩小，但城乡社会差距

---

① W. A. Lewis, "Economic Development with Unlimited Supply of Labor," *Manchester School of Economic and Social Studies* 22（1954）：139 - 191.

② 汪小勤：《二元经济结构理论发展述评》，《经济学动态》1998 年第 1 期，第 73 ~ 78 页。

③ 迈克尔·P. 托达罗：《经济发展与第三世界》，印金强、赵荣美等译，中国经济出版社，1992。

④ 埃比尼泽·霍华德：《明日的田园城市》，金经元译，商务印书馆，2000。

⑤ 陈友华、赵民主编《城市规划概论》，上海科学技术文献出版社，2000。

⑥ 王振亮：《城乡空间融合论——我国城市化可持续发展过程中城乡空间关系的系统研究》，复旦大学出版社，2000。

⑦ 夏金梅：《新型城镇化与乡村振兴协同发展的时空观察》，《西南民族大学学报》（人文社会科学版）2021 年第 5 期，第 147 ~ 153 页。

依旧存在，城镇内部的"新二元结构"和农村内部的收入分化日益突出。[1]
二是城乡融合机理的研究，自乡村振兴战略提出后，学术界普遍认为新型
城镇化与乡村振兴的协同推进能够实现城乡融合发展。[2] 此外，学者们还
利用实地调研或案例分析，从人口、土地、资本和产业等视角出发，探究
城乡之间的融合发展机理，[3] 发现如乡村旅游业、农产品加工业等产业的
转型是推动城乡协调发展的重要路径。[4] 三是城乡发展水平和融合程度的
定量研究，学者们最初利用城乡经济发展水平、城乡居民收入和城乡公共
物品供给等单一指标来衡量城乡关系，[5] 而现阶段多数学者通过构建多维
度、多指标的系统评价体系来对城乡发展水平进行测度，[6] 所使用的方法
也由比值法、泰尔指数法等单一指标计算方法向熵值法[7]、层次分析法[8]和
耦合协调模型[9]等综合评价方法过渡。但多数学者在对城乡关系进行定量
研究时，通常聚焦于某一维度，如贾兴梅利用熵值法和耦合协调模型分析
了新型城镇化与农业集聚之间的协同关系。从已有文献来看，如何推动城
乡融合发展是政府和学界关注的重点问题，但相关研究仍存在一定的局限
性。[10] 一方面，尽管探究新型城镇化与乡村振兴关系的研究逐渐增多，但

---

① 高帆：《新时代我国城乡差距的内涵转换及其政治经济学阐释》，《西北大学学报》（哲学社会科学版）2018 年第 4 期，第 5 ~ 16 页。
② 刘彦随：《中国新时代城乡融合与乡村振兴》，《地理学报》2018 年第 4 期，第 637 ~ 650 页。
③ 陈丹、张越：《乡村振兴战略下城乡融合的逻辑、关键与路径》，《宏观经济管理》2019 年第 1 期，第 57 ~ 64 页。
④ 翟坤周：《新发展格局下乡村"产业—生态"协同振兴进路——基于县域治理分析框架》，《理论与改革》2021 年第 3 期，第 40 ~ 55 页。
⑤ 刘晨光、李二玲、覃成林：《中国城乡协调发展空间格局与演化研究》，《人文地理》2012 年第 2 期，第 97 ~ 102 页。
⑥ 熊湘辉、徐璋勇：《中国新型城镇化水平及动力因素测度研究》，《数量经济技术经济研究》2018 年第 2 期，第 44 ~ 63 页。
⑦ 贾兴梅：《新型城镇化与农业集聚的协同效应》，《华南农业大学学报》（社会科学版）2018 年第 2 期，第 1 ~ 10 页。
⑧ 张挺、李闽榕、徐艳梅：《乡村振兴评价指标体系构建与实证研究》，《管理世界》2018 年第 8 期，第 99 ~ 105 页。
⑨ 徐维祥、李露、周建平等：《乡村振兴与新型城镇化耦合协调的动态演进及其驱动机制》，《自然资源学报》2020 年第 9 期，第 2044 ~ 2062 页。
⑩ 陈景帅、张东玲：《城乡融合中的耦合协调：新型城镇化与乡村振兴》，《中国农业资源与区划》2022 年第 10 期，第 209 ~ 219 页。

多数研究聚焦于理论层面的探讨，对两者之间耦合协调度的定量研究还较为薄弱。另一方面，既往文献针对新型城镇化的测度已形成较为完善的体系，而乡村振兴测度体系处于探索阶段，已有研究通常集中于乡村振兴的某一维度，并未体现乡村振兴的系统性。

（二）城乡割裂与乡村的日趋凋敝

有观点认为，纵览我国百年现代化历史，其基调始终是工业化，工业剥夺农业、城市剥夺乡村在此期间渐成常态，甚至固化为一种特定的社会体制。这种观点不免失之偏颇。但在很长一段时间里，城镇化和工业化在我国经济社会发展总体战略中的确占据至高地位，乡村和农业则基本扮演服从与服务城市和工业的角色，城市中心主义倾向十分突出。① 从新中国成立初期到改革开放初期，城市中心主义倾向逐步成型。在 20 世纪 80 年代后期至 90 年代中期，工业化、城镇化战略更是凯歌高进，乡村和农业则沦为"闲棋冷子"。尽管 1986 年的中央一号文件指出，我国作为一个拥有 10 亿人口（其中 8 亿为农民）的发展中大国，在工业化推进过程中，既不能因为农业生产情况有所好转就放松对农业工作的管理，也不能因为农业基础建设周期长、见效慢就减少对农业领域的应有投资，更不能因为农业对国民经济的贡献比重逐步下降而否定农业的基础地位，② 但在随后长达 17 年的时间里，未见类似的中央一号文件。究其原因，主要包括以下几个方面。其一，在"以经济建设为中心"的语境中，农业贡献明显相对偏少。1987 年 10 月，党的十三大报告明确提出"以经济建设为中心，坚持四项基本原则，坚持改革开放"的基本路线。但此时的农业在国民经济中所占的比重逐年递减，不再拥有举足轻重的地位。国家统计局数据显示，1987 年，我国全年工业总产值是农业总产值的 3.1 倍；1995 年，基于新的

① 王红艳：《乡村振兴战略的"四重超越"特征——兼论中国特色社会主义乡村振兴道路》，《新视野》2021 年第 1 期，第 35 页。
② 《中共中央、国务院关于一九八六年农村工作的部署》，《中华人民共和国国务院公报》1986 年第 5 期。

统计口径，第一产业增加值占国内生产总值的比重为 19.7%，第二、三产业分别占 49.0%、31.3%；2003 年，第一产业增加值占国内生产总值的比重下降至 14.8%，第二、三产业则分别上升为 52.9%、32.3%。其二，在城镇化战略快速推进的背景下，乡村必定走向终结几成共识。据国家统计局历年《国民经济和社会发展统计公报》城乡人口统计数据，1996 年，年末全国总人口为 122389 万人，其中城镇人口占 29.4%，乡村人口占 70.6%；2001 年，年末全国总人口为 127627 万人，其中城镇人口占比升至 37.7%，乡村人口占比降至 62.3%；2003 年，年末全国总人口为 129227 万人，其中城镇人口占比达到 40.53%、乡村人口仅占 59.47%。可见，1996～2003 年，我国城镇化率年均增长 1.59 个百分点，与之一同发生的则是大批乡村的凋敝和消逝。进入 21 世纪，统筹城乡经济社会发展的理念得以被提出和践行，乡村和农业再度受到重视。一个积极信号是：2004 年 2 月，我国以中央一号文件的形式发布《关于促进农民增加收入若干政策的意见》，旨在通过有力举措尽快扭转城乡居民收入差距不断扩大的趋势。[①] 自此，以中央一号文件的形式部署"三农"工作的传统得以恢复和被沿袭下来。不过，值得注意的是，乡村和农业在这一时期还被认为是工业化和城镇化框架中的问题，政策的城市中心主义色彩尚未完全褪去。

（三）乡村振兴背景下的城乡关系

乡村振兴战略在对城乡关系的认识上超越了城市中心主义，同时，在调整城乡关系的路径上尝试超越"城市利益让渡"范式。一方面，乡村、农业与城市、工业的地位趋于平等，前者服从和服务于后者的主张逐步式微。《中共中央 国务院关于实施乡村振兴战略的意见》对新型工农城乡关系模式所做的界定是：在要素上能实现自由流动和平等交换，在产业上能实现互促共荣，在功能上能实现互补融合。另一方面，乡村、农业与城

[①] 王兴国主编《惠农富农强农之策——改革开放以来涉农中央一号文件政策梳理与理论分析》，人民出版社，2018，第 54 页。

市、工业的权重趋于平等，前者分量严重轻于后者的局面有望扭转。《中共中央 国务院关于实施乡村振兴战略的意见》对新型工农城乡关系模式所提出的要求是：不但要做到工农、城乡"一起抓"，而且在统筹部署地方经济社会发展各项重要工作时要赋予农业农村"优先发展权"。

第二节　乡村振兴对于推进农村养老发展的影响

《乡村振兴战略规划（2018—2022 年）》提出，要加快建立以居家为基础、社区为依托、机构为补充的多层次农村养老服务体系；以乡镇为中心建立具有综合服务功能、医养相结合的养老机构，形成农村基本养老服务网络；开发农村康养产业项目；鼓励村集体建设用地优先用于发展养老服务；加强农村社会保障体系建设，提升农村养老服务能力；等等。

乡村振兴战略通过产业振兴、人才振兴、文化振兴、生态振兴和组织振兴，为农村养老服务的供给创造了良好的经济保障、人才保障、文化保障、生态环境保障和组织领导保障，为发展农村养老服务业、培养农村养老服务人才、转变养老服务消费观念、弘扬"尊老孝老"文化、打造生态宜居养老环境、强化养老服务的政府责任意识和组织领导创造了良好的养老服务供给外部环境，也为建立和完善中国农村养老服务体系提供了重要机遇。

一　乡村振兴战略为农村养老发展创造了条件

（一）乡村振兴战略为农村医养结合型养老服务发展创造新机遇

党的十八大以来，我国创造性地提出推动"共建共享社会"建设，进一步凸显了公平正义作为建设社会主义现代化国家本质要求的地位。健康是保障老年人独立自主参与社会发展的前提，以习近平同志为核心的党中央把维护人民健康摆在更加突出的位置。党的十九大报告指出，"人民健康是民族昌盛和国家富强的重要标志"。《"健康中国 2030"规划纲要》提出了建设健康中国的战略部署，明确了建设健康中国的大政方针和行动纲领，人民健康状况和基本医疗卫生服务的公平性、可及性持续提升。在乡村振兴战略和健康中国战略的双重驱动下，农村老年人的基本生活质量逐渐得到保障，农村医养结合型养老服务体系逐渐形成并逐步完善。[①]

党的十九届五中全会明确指出，我国"十四五"期间经济社会发展目标包括"多层次社会保障体系更加健全，卫生健康体系更加完善，脱贫攻坚成果巩固拓展，乡村振兴战略全面推进"[②]。伴随着全面建成小康社会的顺利实现，在我国全面建设社会主义现代化国家新征程中，促进社会公平正义的目标要求越来越凸显。在广大农村地区，实现老有所养，是全面建设社会主义现代化国家的重要任务，如何满足老年人的医养结合型养老服务需求已成为"十四五"期间迫切需要解决的重要问题，探究农村医养结合型养老服务体系建设方式，有助于推动形成相对稳定的农村养老服务有效供给格局。

（二）乡村振兴战略为农村医养结合型养老服务发展提供政策支持

伴随着我国农村人口老龄化进程的不断加快，老龄化进程与城镇化、家庭核心化、空巢化相伴出现，与经济社会转型期各类矛盾相互交织，留守老人规模不断扩大，越来越多的农村家庭面临照料者缺失的问题。农村老年人对医疗保健、康复护理的刚性需求与日俱增，而我国老年人医疗卫生与养老服务需求尚未得到有效满足。农村医养结合型养老服务具有正外部性，是一种具有生机活力与发展潜力的社会化养老服务模式。在农村社会化养老服务多元供给主体发育不成熟和居家照料供给资源有限的双重约束下，农村老年人居家照料需求不断增长，有效满足农村高龄、独居、空

---

① 郑吉友：《乡村振兴战略下农村医养结合型养老服务体系研究》，《广西社会科学》2021年第 11 期，第 18 页。
② 《中国共产党第十九届中央委员会第五次全体会议公报》，人民出版社，2020，第 12 页。

巢老年人的养老服务需求已成为探索建立农村社会化养老服务体系的重要任务。《中华人民共和国乡村振兴促进法》第五十四条规定，国家完善城乡统筹的社会保障制度，建立健全保障机制，支持乡村提高社会保障管理服务水平。在公共服务资源配置方面，城乡融合发展的政策框架要求加快改善农村卫生医疗条件，提升农村养老设施建设质量，提升乡村治理效能。由此，推动农村医养结合型养老服务多元协同供给，实现社会政策由照顾型政策向发展型政策转型，有助于缓解农村家庭养老功能弱化的现实压力，为农村老年人提供生活照料、康复理疗、精神慰藉等专业化医养结合型养老服务，打通农村社区老年人医养结合型养老服务"最后一公里"，对提高农村老年人生活质量具有重要现实意义。

（三）乡村振兴战略为农村医养结合型养老服务协同发展提供强大动力

乡村振兴战略的总要求中提到"产业兴旺"。"产业兴旺"将为农村康养产业和养老服务业发展提供新活力，而发展数字经济将为乡村产业振兴赋能。《数字经济与乡村振兴发展研究报告（2021）》阐述了数字经济和数字乡村发展的紧密联系，预测了乡村数字经济发展的趋势并提出了对其的展望。《乡村振兴战略规划（2018—2022年）》提出要做到自治、法治、德治"三治"相结合，建立健全现代乡村社会治理体制，大力培育农村社会组织，发展农村社会工作和志愿服务等，为破解农村养老服务发展治理困局提供新动能。农村医养结合型养老服务具有普惠性，它是为农民赋权增能并由政府委托村庄自治组织供给的基本福利。在农村医养结合型养老服务发展的过程中，政府扮演养老服务政策规划者的角色，负责制定发展规划，采取积极扶持政策，进行协调、监督与管理等，使农村医养结合型养老服务的发展具有相对稳定的制度保障。在推动形成以市场或企业为主体的供给格局时，农村医养结合型养老服务具有一定的选择性，其作为一种新型养老服务模式将在强大的需求和康养产业助推下协同发展，并通过市场运营和从事养老服务企业的专业化运作实现高质量的福利供给；而非营利组织供给具有自治性，是第三部门通过乡村社会组织的自我行动所创生的福利供给；在推进居家社区医养结合型养老服务过程中，农村老年人的福利来源呈现多元性特征，由非营利组织等专业机构为农村老年人提供具有普惠性、制度化和多元化的服务，任何可能的资源都将成为福利供给的基础。农村医养结合型养老服务以农村老年人需求为导向，需要吸纳具备较好专业资质与较强能力的社会工作者参与提供医养结合型养老服务，增强农村医养结合型养老服务的福利性和普惠性，增进老年人对医养结合型养老服务的政策认同，这有助于推动农村养老服务的专业化发展和供给效能提升，农业、农村、农民问题的深入解决，并将为农村医养结合型养老服务协同发展提供强大动力。

二　乡村振兴背景下推动农村养老服务发展路径分析

（一）以乡村产业振兴推动农村养老服务业的发展

农村养老服务业是乡村产业振兴的重要组成部分，要不断完善政府采购、村集体购买、PPP（政府和社会资本合作）等方式，培育一批具有影响力和竞争力的乡村医养、康养服务企业和家政公司。发展农村养老产业和养老服务项目，建设一批具有乡村特色的医养康养基地，利用闲置农房、学校等养老资源发展养老项目，支持老年上门医疗服务、老年餐饮服务、老年健康教育服务、老年旅游服务、老年用品服务、老年文化娱乐服务、老年志愿服务、老年护理服务、老年法律服务、老年金融服务等服务业态，推进融合发展。[①]

（二）以乡村人才振兴推动农村养老服务人才队伍的建设

养老服务包括医疗、护理、康复、家政等多种服务，需要来自不同

---

① 陈显友：《乡村振兴背景下农村养老服务供给问题研究》，《广西社会科学》2021 年第 11 期，第 14 页。

部门和机构的医生、护士、康复师、社工、家政服务员、农村留守人员、低龄老人、志愿者等多类人员的参与。合理组织协调好农村老人所需服务的供给，是提高农村养老服务质量的关键。构建养老服务体系需要较多的人力资源投入，要稳步推进农村养老服务人才队伍的职业化、专业化建设。要加强从业人员的知识、技能、职业道德专业化培训，规范从业人员的准入标准，促进养老服务的规范化和专业化。依托大中专学校和专业性医院，建立养老护理人员培训基地。提升从业人员的素质，大力培养专兼职相结合的能提供农村居家养老服务的护士、康复师、社工等人才。

（三）以乡村文化振兴推动农村孝老文明乡风的树立

乡村文化振兴是乡村文化传承和创新的重要推手。要大力弘扬农村敬老孝老文化和邻里守望互助的乡风、村风、家风。要以老年人为传播载体，加强人文典故、风土人情、餐饮文化、婚丧嫁娶、民间习俗、古宅古树、特色旅游项目、名人逸事、民间艺术、乡贤故里等地方特色文化遗产的保护和传承。通过使老年人宣讲乡村的历史变迁、党的方针政策、家风家规等，培养村民遵纪守法、尊老爱幼、勤劳善良的行为习惯。鼓励外出务工创业人员常回家看看、落叶归根。由此，让广大农村老年人在乡村文化建设中有更多的归属感、获得感和成就感。

（四）以乡村生态振兴推动农村适老宜居环境的培育

绿水青山就是金山银山，也是安居乐业、健康长寿的基本保障。结合农村的特色资源禀赋，深入发掘农村养老的生态涵养、景观欣赏、文化体验、健康管理、防病治病等多种功能和价值。推动城市老人到乡村异地养老，发展乡村老年旅游。要通过政府财政补贴等方式，综合治理农村厕所、垃圾、能源、菜园等方面突出的环境问题，加强农村环境治理、污染监测和防灾减灾规划，实现绿色发展，守住农村最大优势和宝贵财富，为农村老年人创造良好的生存环境，打造适老宜居的美丽生态乡村。

（五）以乡村组织振兴推动农村养老社会支持体系的构建

乡村组织振兴的主体主要包括农村基层党组织、农民专业合作经济组织、社会组织和村民自治组织。这些组织是农村养老社会支持体系的重要组成部分。要通过乡村组织振兴，建立健全以基层党组织为领导，社区家庭为基础，社会中介组织、企业、志愿者和村民为依托的农村养老社会支持体系。

第一，政府养老公共服务要优先确保满足农村老人基本需求。为农村弱势老年群体提供养老公共服务是基层政府的基本职责。首先，应优先满足农村老人的养老服务需求中的"康复护理保健"类需求。其次，应制定基本养老公共服务清单，优先保障符合条件的孤寡、失能、重度残疾、高龄老年人以及计划生育家庭特别扶助对象、重点优抚对象等的基本养老服务需求。

第二，加快建立以居家为基础、社区为依托、机构为补充的多层次农村养老服务体系。以乡镇所在地为中心，建立医养康养结合的养老机构，大力发展农村基本公共服务、农村特困供养和农村互助养老服务，形成农村基本养老服务体系。

第三，发展普惠型养老服务和互助型养老；推进农村幸福院等互助型养老服务设施建设，强化政府在养老基本公共服务中的主导作用和"保基本""兜底"的职责定位。在农村养老服务中推广和普及信息网络技术，大力发展智慧社区、虚拟养老院等农村养老服务新模式，支持社会力量开展"互联网＋养老"行动。依托乡村卫生服务机构，改革现有制度和打破行政壁垒，实现医养康养服务的有机融合。

第四，建立多元化的农村养老服务筹资机制。农村养老服务的最大难题是资金严重不足。农村养老服务资金来源应是多元化的，包括社会保险缴费、税收、私人保险费、PPP 项目资金、社会救助、慈善捐款和财政专项补贴等。要多方筹集资金，完善农村社会养老保险制度，建立农村老人护理补贴制度，鼓励发展长期照护商业保险，建立健全农村养老服务补贴制度，逐步建立以社会保险为主、商业保险为辅，财政补贴、津贴及社会救济相结合，政府、企业、个人多方负担的多层次农村养老服务体系，从而高效、有力地解决农村养老服务的供方和需方资金不足的难题。

第三节　农村养老与乡村振兴及城乡协同发展

一　乡村振兴背景下农村养老问题的解决有赖于城乡融合

党的十九大报告明确提出要实施乡村振兴战略和完善基本养老保险制度。基本养老保险制度城乡融合势在必行。党中央提出完善统一的城乡基本养老保险制度，2022年初步建立城乡融合发展体制机制，要求从较容易融合的失地农民基本养老保险和城乡居民基本养老保险开始，探索构建全国统一的城乡基本养老保险制度。基本养老保险制度的城乡融合，有助于建立更公平、可持续的基本养老保险制度。但对于如何实现城乡居民与机关事业单位、城镇职工基本养老保险制度的融合，我国尚未设计出具体的路径。当前农村居民参与的城乡居民基本养老保险只能在省级甚至县市级范围内统筹，导致地区不平衡。推进基本养老保险制度城乡融合，能够发挥大一统下基本养老保险体系的规模效应、联动作用和互济功效。因此，构建城乡融合的基本养老保险制度迫在眉睫。[①]

（一）城乡分割是当前城乡居民基本养老保险制度"失灵"的根源

作为一项惠民生、促和谐、助稳定的重要制度安排，城乡居民基本养老保险制度取得了举世瞩目的成绩，从制度上加快了城乡社会化养老发展的步

---

① 蒋军成、黄子珩：《乡村振兴战略下基本养老保险制度城乡融合路径研究》，《经济体制改革》2021年第6期，第72页。

伐，大幅提升了养老水准，缩小了城乡差距，但是依然存在不足之处。

1. 当前城乡居民基本养老保险制度存在的问题

一是城乡居民基本养老保险存在制度"失灵"。2020年我国城乡居民养老金的人均水平为2088元，月均174元，是当年农村居民人均可支配收入的12.19%；2020年城镇职工人均养老金为平均每月2900元，是当年城镇居民人均可支配收入的79.39%。和城镇职工养老金相比，城乡居民养老金可谓杯水车薪、量小力微。大部分农村居民个人账户年均缴费100元，而且农村集体经济基础薄弱，对个人账户补助有限，致使城乡居民基本养老保险保障效果差，总替代率低，难以维持农村居民的基本养老生活。

二是城乡居民基本养老保险激励机制欠缺。为了鼓励城乡居民参保并提高个人缴费档次，国家建立了缴费补贴调整机制，各地区可根据自身经济发展状况、财政实力和个人缴费标准提高情况，对选择较高缴费档次的农民给予较多的补贴，这体现了"多缴多得"的原则，意在引导农民选择较高的缴费档次，提高基金筹集水平和保障能力。截至2020年末，我国基本养老保险覆盖近10亿人口，其中农村居民参保率不高，而且参保水平低，距离全覆盖的目标还有不小差距，其中很大一个缺口来自就业流动性强的农民工。农村居民特别是青壮年劳动力参保积极性较低，甚至导致"逆向选择"。而且，当前居民基本养老保险城乡融合不深，制度激励欠缺，多缴费和长期缴费对农村居民吸引力不大，甚至部分参保人群出现退保弃保的现象。

三是城乡居民基本养老保险待遇地区间差距较大。当前，城乡居民基本养老保险主要在县市层级融合和管理，地方经济和财政水平直接决定着城乡居民基本养老金的给付能力，由此导致我国城乡居民基本养老保险待遇在不同地区存在较大差异。2020年我国城乡居民基本养老保险待遇的人均水平是2088元，月均174元。上海、北京、天津、浙江、江苏、青海、广东、宁夏、海南、西藏、内蒙古、山东、新疆等13个省（区、市）超过全国平均水平，这些省（区、市）多位于我国经济较为发达的东部沿海地区（见表2-3）。

管理层次较低束缚了城乡居民基本养老保险关系衔接转移，制约了城乡制度融合。地区差异、部门利益冲突、标准不一致、管理不统一成为制约居民基本养老保险制度城乡融合的重要因素。制度碎片化不利于劳动力跨地域流动和养老金异地结算；基金规模小、利用效率低，难以建立养老金投资体制，基金收益率不高；各地区养老财力难以均衡和维持，产生"制度套利"，致使财政风险加大。

表 2 - 3   2020 年我国各省（区、市）城乡居民基本养老保险发展情况

省（区、市）	人均城乡居民基本养老保险待遇（元）	城乡居民基本养老保险基金支出（亿元）	领取人数（万人）
上　海	16059	83.97	52.29
北　京	6961	64.33	92.42
天　津	5839	49.12	84.13
浙　江	3783	200.35	529.54
江　苏	3233	354.15	1095.43
青　海	3066	11.73	38.26
广　东	2946	265.29	900.64
宁　夏	2723	11.29	41.46
海　南	2627	20.26	77.13
西　藏	2618	6.74	25.72
内蒙古	2431	59.60	245.18
山　东	2188	340.27	1555.31
新　疆	2168	25.53	117.74
福　建	1950	95.30	488.63
四　川	1912	212.49	1111.45
湖　北	1870	134.49	719.28
黑龙江	1821	46.64	256.12
辽　宁	1787	76.55	428.33
重　庆	1744	61.70	347.72
陕　西	1764	94.39	535.24
湖　南	1695	142.95	843.38

续表

省（区、市）	人均城乡居民基本养老保险待遇（元）	城乡居民基本养老保险基金支出（亿元）	领取人数（万人）
广　西	1632	94.84	581.28
安　徽	1608	147.08	914.78
山　西	1605	67.79	422.26
甘　肃	1580	49.42	312.73
江　西	1573	78.50	498.96
云　南	1533	82.55	538.54
河　南	1523	214.85	1410.74
河　北	1505	162.19	1077.96
吉　林	1474	38.59	261.86
贵　州	1340	62.11	463.68

资料来源：《2020 年全国城乡居民养老金排行：13 省份超全国平均水平，上海居首，贵州垫底》，"中国经济周刊"网易号，2021 年 11 月 26 日，https：//www.163.com/dy/article/GP04U2R 60530I1ON.html。

　　四是城乡居民基本养老保险基金管理风险大。从整体上看，城乡居民和城镇职工基本养老保险制度还未完成省级融合和制度衔接，出现城乡分裂、条块分割甚至各自为政的现象。在监督管理方面，由于监管不严或监管缺失，为解决地方财政困难或者其他投资项目的燃眉之急，城乡居民基本养老保险基金被地方政府挪用、挤占的现象时有发生，农村居民基本养老金不能按时足额给付，损害了政府的公信力，增加了养老保险基金的风险。而且，城乡居民基本养老保险体系不够健全，容易造成养老保险基金贬值。

　　五是城乡基本养老保险制度"多轨并行"。基本养老保险制度依据职业、人群不同可以划分为不同的种类，多轨并存，导致养老待遇不一，制度衔接受阻，基金效益欠佳，人员横向流动困难。基本养老保险制度各自为政、政策不同、标准迥异。特别是城乡居民与城镇职工、机关事业单位人员的基本养老保险在制度模式、筹资方式和支付渠道上存在不同，导致养老保险待遇相去甚远。参加城乡居民基本养老保险的农村居民人口最多，但是其保障水平、替代率较低，实际功效较弱。

2. 基本养老保险制度城乡分割的制约作用

一是经济方面，基本养老保险制度城乡分割妨碍了城乡居民获得公平而稳定的财政补助。当前，机关事业单位人员退休后的养老金替代率最高，城镇职工位居其后，农村居民最低。城乡基本养老保险制度分割，导致政府财政补助的标准不一、金额悬殊。农村居民无法与城镇职工等享受相同标准的基本养老保险财政补助，致使城乡基本养老金差距愈来愈大。随着农村人口老龄化加剧以及农村老年人领取养老金的增加，城乡居民基本养老金必将产生巨大缺口。基本养老保险制度间难以融合、区域间难以统筹，造成社会养老资源不能跨区域合理分配，无法产生规模效应和互济功效。因此，城乡分割的基本养老保险制度，将会增加我国基本养老保险基金的债务风险。二是社会方面，基本养老保险城乡分割制约了城乡社会一体化。由于基本养老保险制度的城乡分割，农村居民缴费率低，参保积极性不高，不利于农村养老保险制度的长远可持续发展。而且，不同地区的财政实力不同，对基本养老保险的补贴不同，地域衔接受阻，造成基本养老保险制度的地域阻隔。城乡基本养老保险制度间难以衔接，妨碍了不同参保人群的自由流动，限制了城乡资源灵活配置，无助于促进社会公平与和谐。在农村家庭小型化、少子化、空心化的背景下，传统的"养儿防老"模式面临许多现实的困境，绝大多数农村老人依赖传统的种地方式维系老年生活。许多农村老人自行耕作、自我养老、生活艰难。随着年龄的增加、体力的衰退、疾病的加重，部分农村老人生活无法自理，无力看病吃药。

（二）城乡融合是基本养老保险制度发展的必然趋势

纵观基本养老保险制度的改革历程，基本养老保险的城乡一体化是未来的发展方向，城乡融合是推进乡村振兴和推动乡村生产力发展到成熟阶段、转变农村养老关系的必由之路和现实需要。一是从生产关系看，小农经济需要家庭养老，集体经济承接农村集体养老，统分结合的经济对应家庭和集体相结合的养老，基本养老保险制度城乡融合满足社会化大生产需求。要实现乡村振兴和社会化大生产，必须冲破城乡分割的藩篱，实行城乡融合，为完善城乡基本养老保险制度提供必要的支持，缩小城乡养老"剪刀差"。二是从制度设计看，党和国家强力推进养老保险城乡融合，政策多、措施细、速度快。在顶层设计方面，党的十九大和党的十九届四中全会提出"完善城镇职工基本养老保险和城乡居民基本养老保险制度，尽快实现养老保险全国统筹"和"加快建立基本养老保险全国统筹制度"。在政策执行层面，一系列养老保险法规、制度和政策的颁布与实施，有力推动了不同人群的基本养老保险制度城乡融合。三是从人口变化看，城乡融合是应对乡村振兴背景下人口结构变迁的必然选择。当前我国老龄化加速发展，农村家庭养老功能衰减，土地养老收益微薄，社会化养老保险成为农村养老的主要发展趋势，但目前还无法保障基本生活，根源在于城乡分割的基本养老保险制度致使农村居民社会养老效用不足。城乡融合有助于破除基本养老保险的制度藩篱，提高农村社会化养老水准，推动城乡劳动力、老年人口和养老资源有序流动。四是从制度公平性看，城乡融合是促进城乡养老保障公共服务均等化的重要手段。目前我国面临公共服务供给城乡失衡的问题。剔除隐性福利，我国居民收入基尼系数高于国际标准的警戒线水平。其中，城乡居民与机关事业单位和城镇职工的养老待遇差异是造成城乡收入差距的重要原因。基本养老保险制度城乡融合，能够减少城乡基本公共服务分配不公，缩小城乡社会保险待遇差距。

二 基本养老保险制度城乡融合的路径选择

城乡融合是乡村振兴背景下基本养老保险制度发展的内在要求，也是民众的所需所盼，更是解决城乡居民基本养老保险制度"失灵"问题的必由之路，有助于公平和可持续地保障农村居民的养老权益，解除农村老年人的后顾之忧。依据路径依赖策略，应渐进式推动基本养老保险制度的城乡融合。

（一）实现基本养老保险制度城乡融合，做到名义保障水平相同

所谓名义保障水平相同，是指在考虑农村居民购买力、生活成本之后，确定城乡居民基本养老保险待遇，使城乡居民养老生活达到与城镇职工基本养老金替代率相同情况下的水准。城乡居民中，农村居民虽然收入远低于城镇职工，但是其生活成本相对较低。农村居民一般有宅基地和房子，不用承担城市高昂的房价；农村居民大多数有菜地，可以种植蔬菜，或多或少有耕地，粮食能够自产自足。在农村地区，老年人要满足基本生存需求，与城镇职工"退休金"类似，城乡居民基本养老保险的待遇水平必须达到相应的基准线，依据上述标准来确定当地的城乡居民基础养老金。以 2020 年为例，在考虑城乡居民的购买力、生活成本之后，建议将城乡居民名义保障水平下的基础养老金设置为所在省级地区城镇职工人均基本养老金的 1/6，并由此确定我国 31 个省份 2020 年名义保障水平相同情况下的城乡居民基础养老金。这样设置的具体原因包括以下几方面。一是使城乡居民基础养老金上升到城镇职工人均基本养老金的 1/6，能够基本满足城乡老人的生活需求，大幅度缩小城镇职工与城乡居民基本养老保险的养老金差距。二是可以使城乡居民基础养老金在城乡融合的框架内动态调整。构建城乡居民基础养老金瞄准城镇职工养老金机制，前者随着城镇职工养老金定期增长而上浮，建立自动调节机制。目前城镇职工基本养老金年均增长 5% 左右，因此也要从根本上改变城乡居民基础养老金长年停滞不前的"落后"状态。三是调整后的城乡居民基础养老金与当地城市居民的最低生活保障水平相当，能够显著增强城乡居民的养老获得感。四是财政支付压力不大。如果使城乡居民人均基础养老金从 170 元/月增加至 526 元/月，平均每月提高 356 元，按 2020 年领取城乡居民基础养老金的人数（1.6 亿人）计算，财政支出增加 569.6 亿元，完全在财力可承受的范围之内。而且，由于城乡居民基础养老金属于民生工程，其提升对维护农村乃至全国社会稳定、促进乡村振兴具有至关重要的作用。在基本养老

保险制度城乡融合中，借鉴国外城乡融合的经验，结合我国实际，在制度设计上采用渐进式路径，由"小融合"向"中融合""大融合"逐步转变。

1. "小融合"阶段

"小融合"是制度相近，组成结构、办理机构和信息系统相仿，合并相对容易付诸实施的相关制度先行并轨。一是城乡居民基本养老保险与失地农民基本养老保险合并，整合成为新型城乡居民基本养老保险制度。由于失地农民与城乡居民的基本养老保险制度相似，缴费方式和个人账户设置相同，统筹账户待遇发放方式相近，均与缴费记录无关，只是在缴费档次上有差异，因此，只需统一缴费档次、合并养老保险管理机构，就能实现两者制度融合，不改变外界财力的保障力度。二是机关事业单位基本养老保险进行社会化融合，建立公共单位基本养老保险制度。机关事业单位由退休制向基本养老保险制度转变，从顶层设计上破除机关事业单位基本养老保险的"多轨制"难题，通过单位和个人缴费、设立职业年金的方式，构建公共单位基本养老保险制度。三是农民工与城镇职工基本养老保险融合，将二者整合成为新型城镇职工基本养老保险。农民工群体虽然在户籍上属于农村居民，但是居住地主要在城镇，以从事工业、服务业而不是农业生产为主，大多为城镇职工。积极引导农民工参加城镇职工基本养老保险，享受农民工所在单位的社会养老集体补助权益，获得远高于城乡居民基本养老保险的养老保障水平。

2. "中融合"阶段

在"小融合"完成后，由于新型城镇职工和公共单位基本养老保险均针对有工作单位的人员，养老金结构皆为统账结合，由单位（或政府）补助、个人缴费组成，融合便捷，因此，将新型城镇职工和公共单位基本养老保险深度融合，建立职工基本养老保险制度，即"中融合"。

3. "大融合"阶段

新型城乡居民基本养老保险资金来源由政府补贴、个人缴费和集体补助组成，职工基本养老保险资金来源由城镇单位和职工个人共同缴费构成，二者差别在于前者的政府补贴、集体补助与后者的单位缴费。由于大部分农村地区集体补助对于新型城乡居民基本养老保险微不足道，建议适当提高新型城乡居民基本养老保险中政府补贴标准，使其支持力度接近或达到职工基本养老保险中单位缴费的水平，进而融合新型城乡居民和职工基本养老保险，建立"居民基本养老保险制度"，即"大融合"。至此，经过不同制度基本养老保险的城乡融合，将过去依据职业和人群构建的"多元并行"的基本养老保险制度合并为"居民基本养老保险制度"。

（二）实现基本养老保险制度城乡一体化，做到实际保障水平相同

由于城市的经济社会发展水平明显高于农村，虽然缴费率、替代率相同，但是城镇职工、行政事业单位人员的工资水平显著高于农村居民收入，造成农村居民的缴费水平和待遇给付仍然落后于行政、企事业单位员工。为加快乡村振兴步伐，应加大政府政策、财政在提升农村居民经济收入方面的投入力度，并充分发挥工业和城市的带动作用、反哺效用与辐射能力。同时，建议强化对包括农村居民在内的城乡居民的财政扶持，使之逐步缩小与城镇职工等在基本养老保险制度框架内的收入、养老金替代水平差距，积极调动农民工、农村居民等的缴费积极性，真正实现基本养老保险制度无遗漏、全覆盖，推动基本养老保险制度由城乡分割转向城乡融合，即构建"居民基本养老保险制度"。在城乡一体化阶段，缩小不同居民群体收入水平和养老保险待遇的城乡差距，让城乡居民享受均等化的社会养老保险待遇，建立真正意义上城乡保险水平相同的基本养老保险制度，即实现实际保障水平相同前提下的基本养老保险制度城乡一体化，有助于加快城乡资源和要素自由流动，加速基本养老保险制度城乡融合，助推农村与城市"五位一体"均衡发展，铲除城乡居民基本养老保险制度"失灵"的制度土壤。

总之，先推动基本养老保险制度城乡融合，实现名义保障水平相同，即在考虑城乡居民的购买力、生活成本之后，确定城乡居民的基本养老保险待遇，使其对应的养老生活水准和替代率与城镇职工相同，且同步提

升；再促进基本养老保险制度城乡一体化，实现实际保障水平相同，即城乡居民与城镇职工实际上享受均等化的基础养老保险待遇和保障水平，完全消除由身份和职业差异造成的基础养老金不公，从根源上解决城乡居民基本养老保险的制度"失灵"问题，助推城乡居民中亿万农村居民共享乡村振兴的政策红利。

第三章

农村养老保险制度与养老保障水平

CHAPTER 3

在计划经济时期的五保供养制度后，20 世纪 80 年代中期，国家将农村养老保险制度作为一项正式的国家制度创立，建立了"老农保"制度。我国经济的发展、人口老龄化的加速和家庭养老功能的削弱，要求我国尽快完善城乡居民基本养老保险制度，实现全民养老的目标。近年来，我国政府在解决城乡居民养老问题上取得了突出成就。为建立更公平、更可持续的社会保障体系，确保城乡居民享有基本养老保险，2009 年 9 月，国务院全面启动新型农村社会养老保险（简称"新农保"）试点工作，2011 年 7 月，启动城镇居民社会养老保险（简称"城镇居保"）试点工作。为了进一步整合和优化我国城乡居民养老保险制度，2014 年 2 月，国务院出台《关于建立统一的城乡居民基本养老保险制度的意见》，合并"新农保"和"城镇居保"，在全国范围内建立统一的城乡居民基本养老保险制度。制度合并后，农村养老保险的统计数据难以单独分离出来，本章主要探讨城乡居民基本养老保险制度及其保障水平情况，从而了解农村养老保障问题。

第一节　农村养老保险制度的发展历程

农村养老保险是改善农村老年人基本生活的重要保障，是构建农村社会保障体系的必要保证。新中国成立以后，随着国家经济社会发展，农村养老保险制度经历了从无到有的发展过程，大致分为五保供养、"老农保"、"新农保"、城乡居民基本养老保险等多个阶段。

一　五保供养制度阶段

新中国成立初期，为保障农民的基本生活需要，维持农村的社会稳定，我国借鉴苏联经验，将社会保障制度建立在社会主义公有制基础上，依托集体经济保障人民的基本生活，1953 年，农业合作化开始迅速发展，政府开始针对农村生活困难的老人实行社会救济制度，1956 年出台的《高级农业生产合作社示范章程》提出要对老弱孤寡残社员做到保吃、保穿、保烧（柴火）、保教、保葬，并明确提出合作社从集体收益中提取一定的公益金作为帮助完全丧失劳动能力社员时的资金来源，自此，农村养老保险制度的雏形即五保供养制度初步形成，它以农村集体经济为基础，对符合条件的人群给予一定的物质保障，起到了保障农村老年人基本生活的作用。1958 年，集体经济作为承担五保供养责任的主体，对丧失劳动能力的五保户会按照全社每人一年的平均劳动日数计工分进行补助，对老弱孤寡残社员也会安排专人照顾。但此时期的"一大二公"思想、按需分配的平均主义是当时的经济基础难以承受的，全国多数敬老院停办，农村养老政策陷入困境。

二　"老农保"制度阶段

改革开放以来，随着农村经济体制改革的推进以及家庭联产承包责任制的实行，农村的土地使用权开始回归到农民手里，极大地激活了农民的积极性，促进了农村经济的发展，为农村养老保险制度奠定了经济基础。1986 年，民政部提交的《关于探索建立农村基层社会保障制度的报告》首次提出要在一些经济较为发达的农村地区探索建立以社区为单位的社会保险制度，标志着我国农村社会养老保险制度进入实质性探索阶段。1991 年，民政部开展农村社会养老保险（简称"老农保"）制度试点，1992 年，《县级农村社会养老保险基本方案（试行）》颁布施行，这是我国第一次出台全国性的农民养老社会政策，同年，确立了首个正式的农村社会养老保险制度。

"老农保"在筹资渠道上坚持以个人交纳为主、集体补助为辅，由国家给予政策扶持的原则，以个人自助和集体互助为养老资金的来源，筹资模式采取完全积累制，是传统的个人储蓄和家庭养老相结合的模式，体现了效率原则和个人、家庭的利益，基金管理在县级以下运行，保值增值的方式是购买低风险稳健性国家债券和存入银行。1994 年，民政部组建农村社会保险司，全国开始实施农村社会养老保险制度，当时有 1100 多个县（市、区）建立了农村社会养老保险管理机构，参保人数不断上升。1998 年以后，由于保费设计、基金管理模式、筹资模式等方面的制度缺陷，农村养老保障水平低、基金流失严重，制度运行处于停滞状态。

随着推广范围的扩大，"老农保"制度弊端逐渐暴露，加之受社会环境的影响，1998 年，参保人数开始下降并出现退保现象，1999 年，"老农保"被国务院叫停。

三 "新农保"制度阶段

随着农村老年人口增加，针对"老农保"存在的不足，为健全农村养老保险制度、缩小城乡制度差异，2009 年 9 月，国务院全面启动新型农村社会养老保险试点，首批试点县（市、区）达到 320 个。"新农保"制度的实施标志着我国农村养老保险制度建设进入了一个新时期。过去"老农保"制度依靠的是农民个人缴费，是一种自我储蓄的模式，政府财政的缺位使得农民参保率极低。而"新农保"在坚持"保基本、广覆盖、有弹性、可持续"基本原则的前提下，围绕制度设计尤其是在资金的筹集和发放方式上做了较大的改进。

在保障对象方面，除在校学生和军人以外，年满 16 周岁且未参加城镇职工基本养老保险的农村居民均可在户籍地自愿决定是否参保；在融资方式上，"新农保"采取创新型模式，即个人自主选择缴费档次，多缴多得，集体和地方政府对参保人给予一定的缴费补贴，个人（家庭）、集体、国家三方合理承担责任，共同构成融资主体；在养老金管理和发放上，"新农保"采用"统筹账户＋个人账户"的模式，统筹账户资金提供责任由政府财政承担，按照政府确定的基础养老金最低标准发放养老金；个人账户的资金主要来源于个人缴费、集体补助和地方政府对参保人的缴费补贴，以参保人年满 60 周岁后以个人账户全部储蓄额/139 为标准，按月发放个人账户养老金。

"新农保"基本上以县市为单位进行统筹，中央只是确定基本的原则和最低标准，由地方政府根据实际情况制定地方性政策和标准，但是由于地区经济发展水平和财政能力的差异，各地区在基础养老金、个人账户补贴、缴费档次等方面具有明显的差异。各地区为了达到在扩大覆盖面的同时又保证制度的可持续性的目的，确定的基础养老金标准一般都不高，但尽管如此，"新农保"仍取得了初步成效，发展迅速，截至 2011 年底，参保人数已经达到 3.26 亿人，占农村人口的 49.7%。

四　城乡居民基本养老保险制度阶段

在"新农保"模式的基础上，2011 年，我国开始在部分地区试点实施针对城镇户籍非工作人口的城镇居民社会养老保险制度。为了进一步整合和优化我国城乡居民的养老保险制度，2014 年 2 月，国务院出台《关于建立统一的城乡居民基本养老保险制度的意见》，合并"新农保"和"城镇居保"，在全国范围内建立统一的城乡居民基本养老保险制度。

在缴费档次上，城乡居民基本养老保险制度统一了缴费档次，城镇和农村居民可以根据自己的能力选择合适的缴费档次；在保障水平上，城乡居民基本养老保险的政府补贴力度是与缴费档次挂钩的，没有城乡差异，农村居民和城镇居民都是按照缴费档次领取待遇，分档缴费，多缴多得，实现了权利义务上的公平；在基金管理上，各地区在建立城乡居民基本养老保险制度的基础上，逐步推进城乡居民基本养老保险基金省级管理。

2014 年以来，城乡居民基本养老保险基础养老金在不断调整，农村养老保障水平也在不断提高，参保人数逐年提升，截至 2021 年底，全国城乡居民基本养老保险参保人数达到 54797 万人（其中农村居民占比达到 95%），占我国基本养老保险参保人数的 53%，比 2012 年增加超 6400 万人；实际领取待遇人达 16213 万人，比 2012 年增加超 3100 万人。实际上，我国的城乡居民基本养老保险制度已成为世界上覆盖人口最多的养老保险制度。

第二节 城乡居民基本养老保险水平区域差异及其影响因素分析

城乡居民基本养老保险制度不但填补了我国居民养老保险制度的空白，而且在确保没有稳定和可持续收入来源的居民的生存中发挥了重要作用。尽管城乡居民基本养老保险制度在扩大该制度覆盖面等方面取得了巨大成就，但是，由于我国各个地区经济发展水平和财政实力等方面的不同，各省域间城乡居民基本养老保险水平存在着不同程度的差异，缺乏公平性。那么，当前我国各省域的城乡居民基本养老保险水平状况如何？各省域间城乡居民基本养老保险水平的差异体现在了哪些方面？又是哪些因素导致了省域间城乡居民基本养老保险水平差异的产生？这些都是城乡居民基本养老保险制度在发展完善过程中亟须解决的问题。

因此，在这种背景下有必要对我国城乡居民基本养老保险水平区域差异及其影响因素进行研究。本书基于我国城乡居民基本养老保险水平区域差异的视角，根据 2019 年我国城乡居民基本养老保险水平的相关数据，运用主成分分析法对我国城乡居民基本养老保险水平进行测度，最后根据我国城乡居民基本养老保险水平的测度结果对区域差异的影响因素进行了分析。

当前，学者们对于城乡居民基本养老保险水平的研究很多，多侧重对城乡居民基本养老保险水平的定性研究，很少采用定量分析的方法对城乡居民基本养老保险水平进行更加细致的划分。并且，在关于城乡居民基本养老保险水平区域差异的研究文献中，很少从全国整体这个视角进行各省份城乡居民基本养老保险水平测度。在我国社会保障体系中，不仅城乡居民基本养老保险水平会对养老保险制度的未来运行状况产生影响，而且区域间城乡居民基本养老保险水平的协调平衡也对我国社会保障和经济建设的发展具有重要的意义。

一 城乡居民基本养老保险水平概念界定

城乡居民基本养老保险是我国社会保障体系的重要组成部分，城乡居民基本养老保险水平的高低也反映了社会保障制度的完善程度。对于城乡居民基本养老保险水平这一概念的界定包含城乡居民基本养老保险和水平两个方面，前文已经对城乡居民基本养老保险这一概念进行了界定，这里主要是对"水平"的界定。目前我国没有一套统一的养老保险水平评价指标体系，而且国内学者的相关研究较少。最早对社会保障水平概念进行界定的是穆怀中，他认为，社会保障水平从量上来讲主要指的是国民经济实力基础，应以社会保障支出总额占国内生产总值的比重来衡量社会保障水平的高低；从质上来讲，社会保障水平指的是社会保障支出与国家实际的生产力发展水平及社会可承受能力相适应的程度。[①] 随后，社会保障水平这一衡量标准被国内学者应用到衡量我国养老保险发展程度的研究中。但是这种衡量标准仅能反映城乡居民基本养老保险支出水平，虽可以对城乡居民基本养老保险发展的适度性进行衡量，却无法全面、准确地反映一个地区的城乡居民基本养老保险水平。有学者在界定社会保障水平时认为

---

① 穆怀中：《社会保障水平研究（一）——社会保障水平的"度"》，《中国社会保险》1997年第2期，第11~13页。

"水平"包括受益人享有的待遇水平和供款各方的缴费水平，在衡量社会保障水平时从覆盖面、增长率、水平规模三方面选取了 19 个指标进行了测定。[①] 也有学者根据世界银行报告构建的测评养老保险制度综合水平的框架体系，将"水平"界定为待遇的充足性、社会经济的可负担性、基金可持续性和制度的稳健性，并从这四个方面构建了基本养老保险综合水平的评价模型。[②]

综上可以看出，关于"水平"的界定纷繁复杂。依据前人的研究，本书将城乡居民基本养老保险水平界定为城乡居民基本养老保险给付水平和城乡居民基本养老保险缴费水平，即一定时期内地区社会成员所享受的待遇水平和供款各方的社会经济负担水平。

二 城乡居民基本养老保险区域政策比较分析

在社会经济发展的任意一个特定时期，由于地理位置、资源条件、社会环境等方面的差异，必然存在着区域差异。区域差异是一种长期性的社会现象，是区域间进行竞争和合作的基础，当前，我国各区域城乡居民基本养老保险制度框架大体相同，但是社会经济发展水平、资源条件、社会环境等方面的不同使得各区域城乡居民基本养老保险制度的保障水平存在不同程度的差异。

（一）城乡居民基本养老保险基金筹集

我国城乡居民基本养老保险基金筹集方式包括个人缴费、政府补贴和集体补助。

在集体补助方面，各地方政府规定大致相同，均为鼓励有条件的、

[①] 吕栋鑫、李正龙、杨胜利：《基于社会保障水平指标的全国各省市聚类分析》，《劳动保障世界》（理论版）2010 年第 11 期，第 16～19 页。

[②] 张贤：《多维视角下我国基本养老保险综合水平地区差异性研究》，硕士学位论文，北京工业大学，2018。

发展较好的村集体组织对参保人给予补助，补助的标准由村民委员会民主决定。因此，本书主要就个人缴费和政府补贴两个方面进行讨论。

在个人缴费方面，最普遍的缴费模式是地方政府个人缴费档次和国家标准一致，缴费档次设为每年 100 元、200 元、300 元、400 元、500 元、600 元、700 元、800 元、900 元、1000 元、1500 元、2000 元等 12 个档次，省（区、市）政府可以根据地区的实际情况增设缴费档次，参保人自愿选择缴费档次，多缴多得。近年部分省（区、市）在国家标准的基础上对城乡居民基本养老保险缴费的档次标准进行了调整，比如，重庆市从 2022 年 1 月 1 日开始，全市城乡居民基本养老保险个人缴费的档次标准为每年 200 元、300 元、400 元、500 元、600 元、700 元、800 元、900 元、1000 元、1500 元、2000 元、3000 元、4000 元，共 13 个档次，与 2021 年相比，取消 100 元档次，增设 4000 元档次；江西省从 2022 年 6 月 1 日起，在先前 11 个缴费档次基础上增设 4000 元、5000 元、6000 元 3 个档次，即调整为 300 元、400 元、500 元、600 元、700 元、800 元、900 元、1000 元、1500 元、2000 元、3000 元、4000 元、5000 元、6000 元等 14 个档次。

在政府补贴方面，中央政府对基础养老金的补贴规定是：中央财政对中西部地区给予全额补助，对东部地区给予 50% 的补助；地方政府按照多缴多得的原则，对选择最低档次标准缴费的参保人每人补贴不少于 30 元/年，选择 500 元及以上档次标准缴费的每人补贴不少于 60 元/年。此外，各个省份可以根据自身发展的实际情况制定相应的缴费补贴标准，比如，上海市规定，从 2022 年起，选择 500～1700 元的 6 个档次缴费的，政府每年分别补贴 200 元、250 元、300 元、350 元、400 元、450 元，选择 2300～5300 元的 4 个档次缴费的，分别补贴 525 元、575 元、625 元、675 元；江西省规定，2022 年 6 月 1 日起，选择 300～500 元的 3 个档次缴费的分别补贴 40 元、50 元、60 元，选择 600～3000 元的 8 个档次缴费的，分别补贴 65 元、70 元、75 元、80 元、85 元、90 元、95 元、100 元，选择 4000～6000 元的 3 个档次缴费的，分别补贴 150 元、190 元、230 元。

（二）城乡居民基本养老保险待遇及调整

城乡居民基本养老保险待遇包括基础养老金和个人账户养老金两部分，在个人账户养老金方面，我国各个省份的个人账户养老金的月计发标准是一样的，即个人账户全部积累额除以计发月数（139 个月），参保人死亡，除政府补贴外的个人账户余额可依法继承。由于我国各个省份的个人账户养老金月计发标准一样，所以本书主要从基础养老金方面进行讨论。2014 年"新农保"与"城镇居保"正式并轨时，中央规定基础养老金标准为 55 元/年，同年 7 月中央将标准调整为 70 元/年，但是基于我国的国情，各地方政府可以根据自身发展的需要自行进行调整。2021 年有 17 个省份提高基础养老金标准，城乡居民基本养老保险待遇人均水平约为 179元/月；2022 年国务院《政府工作报告》提出，将再次提高城乡居民基础养老金全国最低标准，最终，2022 年，青海、广东、山东、江西、宁夏、海南、江苏、福建、贵州、西藏等省（区）确定提高地方基础养老金。但由于政策的差异性、近几年各省份基础养老金调整幅度和调整程度的不同，各地区基础养老金的差异越来越大。

从表 3 - 1 中可以看出，根据全国 31 个省（区、市）的城乡居民基本养老保险基础养老金数据，2021 年，城乡居民基本养老保险基础养老金最高的地区是上海、北京、天津，其中上海和北京 2017 ~ 2021 年每年都进行基础养老金的调整而且调整的幅度都非常大；城乡居民基本养老保险基础养老金最低的省份是山西、河南和云南，这三个省份基本按照国家规定的最低标准进行上下调整，2019 年以后未再进行调整。从三大区域来看，东部地区的城乡居民基本养老保险基础养老金明显高于中部和西部，以 2021 年城乡居民基本养老保险基础养老金为例，东部地区最高的是上海市的 1200 元/月，中部地区最高的是江西省的 123 元/月，西部地区最高的是西藏自治区的 205 元/月。总体来看，我国 31 个省（区、市）的城乡居民基本养老保险基础养老金存在很大的差距。

表 3－1　2017～2021 年各省（区、市）城乡居民基本养老保险基础养老金

单位：元/月

区　域	省（区、市）	城乡居民基本养老保险基础养老金				
		2017 年	2018 年	2019 年	2020 年	2021 年
东　部	上　海	850	930	1010	1100	1200
	北　京	610	710	800	820	850
	天　津	277	295	307	307	307
	河　北	80	108	108	108	108
	辽　宁	85	108	108	108	108
	江　苏	115	135	148	160	173
	浙　江	135	155	155	165	180
	山　东	100	118	118	142	150
	福　建	100	118	123	130	130
	广　东	120	148	170	170	180
	海　南	145	160	160	160	178
中　部	山　西	80	103	103	103	103
	吉　林	80	103	103	108	108
	河　南	80	98	103	103	103
	黑龙江	80	90	98	98	108
	江　西	80	105	105	110	123
	安　徽	70	105	88	88	110
	湖　北	70	103	103	108	115
	湖　南	85	103	103	113	113
西　部	陕　西	75	93	103	103	136
	四　川	75	100	100	105	105
	贵　州	70	93	93	93	113
	重　庆	95	115	115	115	125
	广　西	90	116	116	121	131
	宁　夏	120	143	145	150	155
	甘　肃	85	103	108	108	113
	云　南	85	103	103	103	103
	内蒙古	110	128	128	133	140

区　域	省 （区、市）	城乡居民基本养老保险基础养老金				
		2017 年	2018 年	2019 年	2020 年	2021 年
西　部	新　疆	115	140	140	145	150
	青　海	155	175	180	180	185
	西　藏	140	170	180	180	205

（三）城乡居民基本养老保险基金运营和管理

城乡居民基本养老保险基金的运营和管理是养老保险基金保值增值的重要手段，其不仅关乎养老保险基金的资金流动，而且直接关系到城乡居民的待遇。我国城乡居民基本养老保险基金的主要来源是个人缴费、集体补助、政府补贴以及基金运营中产生的收益。随着个人缴费能力和政府补贴水平的提高，城乡居民基本养老保险基金的规模不断增大。然而伴随着规模的不断增大，城乡居民基本养老保险基金支付能力不足的弊端也逐渐暴露出来。

在基金运营方面，本书用基金收入、基金支出、基金支付率和累计结余四个指标来描述 2020 年我国各省（区、市）的城乡居民基本养老保险基金运营状况，如表 3 - 2 所示，其中基金支付率所表示的是基金支出占基金收入的比重，用来衡量一个地区基金支付的能力，基金支付率越高，说明支付的负担越大。总体来说，2020 年我国城乡居民基本养老保险基金运营水平在地区间不平衡。从表 3 - 2 可以看出，2020 年全国城乡居民基本养老保险基金支付率达到 70% 的有 14 个省（区、市），分别是北京、天津、内蒙古、辽宁、吉林、黑龙江、上海、江苏、福建、河南、湖南、广东、重庆、贵州，其中北京和广东达到 93.32% 和 93.71%。从基金累计结余来看，超过 200 亿元的有 18 个省（区、市），分别是天津、河北、山西、江苏、浙江、安徽、福建、江西、山东、河南、湖北、湖南、广东、广西、四川、云南、陕西、甘肃，低于 50 亿元的有 2 个，分别是西藏和宁夏。

综上可以看出，无论是经济发达的地区还是经济相对落后的地区，基金支付压力都很大，并且区域基金支付能力明显不平衡，比如，东部地区的基金支付率大多在 70% 以上，但除辽宁、上海外累计结余均在 100 亿元以上，而西部地区的基金支付率多在 70% 以下，但青海、西藏、宁夏的累计结余甚至低于 60 亿元。基金支付能力的不均衡发展在一定程度上会对城乡居民基本养老保险水平的均衡发展产生影响。

表 3-2　2020 年各省（区、市）城乡居民基本养老保险基金运营状况

单位：亿元，%

省（区、市）	基金收入	基金支出	基金支付率	累计结余
北　京	68.9	64.3	93.32	170
天　津	66.2	49.1	74.17	296.4
河　北	238.5	162.2	68.01	485
山　西	103.7	67.8	65.38	269.8
内蒙古	82.5	59.6	72.24	124.2
辽　宁	84.8	76.5	90.21	88.2
吉　林	51.8	38.6	74.52	85.7
黑龙江	63.2	46.6	73.73	116.3
上　海	92.9	84.0	90.42	89.4
江　苏	452.6	354.2	78.26	788.3
浙　江	296.3	200.3	67.60	250.5
安　徽	254.0	147.1	57.91	588.6
福　建	130.8	95.3	72.86	231.0
江　西	130.6	78.5	60.11	305.4
山　东	505.5	340.3	67.32	1290.7
河　南	300.3	214.8	71.53	641.1
湖　北	205.9	134.5	65.32	445.2
湖　南	190.1	142.9	75.17	411.0
广　东	283.1	265.3	93.71	475.1
广　西	138.6	91.8	66.23	234.1
海　南	32.2	20.3	63.04	113.5
重　庆	79.6	61.7	77.51	171.7
四　川	313.9	212.5	67.70	632.5

续表

省（区、市）	基金收入	基金支出	基金支付率	累计结余
贵　州	80.4	62.1	77.24	154.0
云　南	276.1	82.6	29.92	487.3
西　藏	11.7	6.7	57.26	33.9
陕　西	137.4	94.4	68.70	300.1
甘　肃	94.1	49.4	52.50	250.0
青　海	24.5	11.7	47.76	59.7
宁　夏	17.2	11.3	65.70	43
新　疆	45.7	25.5	55.80	127.1

　　在基金管理方面，我国城乡居民基本养老保险基金统筹模式主要包括省级统筹模式、县市级统筹模式和逐步过渡模式三种，31 个省（区、市）统筹模式不一，管理运营办法多种多样，缺乏统一的管理。比如，新疆 2020 年印发的《自治区城乡居民基本养老保险基金委托投资归集管理办法（试行）》规定："居民养老基金实行自治区统一归集管理，基金所有权性质和权益归属不变。"2021 年 1 月 1 日起，北京市城乡居民基本养老保险基金实施市级统筹管理。《广东省城乡居民基本养老保险基金市级管理实施意见》规定："2020 年 7 月 1 日起在全省各地级以上市实施城乡居民基本养老保险基金市级管理……各市实行统一的城乡居民基本养老保险基金预决算，市级统收统支。"河北省《关于建立城乡居民基本养老保险待遇确定和基础养老金正常调整机制的实施意见》（各省份同名文件以下简称《意见》）规定"制定基金归集方案，将目前县级管理的城乡居民基本养老保险基金部分归集省级管理，由省政府委托国务院授权机构投资运营"。吉林省印发的《意见》规定"逐步实现城乡居民基本养老保险基金省级管理"。福建省印发的《关于完善城乡居民基本养老保险制度的实施意见》规定"现阶段城乡居民养老保险基金实行县级管理，以后逐步提高管理层次，直至实行省级管理"。

　　2018 年人社部和财政部发布《关于加快推进城乡居民基本养老保险基金委托投资工作的通知》，明确从 2018 年到 2020 年底，各省（区、市）

分批启动并全面实施城乡居民基本养老金委托投资工作。2019 年，河北省、吉林省、江苏省、浙江省、安徽省、福建省、河南省、广东省、青海省等 9 个省份启动城乡居民基本养老保险基金委托投资工作。2021 年 8 月，人社部、财政部印发《关于规范城乡居民基本养老保险个人账户记账利率的通知》，积极推动城乡居民基本养老保险基金投资运营，将增值收益全部计入参保人个人账户，提高个人账户养老金支付能力。目前各省份都启动了城乡居民基本养老保险基金投资运营，部分省份较大幅度提高了个人账户记账利率。

三　城乡居民基本养老保险水平测度及其区域差异分析

（一）城乡居民基本养老保险水平评价指标体系的构建

1. 城乡居民基本养老保险水平评价指标筛选原则

分析城乡居民基本养老保险水平，需要考虑多种因素的影响，就城乡居民基本养老保险本身而言，有很多的指标可以反映出它的水平，但是，在研究城乡居民基本养老保险水平的区域差异时，我们不能将所有的指标都纳入评价指标体系中。本书在设计城乡居民基本养老保险水平评价指标体系的过程中，为了能够真实地反映各地区城乡居民基本养老保险水平，按照以下的原则对指标进行了筛选。

（1）系统性原则

城乡居民基本养老保险制度是我国社会保障体系的一个子系统，是由政府、个人、环境等多种要素组成的系统性制度，而这些要素之间又相互交叉、彼此联系。因此，研究城乡居民基本养老保险水平要综合平衡各要素之间的逻辑关系，选取各项评价指标时要考虑全面，指标体系的内容要丰富，以求评价体系能够全面综合地反映区域城乡居民基本养老保险的水平。

（2）科学性原则

城乡居民基本养老保险水平评价指标的选取应当符合经济和社会保障

发展的实际现状。因此，在选取指标时要运用科学的方法和手段，尽量选取客观、准确的指标，避免主观性太强的指标，力求从不同的角度客观地反映城乡居民基本养老保险水平的区域差异。

（3）可操作性原则

数据采集在评价城乡居民基本养老保险水平工作中是非常重要的一个步骤，在系统性、科学性原则的基础上，指标体系的构建要遵循可操作性原则，这里的可操作性主要强调两方面，一方面是数据的可取性，所筛选的指标要有一定的统计意义；另一方面是指标的可度量性，对我国城乡居民基本养老保险水平进行评价，所选的不同指标要在同一水平下进行对比。因此，在构建我国城乡居民基本养老保险水平评价指标体系时，所选择的指标要度量得当、方便数据采集、能保证数据的真实性和可操作性，应调整或剔除掉不符合此原则的指标。

（4）可比性原则

本书所研究的是城乡居民基本养老保险水平的区域差异，为明显体现各个省份之间的水平差异，所选取的指标要适当，使得不同的省份之间可以通过统一的指标体系进行比较。

2. 城乡居民基本养老保险水平评价指标选取

在对我国城乡居民基本养老保险水平进行研究时，最重要的步骤就是综合多个方面来选取评价指标。国际上多采用社会保障费用总额/地区生产总值这个单一指标来衡量一个地区的社会保障发展水平，但是单一的指标难以反映出各个地区的实际水平，不能对区域社会保障发展水平做一个系统全面的评价。因此，必须通过建立全面系统的评价指标体系来从不同的角度反映出城乡居民基本养老保险水平的区域差异。考虑到城乡居民基本养老保险制度需要通过自身的不断发展完善来实现可持续发展，评价指标的确定也是一个动态变化的过程，在衡量城乡居民基本养老保险水平时，需要从不同方面、不同主体角度综合考虑，同时也要兼顾经济效益和社会效益。综合考量，结合前文中本书对城乡居民基本养老保险水平的界定，本书从社会经济可负担水平、基金可持续水平和制度实施水平三个方面选取指标衡量城乡居民基本养老保险水平。

指标选取的质量直接关乎最终的研究结果,在参考相关学者构建思路的基础上,本书遵循系统性、科学性、可操作性和可比性原则,选取了 11 个指标构建城乡居民基本养老保险水平评价体系,如图 3 - 1 所示。

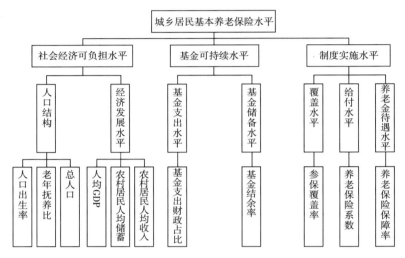

图 3 - 1 城乡居民基本养老保险水平评价指标体系

(1) 社会经济可负担水平

社会经济可负担水平主要涉及微观个体的缴费能力和宏观的社会经济可负担状况,本书将从人口结构和经济发展水平两方面对其进行衡量。

人口结构方面指标包括人口出生率 (X1)、老年抚养比 (X2)、总人口 (X3),本书采用这 3 个指标是基于两方面考虑:一是这 3 个指标数据在《中国统计年鉴》和各省份《统计年鉴》中可以直接获得,官方数据可信度比较高并且容易获取;二是从这 3 个指标的含义考虑,人口出生率反映的是一个地区的人口变动情况,老年抚养比能反映每百名劳动年龄人口所要抚养的老年人口,衡量的是一个地区的老龄化程度,总人口反映的则是一个地区一定时间的人口总和。这 3 个指标可以测度一个地区的社会养老负担。

经济发展水平方面指标包括人均 GDP (X4)、农村居民人均储蓄 (X5)、农村居民人均收入 (X6),人均 GDP 是反映地区经济发展水平的指标，代表一个地区的人均经济总量，能充分地反映出区域间的经济差异；农村居民人均储蓄、农村居民人均收入是反映地区城乡居民生活水平的指标；这 3 个指标是衡量一个地区城乡居民缴费能力的重要指标。本书认为城乡居民基本养老保险的参保人群大部分是农民以及城镇灵活就业的低收入群体，因此用农村居民人均储蓄和农村居民人均收入来测量城乡居民的生活水平。

（2）基金可持续水平

可持续水平聚焦在财务支付能力上，这里主要包括基金支出水平和基金储备水平。

本书采用基金支出财政占比（X7）这一指标衡量城乡居民基本养老保险基金的支出水平，从而反映一个地区城乡居民基本养老保险基金支出的财政负担水平。

本书采用基金结余率（X8）这一指标衡量基金的储备水平，基金结余率越高储备越充足，城乡居民基本养老保险基金可持续性也就越强。

（3）制度实施水平

本书从城乡居民基本养老保险给付水平、覆盖水平、养老金待遇水平三个方面综合衡量城乡居民基本养老保险制度实施水平。

在覆盖水平方面，多数学者采用参保人数与地区总人口数的比值来衡量一个地区养老保险的覆盖程度，笔者认为可能会存在一些偏差，所以本书采用参保覆盖率（X9）（年末参保人数/年末应参保人口数），即参保人数和符合参保条件人口数（16 岁以上人口数－城镇职工基本养老保险参保人数）的比值来衡量城乡居民基本养老保险的覆盖水平。

在给付水平方面，本书采用养老保险系数（X10）（城乡居民基本养老保险基金总支出/地区生产总值）这个指标，此指标是由穆怀中提出的社会保障系数演变而来的，[①] 能从总体上反映城乡居民基本养老保险的给付

① 穆怀中：《社会保障水平研究（一）——社会保障水平的"度"》，《中国社会保险》1997年第 2 期，第 13～15 页。

水平，可以简单理解为国家需要拿出多少产出来赡养老年群体。

在养老金待遇水平方面，本书采用养老保险保障率（X11）（人均养老金/人均消费支出）这一指标来测量城乡居民基本养老金的待遇水平。刘冰在研究城乡居民基本养老保险发展状况时采用养老保险保障率来衡量养老金是否能够满足城乡居民的正常消费需求。[1] 张贤也曾采用此指标来从支出的角度衡量城乡居民基本养老保险的充足性。[2] 借鉴学者的研究方法，本书也用养老保险保障率来衡量养老金的待遇水平，这里考虑的同样主要是农村居民，所以本书采用的是农村居民的生活消费支出，人均养老金则由城乡居民基本养老保险基金支出除以待遇领取人数计算得出。

本书以我国的 31 个省（区、市）作为研究对象，从 2020 年《中国统计年鉴》、各省份《统计年鉴》、《人力资源和社会保障事业发展统计公报》等文件中获得原始数据，对这些原始数据进行处理得到相应的指标（见表 3 - 3）。在评价各省（区、市）城乡居民基本养老保险水平时，所采用的统计工具是 SPSS 22.0，采用的统计分析方法是主成分分析。

表 3 - 3　城乡居民基本养老保险水平指标解释

编　号	指　标	指标含义	单　位
X1	人口出生率	年内出生人数/年内平均人口数	‰
X2	老年抚养比	老年人口数/劳动年龄人口数	%
X3	总人口	年末总人口数	万人
X4	人均 GDP	年末地区生产总值/年末总人口数	万元
X5	农村居民人均储蓄	农村居民人均可支配收入 - 农村居民人均消费支出	元
X6	农村居民人均收入	农村居民人均可支配收入	元
X7	基金支出财政占比	城乡居民基本养老保险基金总支出/财政总支出	%

[1]　刘冰：《城乡居民基本养老保险制度发展的宏观评价研究》，《理论与改革》2015 年第 1 期，第 55 ~ 58 页。

[2]　张贤：《多维视角下我国基本养老保险综合水平地区差异性研究》，硕士学位论文，北京工业大学，2018。

续表

编 号	指 标	指标含义	单 位
X8	基金结余率	城乡居民基本养老保险基金年累结额/年基金总支出	%
X9	参保覆盖率	年末参保人数/年末应参保人口数	%
X10	养老保险系数	城乡居民基本养老保险基金总支出/地区生产总值	—
X11	养老保险保障率	人均养老金/人均消费支出	%

(二) 各省 (区、市) 城乡居民基本养老保险水平的测度

1. 评价指标数据标准化

由于本书所选取的指标数据的单位不同，不同量纲的指标对城乡居民基本养老保险水平的评价结果也不同，要想使数据之间具有可比性并将其纳入统一的评价体系中，就需要对所收集的数据进行标准化处理［见公式 (3-1)］，消除数据间量纲的差异。

$$\chi^{'} = \frac{\chi - \chi_{min}}{\chi_{max} - \chi_{min}} \qquad (3-1)$$

在公式 (3-1) 中，χ 为原始数据 (见表 3-4)，χ_{max} 代表 χ 中的极大值，χ_{min} 代表 χ 中的极小值，通过数据标准化处理，使标准化数据取值在区间 ［0，1］ (见表 3-5)，同时可以消除指标数据之间的量纲差异，方便进行综合评价。

表 3-4 2019 年各省 (区、市) 城乡居民基本养老保险指标原始数据

省(区、市)	人口出生率 (‰)	老年抚养比 (%)	总人口 (万人)	人均GDP (万元)	农村居民人均储蓄 (元)	农村居民人均收入 (元)	基金支出财政占比 (%)	基金结余率 (%)	参保覆盖率 (%)	养老保险系数	养老保险保障率 (%)
北 京	8.12	14.7	2190	16.18	7047	28928	0.060	2.83	0.488	0.002	0.644
天 津	6.73	15.6	1385	10.15	6961	24804	0.082	6.17	0.259	0.003	0.551
河 北	10.83	19.3	7447	4.70	3001	15373	0.125	2.67	0.619	0.004	0.146

续表

省（区、市）	人口出生率（‰）	老年抚养比（%）	总人口（万人）	人均GDP（万元）	农村居民人均储蓄（元）	农村居民人均收入（元）	基金支出财政占比（%）	基金结余率（%）	参保覆盖率（%）	养老保险系数	养老保险保障率（%）
山 西	9.12	14.9	3497	4.85	3174	12902	0.090	3.66	0.641	0.004	0.151
内蒙古	8.23	13.3	2415	7.13	1467	15283	0.077	1.80	0.485	0.003	0.241
辽 宁	6.45	21.6	4277	5.81	4078	16108	0.050	1.12	0.480	0.003	0.172
吉 林	6.05	17.7	2448	4.79	3479	14936	0.054	1.95	0.482	0.003	0.140
黑龙江	5.73	18.1	3255	4.16	2487	14982	0.042	2.15	0.516	0.003	0.156
上 海	7.00	22.1	2481	15.31	10746	33195	0.077	1.05	0.087	0.002	1.490
江 苏	9.12	21.2	8469	11.65	4959	22675	0.216	2.26	0.488	0.003	0.278
浙 江	10.51	19.3	6375	9.80	8524	29876	0.167	0.86	0.351	0.003	0.336
安 徽	12.03	20.7	6092	6.05	870	15416	0.130	3.41	0.724	0.004	0.153
福 建	12.90	13.7	4137	10.23	3287	19568	0.178	2.17	0.536	0.002	0.189
江 西	12.59	14.6	4516	5.46	3299	15796	0.090	3.43	0.620	0.004	0.150
山 东	11.77	23.8	10106	6.98	5466	17775	0.205	3.80	0.645	0.004	0.193
河 南	11.02	17.2	9901	5.43	3618	15164	0.140	2.73	0.683	0.004	0.145
湖 北	11.35	18.3	5927	7.66	1063	16391	0.102	2.88	0.592	0.004	0.179
湖 南	10.39	19.7	6640	6.01	1426	15395	0.117	2.68	0.705	0.004	0.156
广 东	12.54	11.4	12489	8.65	1869	18818	0.147	1.83	0.343	0.002	0.287
广 西	13.31	15	4982	4.26	1631	13676	0.113	2.06	0.595	0.004	0.157
海 南	12.87	13.1	995	5.36	2695	15113	0.086	5.32	0.460	0.004	0.252
重 庆	10.48	22.6	3188	7.40	2021	15133	0.071	2.48	0.582	0.003	0.173
四 川	10.70	23.2	8351	5.55	614	14670	0.116	2.60	0.582	0.004	0.182
贵 州	13.65	17.5	3848	4.36	534	10756	0.101	2.27	0.606	0.004	0.129
西 藏	14.60	8.9	361	4.70	4533	12951	0.037	4.98	0.537	0.003	0.230
陕 西	10.55	16.4	3944	6.54	1391	12326	0.103	2.93	0.638	0.003	0.171
甘 肃	10.60	16.1	2509	3.47	−65	9629	0.091	4.05	0.688	0.005	0.153
青 海	13.66	11.9	590	4.98	156	11499	0.044	4.01	0.603	0.004	0.255
宁 夏	13.72	13.6	717	5.23	1393	12858	0.057	3.50	0.496	0.003	0.259
新 疆	8.14	11.9	2559	5.31	2804	13122	0.038	4.59	0.409	0.002	0.207

表3-5 2019年各省（区、市）城乡居民基本养老保险指标标准化处理后数据

省（区、市）	人口出生率	老年抚养比	总人口	人均GDP	农村居民人均储蓄	农村居民人均收入	基金支出财政占比	基金结余率	参保覆盖率	养老保险系数	养老保险保障率
北　京	0.26	0.39	0.15	1.00	0.66	0.82	0.11	0.37	0.63	0.00	0.38
天　津	0.11	0.45	0.08	0.53	0.65	0.64	0.23	1.00	0.27	0.33	0.31
河　北	0.55	0.70	0.58	0.10	0.28	0.24	0.47	0.34	0.84	0.67	0.01
山　西	0.37	0.40	0.26	0.11	0.30	0.14	0.28	0.53	0.87	0.67	0.02
内蒙古	0.27	0.30	0.17	0.29	0.14	0.24	0.21	0.18	0.62	0.33	0.08
辽　宁	0.08	0.85	0.32	0.18	0.38	0.27	0.05	0.05	0.62	0.33	0.03
吉　林	0.03	0.59	0.17	0.10	0.33	0.23	0.08	0.21	0.62	0.33	0.01
黑龙江	0.00	0.62	0.24	0.05	0.24	0.23	0.01	0.24	0.67	0.33	0.02
上　海	0.14	0.89	0.17	0.93	1.00	1.00	0.21	0.04	0.00	0.00	1.00
江　苏	0.37	0.83	0.67	0.64	0.46	0.55	0.98	0.26	0.63	0.33	0.11
浙　江	0.52	0.70	0.50	0.50	0.79	0.86	0.71	0.41	0.33	0.33	0.15
安　徽	0.68	0.79	0.47	0.20	0.09	0.25	0.50	0.48	1.00	0.67	0.02
福　建	0.78	0.32	0.31	0.53	0.31	0.42	0.77	0.16	0.70	0.33	0.04
江　西	0.74	0.38	0.34	0.16	0.31	0.26	0.28	0.48	0.84	0.33	0.02
山　东	0.65	1.00	0.80	0.28	0.51	0.35	0.92	0.55	0.88	0.67	0.05
河　南	0.57	0.56	0.79	0.15	0.34	0.23	0.56	0.35	0.94	0.67	0.01
湖　北	0.61	0.63	0.46	0.33	0.10	0.29	0.34	0.38	0.79	0.33	0.04
湖　南	0.50	0.72	0.52	0.20	0.14	0.24	0.43	0.34	0.97	0.33	0.02
广　东	0.74	0.17	1.00	0.41	0.18	0.39	0.59	0.18	0.40	0.00	0.12
广　西	0.82	0.41	0.38	0.06	0.16	0.17	0.41	0.23	0.80	0.33	0.04
海　南	0.77	0.28	0.05	0.15	0.26	0.23	0.26	0.84	0.59	0.67	0.09
重　庆	0.51	0.92	0.23	0.31	0.19	0.23	0.17	0.31	0.78	0.33	0.03
四　川	0.54	0.96	0.66	0.16	0.06	0.21	0.42	0.33	0.78	0.67	0.04
贵　州	0.86	0.58	0.29	0.07	0.06	0.05	0.38	0.27	0.81	0.67	0.00
云　南	0.75	0.32	0.36	0.11	0.16	0.10	0.24	0.57	0.82	0.33	0.01
西　藏	0.96	0.00	0.00	0.10	0.43	0.14	0.02	0.73	0.71	0.33	0.07
陕　西	0.52	0.50	0.30	0.24	0.13	0.11	0.35	0.39	0.86	0.33	0.03
甘　肃	0.53	0.48	0.18	0.00	0.00	0.00	0.28	0.60	0.94	1.00	0.02

省（区、市）	人口出生率	老年抚养比	总人口	人均GDP	农村居民人均储蓄	农村居民人均收入	基金支出财政占比	基金结余率	参保覆盖率	养老保险系数	养老保险保障率
青　海	0.86	0.20	0.02	0.12	0.02	0.08	0.02	0.59	0.81	0.67	0.09
宁　夏	0.87	0.32	0.03	0.14	0.13	0.14	0.09	0.50	0.64	0.33	0.10
新　疆	0.26	0.20	0.18	0.14	0.27	0.15	0.01	0.70	0.51	0.00	0.06

2. 模型检验与主成分分析

（1）KMO 和 Bartlett 球形检验

在进行主成分分析之前，需要对所选取的指标体系进行 KMO（Kaiser – Meyer – Olkin）和 Bartlett 球形检验，如果 KMO 取样适当性量数大于 0.5，Bartlett 球形检验的 p 值小于 0.05，说明所选取的指标数据通过了检验，是适合做主成分分析的。从表 3 – 6 中可以看出，KMO 取样适当性量数 = 0.729 > 0.7，Bartlett 球形检验的 p 值 = 0.000 < 0.05，表明所选取的指标数据是可以进行主成分分析的。本书利用 SPSS 22.0 软件对以上 11 个指标进行分析。

表 3 – 6　KMO 和 Bartlett 球形检验参数值

参数		参数值
KMO 取样适当性量数		0.729
Bartlett 球形检验	大约卡方	355.085
	df	55
	p	0.000

（2）主成分分析

主成分分析法（PCA）是把具有一定相关性的多个指标简化成几个互不相关的综合指标的多元统计分析方法。[①] 主成分算法步骤如下。

用 χ_{np} 表示第 n 个省（区、市）第 p 个指标的值，将原始数据标准化后

---

① 颜惠琴、牛万红、韩惠丽：《基于主成分分析构建指标权重的客观赋权法》，《济南大学学报》（自然科学版）2017 年第 6 期，第 519 ~ 523 页。

得到原始数据标准化矩阵 X，计算 X 的相关系数矩阵 R：

$$R = \begin{Bmatrix} r_{11} & r_{12} & \cdots & r_{111} \\ r_{21} & r_{22} & \cdots & r_{211} \\ \vdots & \vdots & & \vdots \\ r_{311} & r_{312} & \cdots & r_{3111} \end{Bmatrix}$$

其中，r_{ij}（$i = 1, 2, \cdots, 31$；$j = 1, 2, \cdots, 11$），表示原变量 χ_i 与 χ_j 的相关系数。

当数据通过 SPSS 22.0 软件的 KMO 和 Bartlett 球形检验后，根据相关系数矩阵 R，求特征值 λ 和特征向量 A，且 $\lambda_1 \geqslant \lambda_2 \geqslant \cdots \geqslant \lambda_p > 0$，相应的特征向量 $A_i = (a_{1i}, a_{2i}, \cdots, a_{pi})$，$i = 1, 2, \cdots, p$。接着运用 SPSS 22.0 软件计算主成分的方差贡献率、累计方差贡献率，并根据以上计算结果提取主成分，测算出 2019 年城乡居民基本养老保险水平。

理论上根据特征值大于 1 的规则提取主成分，根据表 3 - 7 和图 3 - 2 可以看出这 11 个指标可以提取 3 个主成分进行分析，即成分 1、成分 2、成分 3，本书用 F_1、F_2、F_3 来表示它们。F_1 的特征值为 4.392，可以解释 39.931% 的原始信息，F_2 的特征值为 3.385，可以解释 30.772% 的原始信息，F_3 的特征值是 1.123，可以解释 10.210% 的原始信息；3 个主成分的累计方差贡献率达到 80.913% > 80%，所以这 3 个主成分对原始数据解释的力度还是比较大的。

表 3 - 7　各成分对原始数据的解释力度

成　分	初始特征值			提取载荷平方和		
	特征值	方差贡献率（%）	累计方差贡献率（%）	特征值	方差贡献率（%）	累计方差贡献率（%）
1	4.392	39.931	39.931	4.392	39.931	39.931
2	3.385	30.772	70.704	3.385	30.772	70.704
3	1.123	10.210	80.913	1.123	10.210	80.913
4	0.761	6.919	87.832			
5	0.614	5.583	93.414			

续表

成　分	初始特征值			提取载荷平方和		
	特征值	方差贡献率（%）	累计方差贡献率（%）	特征值	方差贡献率（%）	累计方差贡献率（%）
6	0.378	3.436	96.851			
7	0.219	1.990	98.841			
8	0.054	0.488	99.329			
9	0.038	0.349	99.677			
10	0.021	0.194	99.871			
11	0.014	0.129	100			

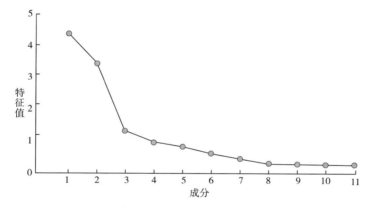

图3-2　各成分特征值分布碎石图

主成分载荷矩阵反映了主成分与原始变量之间的相关程度，其绝对值越大，二者之间的相关性就越强，由表3-8可以看出，人均GDP（X4）、农村居民人均储蓄（X5）、农村居民人均收入（X6）、养老保险保障率（X11）在主成分F_1上具有较大的载荷，说明这4个指标间存在较强的相关性，其中人均GDP（X4）反映的是一个地区的经济发展水平，农村居民人均储蓄（X5）、农村居民人均收入（X6）说明的是一个地区的农村居民生活水平，养老保险保障率（X11）说明的是养老保险的待遇水平，所以在这里将主成分F_1命名为"经济生活水平和待遇水平因素"。

人口出生率（X1）、老年抚养比（X2）、总人口（X3）、基金支出财政占比（X7）、养老保险系数（X10）在主成分 F_2 上载荷较高，其中人口出生率（X1）、老年抚养比（X2）、总人口（X3）反映的是一个地区的人口结构，基金支出财政占比（X7）、养老保险系数（X10）反映的是一个地区的城乡居民基本养老保险基金支出水平，所以将主成分 F_2 命名为"人口和基金支出水平因素"。

基金结余率（X8）和参保覆盖率（X9）在主成分 F_3 上载荷较高，2 个指标分别表示一个地区的城乡居民基本养老保险的基金可持续发展水平和覆盖水平，所以把主成分 F_3 命名为"覆盖水平和基金可持续水平因素"。

表 3－8　主成分载荷矩阵

原始指标（数据经标准化处理）	主成分		
	F_1	F_2	F_3
人口出生率	－0.495	0.863	0.019
老年抚养比	0.281	0.646	－0.303
总人口	0.063	0.878	0.234
人均 GDP	0.925	0.013	0.217
农村居民人均储蓄	0.928	0.164	0.143
农村居民人均收入	0.957	0.076	0.111
基金支出财政占比	0.062	0.850	0.154
基金结余率	－0.419	－0.379	0.380
参保覆盖率	－0.786	0.133	0.353
养老保险系数	－0.654	0.345	－0.173
养老保险保障率	0.824	－0.272	0.014

注：提取方法为主成分分析法。

主成分的计算公式是 $F = zx \times t$，其中 zx 是标准化后的指标，t 是标准化后的正交特征向量矩阵，根据统计学的相关知识，标准化正交特征向量 U 和因子载荷矩阵 A 及特征值 λ 之间的关系如公式（3－2）所示：

$$U_i = A_i / \sqrt{\lambda_i} \qquad (3-2)$$

根据公式（3－2）利用 SPSS 22.0 软件求出标准化正交特征向量矩阵（见表 3－9）。

表 3-9 标准化正交特征向量矩阵

原始指标（数据经标准化处理）	主成分		
	F_1	F_2	F_3
人口出生率	0.024	0.478	0.271
老年抚养比	0.130	0.356	-0.297
总人口	-0.004	0.488	0.222
人均 GDP	0.444	0.015	0.142
农村居民人均储蓄	0.447	0.019	0.127
农村居民人均收入	0.458	0.060	0.057
基金支出财政占比	0.021	0.464	0.101
基金结余率	0.027	-0.217	0.542
参保覆盖率	-0.264	0.078	0.369
养老保险系数	-0.310	0.119	0.056
养老保障率	0.390	-0.105	0.110

3 个主成分可以表示为标准化后的变量线性组合，即：

$$F_1 = 0.024zx_1 + 0.130zx_2 + \cdots + 0.390zx_{11}$$

$$F_2 = 0.478zx_1 + 0.356zx_2 + \cdots + (-0.105zx_{11})$$

$$F_3 = 0.271zx_1 + (-0.297zx_2) + \cdots + 0.110zx_{11}$$

计算出 31 个省（区、市）的每个主成分得分后，以各个主成分的方差贡献率为权重系数，根据公式"综合得分 $Y = (F_1 \times F_1$ 的方差贡献率 $+ F_2 \times F_2$ 的方差贡献率 $+ F_3 \times F_3$ 的方差贡献率) / 累计方差贡献率"计算 2019 年我国 31 个省（区、市）城乡居民基本养老保险水平的综合得分：

$$Y = (0.39931F_1 + 0.30772F_2 + 0.1021F_3) / 0.80913$$

3. 各省（区、市）城乡居民基本养老保险水平综合评价

根据主成分分析计算得到我国 31 个省（区、市）城乡居民基本养老保险水平的各主成分得分和综合得分，再根据这些得分对我国 31 个省（区、市）进行排序（见表 3-10）。

表 3－10　2019 年各省（区、市）城乡居民基本养老保险
水平主成分和综合得分排名

区 域	省 （区、市）	主成分 F_1		主成分 F_2		主成分 F_3		综 合	
		得 分	排 名	得 分	排 名	得 分	排 名	得 分	排 名
东 部	上 海	7.99	1	－1.28	25	－0.83	28	3.31	1
	北 京	3.7	3	1.58	5	－0.1	19	2.4	2
	江 苏	2.41	5	2.09	2	0.6	4	2.05	3
	浙 江	4.78	2	－1.68	28	1.13	1	1.84	4
	天 津	1.69	6	1.56	6	0.82	3	1.53	5
	山 东	1.2	7	0.87	11	0.83	2	1.03	6
	广 东	－0.69	17	2.91	1	0.54	6	0.85	7
	福 建	2.64	4	－2.19	30	0.57	5	0.53	8
	辽 宁	－1.17	21	－1.01	21	0.27	13	－0.92	24
	河 北	－1.23	23	1.35	8	－0.2	20	－0.11	15
	海 南	0.6	8	－0.67	19	－1.29	31	－0.13	16
中 部	湖 北	－1.04	18	1.39	7	0.37	9	0.07	11
	河 南	－0.66	16	0.95	10	0.23	14	0.07	11
	湖 南	－1.26	24	1.59	4	0.49	7	0.06	13
	安 徽	－1.05	19	0.01	14	0.39	8	－0.46	18
	江 西	－1.76	26	－0.72	20	0.05	16	－1.13	28
	吉 林	－0.12	12	－1.42	27	－1.04	30	－0.74	22
	黑龙江	－0.23	13	－1.38	26	－0.97	29	－0.77	23
	山 西	0.18	10	0.57	13	0.31	11	0.35	9
西 部	四 川	－2.12	29	－1.12	23	－0.03	18	－1.47	29
	重 庆	－3.16	31	－0.17	17	－0.35	22	－1.65	30
	内蒙古	－2.4	30	－1.69	29	0.3	12	－1.78	31
	陕 西	－0.65	15	1.74	3	－0.46	25	0.29	10
	广 西	0.12	11	0	15	－0.54	26	－0.01	14
	云 南	0.32	9	－1.13	24	－0.43	24	－0.33	17
	新 疆	－1.68	25	0.97	9	－0.37	23	－0.5	19
	宁 夏	－1.2	22	－0.06	16	0.02	17	－0.61	20
	贵 州	－1.91	27	0.71	12	－0.55	27	－0.73	21

区 域	省 (区、市)	主成分 F_1		主成分 F_2		主成分 F_3		综 合	
		得 分	排 名	得 分	排 名	得 分	排 名	得 分	排 名
西 部	甘 肃	-1.09	20	-1.02	22	-0.25	21	-0.95	25
	青 海	-1.91	27	-0.2	18	0.32	10	-0.97	26
	西 藏	-0.31	14	-2.58	31	0.19	15	-1.12	27

从表 3 - 10 中可以看出，主成分 F_1 "经济生活水平和待遇水平因素"中得分较高的是东部地区的上海、浙江和北京；得分较低的是西部的内蒙古和重庆；得分居中的是西部地区的陕西、中部地区的河南和东部地区的广东。

主成分 F_2 "人口和基金支出水平因素"中得分较高是东部地区的广东和江苏；得分较低的是东部地区的福建、西部地区的西藏；得分居中的是西部地区的广西、宁夏和重庆。

主成分 F_3 "覆盖水平和基金可持续水平因素"中得分较高的是东部地区的浙江、山东和天津，得分较低的是中部地区的吉林、东部地区的海南；得分居中的是西部地区的西藏、宁夏以及中部地区的江西。

城乡居民基本养老保险水平综合得分较高的是东部地区的上海、北京和江苏；得分较低的是西部地区的四川、重庆和内蒙古；得分居中的是东部地区的河北和海南以及西部地区的云南。

综上，从上述分析中可以看出，我国 31 个省（区、市）城乡居民基本养老保险水平具有一定的差距，也表现出了区域性的特点，基本上是自东向西呈现出由高到低的形势。此外，城乡居民基本养老保险水平综合得分与主成分 F_1 "经济生活水平和待遇水平因素"得分的排名基本匹配，前 5 名都位于经济发展水平较高的东部地区，最靠后的 5 名都位于经济发展条件较差的中西部地区。但是，从分析结果来看，经济生活水平和待遇水平并不是影响城乡居民基本养老保险水平的唯一因素，比如，综合得分和第一主成分 F_1 "经济生活水平和待遇水平因素"得分排名均为第 1 的上海，在主成分 F_3 "覆盖水平和基金可持续水平因素"得分排名中排在第 28 名。

四 城乡居民基本养老保险水平的区域差异影响因素分析

根据上述分析我们可以看出，我国城乡居民基本养老保险水平的区域差异性明显，为了促进我国区域城乡居民基本养老保险水平的协调提升，必须找出差异产生的原因，进而理清建设思路并提出相关的问题解决措施。以下将根据主成分分析的结果分析影响城乡居民基本养老保险水平区域差异的主要因素。

本部分所有数据来源于 2019～2021 年《中国统计年鉴》、各省（区、市）公开的相关资料及《统计年鉴》。

（一）经济生活水平和待遇水平

1. 经济生活水平

经济基础决定上层建筑，经济也是影响城乡居民基本养老保险水平最直接最重要的因素。收入作为城乡居民基本养老保险制度个人缴费和养老金支付的源泉，① 直接影响城乡居民基本养老保险水平的高低。本书主要研究的是城乡居民基本养老保险水平的区域差异，人均 GDP 是反映一个地区经济发展水平的指标，农村居民人均收入和人均消费支出是衡量一个地区居民生活水平和缴费能力的重要指标，因此本书主要用这三个指标来分析经济发展和居民生活水平对城乡居民基本养老保险水平的影响（因城乡居民基本养老保险参保人群大部分为农民或城镇低收入群体，所以选用农村居民相关指标进行测量）。

从表 3-11 中我们可以看出，2021 年东、中、西部人均 GDP 均值分别为 10.91 万元、6.49 万元、6.24 万元，明显呈自东向西越来越少的阶梯

---

① 叶子荣、龙洋思：《城乡基本养老保险差异及对策——以四川省成都市为例》，《农村经济》2012 年第 2 期，第 75～78 页。

状，这种形势基本与 2019 年区域城乡居民基本养老保险水平综合得分空间
分布状况相一致。东部和中部之间差距是 4.42 万元，东部和西部之间的差
距是 4.67 万元，中西部地区间的差距为 0.25 万元，这表明东部和中西部
之间的经济发展水平差异很大，而中西部地区间的经济发展水平差距不
大。这说明经济发展水平区域不均衡是导致我国城乡居民基本养老保险水
平区域差异的重要因素。

表 3 – 11　2021 年各省（区、市）人均 GDP 和农村居民人均收入、人均消费支出

单位：万元

区　域	省（区、市）	人均 GDP	农村居民人均收入	农村居民人均消费支出
东　部	上　海	17.36	3.85	2.72
	北　京	18.40	3.33	2.36
	江　苏	13.68	2.68	2.11
	浙　江	11.24	3.52	2.54
	天　津	11.43	2.80	1.93
	山　东	8.17	2.08	1.43
	广　东	9.81	2.23	2.00
	福　建	11.66	2.32	1.93
	辽　宁	6.52	1.92	1.46
	河　北	5.42	1.82	1.54
	海　南	6.35	1.81	1.55
	平　均	10.91	2.58	1.96
中　部	湖　北	8.58	1.83	1.76
	河　南	5.96	1.75	1.41
	湖　南	6.96	1.83	1.70
	安　徽	7.03	1.84	1.72
	江　西	6.56	1.87	1.57
	吉　林	5.57	1.76	1.34
	黑龙江	4.76	1.79	1.52
	山　西	6.49	1.53	1.14
	平　均	6.49	1.77	1.52

续表

区　域	省（区、市）	人均GDP	农村居民人均收入	农村居民人均消费支出
西　部	四　川	6.43	1.76	1.64
	重　庆	8.68	1.81	1.61
	内蒙古	8.55	1.83	1.57
	陕　西	7.54	1.47	1.32
	广　西	4.91	1.64	1.42
	云　南	5.79	1.42	1.24
	新　疆	6.17	1.56	1.28
	贵　州	5.08	1.29	1.26
	甘　肃	4.11	1.14	1.12
	青　海	5.63	1.36	1.33
	西　藏	5.68	1.69	1.06
	宁　夏	6.24	1.53	1.35
	平　均	6.24	1.54	1.35

　　从整体来看，2021 年，我国人均 GDP 最高的是位于东部地区的北京，为 18.40 万元，最低的是位于西部地区的甘肃，为 4.11 万元，北京是甘肃的 4.48 倍；我国农村居民人均收入最高的是东部地区的上海，为 3.85 万元，最低的是西部地区的甘肃，为 1.14 万元，最高的上海是最低的甘肃的 3.38 倍；农村居民人均消费支出最高的也是东部地区的上海，为 2.72 万元，最低的是西部地区的西藏，为 1.06 万元。对照表 3 - 10，在城乡居民基本养老保险水平综合得分的测算中，上海排名第 1，北京排名第 2，而甘肃则排名第 25，西藏排名第 27。从区域内部来看（由于东部地区内的差异最为明显，而中西部地区内差异不明显，因此这里仅对东部地区进行分析），2021 年，东部地区人均 GDP 最高的是北京，最低的是河北，两者之间的人均 GDP 差距为 12.98 万元；东部地区农村居民人均收入最高的是上海，最低的是海南，两者之间的农村居民收入差距为 2.04 万元（见表 3 - 11）。从表 3 - 10 来看，上海综合得分排名第 1，北京排名第 2，而同在东部地区的河北则排名第 15，海南排名第 16，可能是受到北京和天津两地快速发展的影响，河北的经济发展水平受到了限制；海南省作为中国最南端

的岛屿，受地理位置的影响农村农作物收成不稳定，受疫情影响乡村旅游业面临一定的困境，多重因素影响下海南省的农村居民人均收入不高，影响了城乡居民基本养老保险水平的排名。

可以看出，人均 GDP 所反映的地区经济发展水平与农村民居人均收入、人均消费支出所反映的城乡居民生活水平在很大程度上影响了城乡居民基本养老保险水平。一方面，经济发展水平高的地区政府财政实力强，因而地区的经济基础更好；另一方面，在经济发展水平高的地区，农村居民的可支配收入也会很高，收入的增加会提高城乡居民基本养老保险参保人的缴费能力，缴费能力的提高使多数居民参加城乡居民基本养老保险时会选择较高的缴费档次，这就会提升城乡居民基本养老保险水平。改革开放以来，区域经济差异日益显著，东部沿海地区作为经济发展重心获得中央政府很多的优惠政策支持，加之自身资源的优势，使得该地区的经济加速发展。尽管这些年实施的"西部大开发"等政策在一定程度上促进了中西部地区的经济发展，但是东部地区的发展速度远快于中西部，导致了区域间的经济差异持续加大，从而加剧了区域间城乡居民基本养老保险水平的不平衡。

2. 待遇水平

确保养老保险待遇充足性是城乡居民基本养老保险制度的目标之一，城乡居民基本养老保险制度要防止城乡居民在丧失劳动能力后陷入贫困，因此城乡居民基本养老保险制度待遇确定的标准之一就是要"保基本"。考虑到养老金待遇水平受缴费期限和缴费档次的影响，为消除差异，本书从收入角度出发采用城乡居民基本养老保险基础养老金替代率（基础养老金标准×12/年人均可支配收入）这一指标分析城乡居民基本养老保险待遇水平及其对城乡居民基本养老保险水平区域差异的影响。邓大松等测算的我国各省（区、市）基础养老金替代率在 14.15% ~ 41.98% ，[①] 本书以

---

① 邓大松、薛惠元、仙蜜花：《建立健全社会保障待遇确定和正常调整机制》，《中国社会保障》第 9 期，第 34 ~ 36 页。

其测算的结果作为参考，分析我国 31 个省（区、市）的城乡居民基本养老保险待遇水平状况及其对综合水平的影响。

不同省（区、市）由于城乡居民基本养老保险待遇标准以及经济发展、生活水平不同，其基础养老金替代率也存在很大的差异。从图 3 - 3 中可以清晰地看出，整体而言我国 31 个省（区、市）城乡居民基本养老保险基础养老金替代率空间分布态势与经济发展水平自东向西依次递降的趋势并不一致：2021 年，城乡居民基本养老保险基础养老金替代率最高的是东部地区的上海和北京，在 30% 以上，说明待遇水平比较高；城乡居民基本养老保险基础养老金替代率最低的是东部地区的浙江、福建，均在 7% 以下，说明这两个省的城乡居民基本养老保险待遇水平较当地收入水平而言并不高。浙江、福建两地经济发展状况良好，城乡居民基本养老保险制度覆盖率也较高，但是养老保险待遇水平与经济发展水平明显不相匹配。相反，经济发展较为落后的西部地区，基础养老金替代率均在 8% 以上，其中青海在 15% 以上。

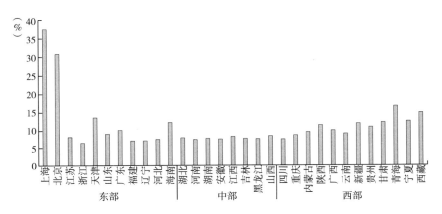

图 3 - 3 2021 年我各省（区、市）城乡
居民基本养老保险基础养老金替代率

浙江、福建城乡居民基本养老保险基础养老金替代率低的原因可能是城乡居民人均消费水平比较高，政府补贴标准和基础养老金水平低于北京和上海；还有一种可以解释这一现象的原因是这些地区的城乡居民

对制度缺乏信心，缴费的积极性低。而西部地区虽然基础养老金的水平比较低，但是城乡居民人均消费水平也较低，且政府的补贴标准高于中央政府的补贴标准。

（二）基金支出水平和人口老龄化

1. 城乡居民基本养老保险基金支出水平

借鉴国外养老保险制度的改革经验可以发现，每一次的养老保险制度改革都是以养老保险支付能力危机作为大背景的，因此也可以得出这样的结论：城乡居民基本养老保险基金支出水平决定着城乡居民基本养老保险基金的可持续性，从而在很大程度上影响着城乡居民基本养老保险的水平。由于本书撰写时 2021 年数据还未公布，本书将 2020 年城乡居民基本养老保险基金支出占 GDP 的比重作为衡量城乡居民基本养老保险基金支出水平的指标，比重越小说明劳动者所创造的财富转化为城乡居民基本养老保险基金收入的比例越低，用于城乡居民基本养老保险基金支出的比例也就越低。

从图 3 - 4 中可以看出，城乡居民基本养老保险基金支出占 GDP 比重最高的是甘肃，该省位于西部地区，在城乡居民基本养老保险水平综合得分测算中排名第 25，也是 2019 年人均 GDP 最低的地区；而城乡居民基本养老保险基金支出占 GDP 的比重最低的地区是北京，该市位于东部地区，在城乡居民基本养老保险水平综合得分测算中排名第 2，是我国经济发达的地区。从理论上讲一般都会认为城乡居民基本养老保险基金支出占 GDP 比重应该与经济发展水平呈正相关，但是通过数据分析可以发现，实际情况与此相反，经济欠发达的西部地区城乡居民基本养老保险水平综合得分比较低，但是城乡居民基本养老保险基金支出占 GDP 的比重较高。

从图 3 - 4 可以看出，一方面，我国各省（区、市）城乡居民基本养老保险基金支出占 GDP 的比重大致呈现自西向东依次递降的趋势，与我国经济发展水平趋势相反，说明经济发展水平虽然是城乡居民基本养老保险水平最重要的影响因素，但是并不与城乡居民基本养老保险基金支出水平相匹配。最能解释这一点的是，由于西部地区经济发展缓慢且为少数民族聚居地，所以为减轻地方政府的压力，在政策上会有一定的倾斜，比如中央政府按照中央所确定的标准为西部地区在基础养老金方面提供全额的财政补助。另一方面，城乡居民基本养老保险基金支出水平高的地区其城乡居民基本养老保险水平综合得分并不高，这也表明这些地区的财政压力比较大。

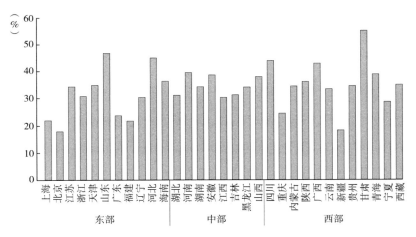

图 3 - 4　2020 年我国各省（区、市）城乡居民基本养老保险基金

支出占 GDP 的比重

2. 人口老龄化

人口老龄化与城乡居民基本养老保险水平之间有着紧密的联系，尤其是前者会对养老保险基金的收支平衡产生很大的影响。老龄化程度更高意味着在城乡居民基本养老保险制度内会有更多的老年人口需要供养，加之城乡居民基本养老保险基金的收入来自个人缴费和基金投资产生的收益等，人口老龄化程度加深会使缴费人口相对减少、养老保险基金收入降低，可能会导致城乡居民基本养老保险基金支付危机，给地方政府造成巨大的财政压力。

在社会学研究中，经常将老年抚养比作为衡量人口老龄化程度的指标，[1]

---

[1]　黄敏：《中国财政支持养老保险支出的风险及对策研究》，博士学位论文，河北大学，2013。

老年抚养比就是老年人口的总负担系数，是指老年人口数与劳动年龄人口数的比值，比值越大说明人口老龄化的程度越高。由于本书撰写时 2020 年的老年人口抚养比数据还未公布，本书用 2019 年数据做分析。从图 3 − 5 中我们可以看出，2019 年，老年抚养比最高的是东部地区的山东和西部地区的四川，结合图 3 − 4 分析，这两个省 2020 年的城乡居民基本养老保险基金支出水平也很高；老年抚养比最低的是广东、西藏，从图 3 − 4 中可以看出，这两个省（区）2020 年的城乡居民基本养老保险基金的支出水平也不是特别高。由此可以得出如下结论：老年抚养比高的地区，城乡居民基本养老保险基金支出水平也高；老年抚养比低的地区，城乡居民基本养老保险基金支出水平也低。原因在于，老年抚养比高可能会增加公共服务的各项成本，导致地区产生更多的养老保险基金支出，地方政府可能会产生较大的财政负担。

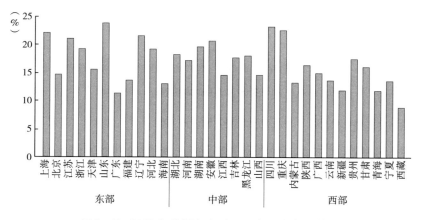

图 3 − 5　2019 年我国各省（区、市）老年抚养比

　　总的来看，受区域经济发展不平衡的影响，劳动人口大量流入第三产业发展快、经济增长迅速的东部地区，中西部地区发展比较落后，老年抚养比也高于东部地区，人口状况区域差异明显。老年人口不断增加使得养老金的领取人数也一同增加，可能会导致欠发达的中西部地区财政实力难以支持城乡居民基本养老保险制度的长期运行。

（三）覆盖水平和基金可持续水平

1. 城乡居民基本养老保险覆盖水平

城乡居民基本养老保险制度的目标是在 2020 年实现全民覆盖，参保覆盖率的提高在一定程度上可以增加城乡居民基本养老保险基金的收入，有利于基金的收支平衡。截至 2021 年底，我国城乡居民基本养老保险参保人数达到 5.48 亿人，实际待遇领取人数为 1.62 亿人，根据中国乡村振兴综合调查数据，2021 年，城乡居民基本养老保险的覆盖率达到了 78.9%，与全民覆盖还有一定的距离，尚不能保证人人老有所养。

本书用参保覆盖率来衡量各省（区、市）的城乡居民基本养老保险的覆盖水平，图 3-6 表示的是 2020 年我国各省（区、市）城乡居民基本养老保险的参保覆盖率，从图中可以明显看出，参保覆盖率最高的是中部的安徽、湖南和西部地区的甘肃，而参保覆盖率最低的是东部的上海、天津和广东，这个趋势大概与图 3-4 中城乡居民基本养老保险基金支出水平相一致。经济发达的东部地区参保覆盖率和基金支出水平反而低，而经济欠发达的中西部地区参保覆盖率和基金支出水平反而高。其原因可能是随着城镇化的发展，人口大量流动到经济发达的东部地区，东部地区农村居民少城镇居民多，城乡居民收入水平高，大多参加城镇职工基本养老保险或选择其他的养老方法，所以城乡居民基本养老保险的参保覆盖率就比较低。相反，随着人口老龄化的加剧和农村家庭养老功能的弱化，经济欠发达的中西部地区养老负担会加重，会有更多的居民去参加城乡居民基本养老保险以获得养老保障，加之中央和地方政府的一些优惠性政策提供了制度保障，所以经济欠发达的中西部地区的城乡居民基本养老保险参保覆盖率相对就比较高。

2. 城乡居民基本养老保险基金可持续水平

城乡居民基本养老保险基金的可持续对社会的稳定发展具有重要的作用，可持续发展的要求是确保城乡居民基本养老保险基金的收支平衡和长期稳定发展。城乡居民基本养老保险基金可持续水平的衡量指标有很多，

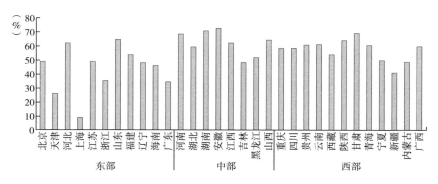

图 3 - 6　2020 年我国各省（区、市）城乡居民基本养老保险参保覆盖率

本书用 2020 年城乡居民基本养老保险基金结余率（年累计结余额/基金支出总额）这一指标来分析各省（区、市）城乡居民基本养老保险基金的可持续水平。该指标反映的是一个地区城乡居民基本养老保险基金的结余状况：基金结余率越高说明基金可供支付的时间越长，基金支付压力越小，基金可持续水平也就越高。

　　从图 3 - 7 可以看出，我国城乡居民基本养老保险基金结余率区域差异比较大，2020 年，我国城乡居民基本养老保险基金结余率最高的是东部地区的天津、海南和西部的云南，西部的青海、西藏、甘肃、新疆也比较高；结余率最低的是东部地区的上海和辽宁，此外东北三省中的黑龙江和吉林结余率也比较低。从二次移动平均趋势线（图 3 - 7 中虚线）可以看出，东部地区内部结余率的差异比较大，中西部相比东部而言则内部相对一致，且结余率整体呈自东向西逐渐上升趋势。通过分析发现，东部地区的天津基金可持续水平最高，结合前面的图 3 - 4、图 3 - 5、图 3 - 6，天津参保覆盖率很低，而且其老年抚养比、养老保险基金支出占 GDP 的比重都不算特别高，综合分析，可能该地区经济发展好，城乡居民有更多的养老选择，城乡居民基本养老保险参保率低并且人口老龄化程度低，养老保险基金支付压力比较小，基金可持续水平就比较高；西部的几个省份虽然经济发展水平较低，养老保险待遇水平也不高，但是人口老龄化程度相对较低，另外中央政府优惠政策会在一定程度上提高其公共服务水平，为城乡居民基本养老保险体系的完善提供基础。而东北三省是老工业地区，由于历史问题加之老龄化现象严重，老年抚养比较高；上海是人口老龄化程度比较高，养老保险待遇水平居于全国首位。以上原因导致上海与东北三省的城乡居民基本养老保险基金的支付压力比较大，可持续水平也就比较低。

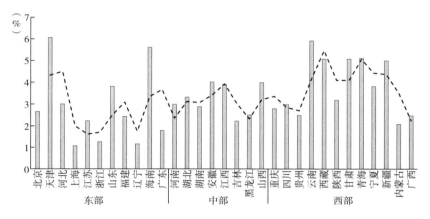

图 3 - 7　2020 年各省（区、市）城乡居民基本养老保险基金结余率

总体而言，无论是经济发达的东部地区还是欠发达的中西部地区，城乡居民基本养老保险基金支付压力都很大，可持续水平都不高。在城乡居民基本养老保险基金可持续水平整体呈下降趋势的同时，区域间的基金支付能力和可持续水平也呈现出不平衡发展的趋势。

第三节　乡村振兴背景下农村养老
保障水平提升路径

城乡居民基本养老保险水平并不是越高越好，在兼顾"保基本"和"可持续"两大目标的前提下，合理确定基础养老金调整幅度并探讨其提升路径非常重要。"保基本"反映的问题是能否保障未来基础养老金领取者的基本生活，在未来应按照怎样的标准调整基础养老金；"可持续"反映的问题是城乡居民基本养老保险制度具有多强的生命力，能否持续保障未来基础养老金待遇领取者的权益。确定基础养老金调整幅度、探讨提升路径本质上是研究财政在未来能否负担得起基础养老金补贴、个人在未来能否负担得起基本养老保险缴费标准。

　　本书在设计农村养老保障水平提升路径时，提出在通过财政补贴调整城乡居民基础养老金的同时，也要从个人缴费的角度发力鼓励农村居民长缴多缴。在考虑到财政补贴压力和个人缴费压力的同时，尽量使农村居民的基本养老保险水平保持在适度范围内。

　　由于农村居民基本养老保险支出与城镇居民基本养老保险支出在财政补贴中难以厘清，故财政补贴提升路径分析综合考虑城乡居民基本养老保险支出带来的财政压力；在个人缴费提升路径的分析中将城镇居民与农村居民的个人缴费压力分开计算。

一　财政补贴提升路径分析

　　基础养老金主要由财政补贴构成，因此基础养老金的动态调整应考虑财政的负担能力，当基础养老金增长率高于财政收入增长率时，势必会造成财政压力过大；基础养老金增长率过低时，城乡居民无法共享发展成果。

　　《人力资源社会保障部 财政部关于建立城乡居民基本养老保险待遇确定和基础养老金正常调整机制的指导意见》（人社部发〔2018〕21 号）规定，要"要统筹考虑城乡居民收入增长、物价变动和职工基本养老保险等其他社会保障标准调整情况，适时提出城乡居民全国基础养老金调整方案"。通过调整城乡居民分享社会发展经济成果的比例，就可以得到不同的城乡居民基础养老金调整方案。

　　通过对比不同方案中基础养老金应发放补贴支出与对应时期的预测财政收入，可以得出各个方案基础养老金补贴支出占财政收入的比重。薛惠元和仙蜜花认为城乡居民基本养老保险基础养老金年补贴额在财政收入中占比小于 2.5% 时，城乡居民基本养老保险基础养老金调整对财政支付能力影响不大，[①] 能够平衡更高的城乡居民基本养老保障水平和避免过大财政压力之间的关系，可以形成适宜的财政补贴提升方案。

（一）城乡居民基本养老保险基金支付能力分析

以我国城乡居民基本养老保险基金的收支情况和基金结余率为指标，对城乡居民基本养老保险基金支付能力进行评估。

根据 2010~2020 年我国城乡居民基本养老保险基金的收支情况可以看到：我国城乡居民基本养老保险基金收入总体上呈现增长趋势（见图 3-8），在 10 年时间内增长达 35356 亿元，由 2010 年的 13873 亿元增加至 49229 亿元；我国城乡居民基本养老保险基金支出呈现逐年递增的趋势，由 2010 年的 10755 亿元增加至 2020 年的 54656 亿元，10 年时间内增长 43901 亿元。

随着城乡居民基本养老保险覆盖率的提高、人口老龄化的加剧以及社会保障水平的刚性上升，政府对于城乡居民基本养老保险基金的投入总体上呈现增长趋势，越来越多的人可以享受到经济发展带来的福祉。我国城乡居民基本养老保险基金结余 10 年时间内增加 42287 亿元，由 2010 年的 15788 亿元增加到 2020 年的 58075 亿元，总体上呈现增长的态势，说明虽然我国老龄化日益加剧，但城乡居民基本养老保险基金仍保持较强的支付能力。

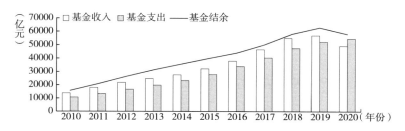

图 3-8　2010~2020 年我国城乡居民基本
养老保险基金收支情况与结余

① 薛惠元、仙蜜花：《城乡居民基本养老保险基础养老金调整机制研究》，《统计与决策》2015 年第 15 期，第 112~116 页。

从数据中可以看到，我国城乡居民基本养老保险基金收入在 2020 年显著减少，考虑到新冠疫情为我国带来的经济下行的影响，我国城乡居民对基本养老保险的缴费热情降低是可以理解的。

养老保险基金结余率等于基金结余与基金支出之比值，常用来衡量养老保险基金可持续能力的高低。该指标高说明基金支付压力小，供款支付可持续时间长，基金可持续时间长；反之说明基金支付压力大，供款支付可持续时间短，基金可持续时间短。

由表 3－12 可知，2010～2020 年我国城乡居民基本养老保险基金结余率均大于 100%，说明我国城乡居民基本养老保险基金结余大于基金支出，支付压力小，供款支付可持续时间长，基金可持续时间长。

表 3－12　2010～2020 年我国城乡居民基本养老保险基金收支情况与结余和结余率

单位：亿元,%

年　份	基金收入	基金支出	基金结余	基金结余率
2010	13873	10755	15788	147
2011	18005	13363	20728	155
2012	21830	16712	26243	157
2013	24733	19819	31275	158
2014	27620	23326	35645	153
2015	32195	27929	39937	143
2016	37991	34004	43965	129
2017	46614	40424	50202	124
2018	55005	47550	58152	122
2019	57026	52342	62873	120
2020	49229	54656	58075	106

（二）我国城乡居民基础养老金调整方案设计

根据国际经验，基础养老金在达到某些特定条件时才需要加以调整。薛惠元和仙蜜花认为当物价变动率大于 0，经济增长率大于 0，并且经济增长率大于物价变动率时，才应当对城乡居民基础养老金进行调整。[1]《人力

---

① 薛惠元、仙蜜花：《城乡居民基本养老保险基础养老金调整机制研究》，《统计与决策》2015 年第 15 期，第 113 页。

资源社会保障部 财政部关于建立城乡居民基本养老保险待遇确定和基础养老金正常调整机制的指导意见》明确要求适时调整基础养老金，且调整要以我国城乡居民收入变动和物价变动为依据。这对本书选择基础养老金调整因素起到指导作用。其一，选择经济增长率作为基础养老金的调整因素，这是为了保证领取基础养老金的城乡居民能够分享社会发展的经济成果。其二，选择物价变动水平作为调整因素，这是为了保证城乡居民的实际购买力不因物价水平的上涨而降低，从而保障城乡居民基本生活水平的稳定。基于上述分析，我们可以得到公式：

$$f = \pi + xg \qquad\qquad (3-3)$$

f 为基础养老金调整系数，π 为物价变动水平（居民消费价格指数增长率），x 为城乡居民分享社会发展经济成果的比例；g 为经济增长率（国内生产总值增长率）。

在 2010～2020 年这 10 年间，我国经济增长率总体上远高于物价变动水平（见图 3-9）。其中，2020 年经济增长率与物价变动水平基本持平，一个重要原因是新冠疫情对经济的不利影响导致 2020 年经济增长率的异常。

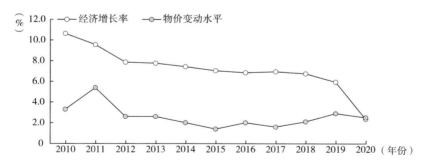

图 3-9　2010～2020 年我国经济增长率和物价变动水平

资料来源：根据《中国统计年鉴 2021》整理而成。

2010～2020 年物价变动水平 π 平均为 2.6% 大于 0，说明这 11 年我国物价呈现持续上升趋势，基于我国经济发展较为稳定且无严重通货膨胀来考虑，假定 2021～2050 年我国物价变动平均水平保持在 3%。同时，时任

高盛首席经济学家吉姆·奥尼尔预测："中国 2021～2030 年经济增长率为
5.5%，2031～2040 年经济增长率为 4.3%。"彭博社经济部首席经济学家
汤姆·奥尔利克预测："到 2040 年之后，劳动力老龄化和经济发展进入疲劳
期将把中国 GDP 年化增幅拉低到 3.0% 的水平。"据此，本书假定 2021～
2030 年我国经济增长率为 5.5%，2031～2040 年为 4.3%，2041～2050 年
为 3.0%。

结合上述数据，我们把城乡居民分享社会发展经济成果的比例分别设置
为 10%、20%、30%、40%、50%、70%、90%，就可以得到七种 2021～
2050 年我国城乡居民基础养老金调整方案（见表 3－13）。

表 3－13　2021～2050 年我国城乡居民基础养老金调整方案

	方案一	方案二	方案三	方案四	方案五	方案六	方案七
调整幅度	$3\%+0.1g$	$3\%+0.2g$	$3\%+0.3g$	$3\%+0.4g$	$3\%+0.5g$	$3\%+0.7g$	$3\%+0.9g$

资料来源：根据假设养老金调整方案整理而成。

将已知变量（经济增长率 g）代入 2021～2050 年我国城乡居民基础养
老金调整方案，可以计算出这一时期内城乡居民基础养老金在各个方案中
的调整幅度。

由表 3－14 数据可知，一是由于方案一到方案七我们假设的分享城乡
居民社会发展经济成果的比例逐步提高，七种方案的养老金调整幅度也相
应呈现递增趋势：在 2021～2030 年我国城乡居民基础养老金调整幅度由方
案一到方案七从 3.55% 增加到 7.95%；在 2031～2040 年由方案一到方案
七从 3.43% 增加到 6.87%；在 2041～2050 年由方案一到方案七从 3.30%
增加到 5.70%。

二是调整幅度受到经济增长率的显著影响，经济增长率越高，我国
城乡居民基础养老金调整幅度越大：就方案一来看，我国城乡居民基础
养老金调整幅度由 2021～2030 年的 3.55%，下降到 2041～2050 年的
3.30%；方案二的调整幅度由 2021～2030 年的 4.10%，下降到 2041～
2050 年的 3.60%；方案三的调整幅度由 2021～2030 年的 4.65%，下降
到 2041～2050 年的 3.90%；方案四的调整幅度由 2021～2030 年的

124

5.20%，下降到 2041～2050 年的 4.20%；方案五的调整幅度由 2021～2030 年的 5.75%，下降到 2041～2050 年的 4.50%；方案六的调整幅度由 2021～2030 年的 6.85%，下降到 2041～2050 年的 5.10%；方案七的调整幅度由 2021～2030 年的 7.95%，下降到 2041～2050 年的 5.70%。

表 3－14　2021～2050 年我国城乡居民基础养老金各调整方案调整幅度预测

单位：%

时期	经济增长率	方案一	方案二	方案三	方案四	方案五	方案六	方案七
2021～2030 年	5.5	3.55	4.10	4.65	5.20	5.75	6.85	7.95
2031～2040 年	4.3	3.43	3.86	4.29	4.72	5.15	6.01	6.87
2041～2050 年	3.0	3.30	3.60	3.90	4.20	4.50	5.10	5.70

资料来源：根据假设养老金调整方案整理而成。

（三）城乡居民基础养老金调整方案财政负担预测

用城乡居民基础养老金补助支出占财政收入的比重来衡量城乡居民基础养老金财政负担。[①]

1. 财政支出预测

财政补贴是城乡居民基础养老金的重要来源，政府为符合领取条件的参保人员全额支付基础养老金。

陈卫利用队列要素法通过设置"起始人口"、"生育参数"和"死亡参数"对我国人口规模与年龄结构的变化趋势进行预测，得出结论：在中等生育率方案下，2020 年我国人口规模为 14.12 亿，60 岁及以上人口所占比例为 19.87%；2030 年我国人口规模将为 13.99 亿，60 岁及以上人口所占比例为 27.64%；2040 年我国人口规模为 13.73 亿，60 岁及以上人口所占比例为 33.46%；2050 年我国人口规模为 13.11 亿，60 岁及以上人口所占比例为 39.70%。[②]

学者苏红键在第七次全国人口普查数据的基础上，结合地区城镇化收

① 李文军：《城乡居民基础养老金调整与财政负担测算研究：2016～2050》，《广西师范大学学报》（哲学社会科学版）2018 年第 1 期，第 35～42 页。
② 陈卫：《中国人口负增长与老龄化趋势预测》，《社会科学辑刊》2022 年第 5 期，第 133～144 页。

敛特征对城镇化率进行趋势预测。2020 年我国城镇化率为 63.89%，预计 2030 年我国城镇化率将达到 73.57%，2040 年我国城镇化率将达到 79.96%，2050 年我国城镇化率将达到 83.93%。[①]

《2020 年度人力资源和社会保障事业发展统计公报》数据显示，2020 年我国城乡居民基本养老保险实际领取待遇人数为 16068.17 万人。假定城乡居民基本养老保险实现 60 岁及以上农村居民全覆盖。根据《中国统计年鉴数据 2021》数据，2020 年我国城镇人口数为 90125.92 万人，60 岁及以上的城镇人口数为 14286.29 万人；2020 年我国农村人口数为 51052.08 万人，60 岁及以上的农村人口数为 12153.08 万人。由于 2020 年我国城乡居民基本养老保险实际领取待遇人数为 16068.17 万人，可以计算出我国城镇人口中城乡居民基本养老保险实际领取待遇人数为 3915.09 万人 ＝ 16068.17 万人 － 12153.08 万人，其占 60 岁及以上城镇人口的比重为 27.4% ＝ 3915.09 ÷ 14286.29。《第七次全国人口普查公报解读》指出，在"十四五"时期，中国的老年人口年净增量几乎是由进入 21 世纪以来的最低值（2021 年出现）直接冲上最高值（2023 年出现）。因此，本书认为在 2021 ~ 2050 年我国城镇人口中城乡居民基本养老保险人数占 60 岁及以上城镇人口的比重会在小幅下降后最终保持在较高水平。故为便于计算，本书综合 2010 ~ 2020 年数据假定 2021 ~ 2050 年城镇人口中城乡居民基本养老保险人数占 60 岁及以上城镇人口的比重为 24.3%。

根据下列式子计算出 2021 ~ 2050 年城乡居民基础养老金领取人数预测值：城镇居民人口数 ＝ 全国人口数 × 城镇化率；农村居民人口数 ＝ 全国人口数 ×（1 － 城镇化率）；城镇居民城乡居民基础养老金领取人数 ＝ 城镇居民人口数 × 人口老龄化率 × 24.3%；农村居民城乡居民基础养老金领取人数 ＝ 农村居民人口数 × 人口老龄化率。[②] 故整理数据可得表 3 - 15。

[①] 苏红键：《人口城镇化趋势预测与高质量城镇化之路》，《中国特色社会主义研究》2022 年第 2 期，第 48 ~ 56 页。

[②] 王翠琴、李林、薛惠元：《人口年龄结构、城乡居民基本养老保险对农村居民消费率的影响——基于 2010—2017 年中国省际面板数据的实证分析》，《社会保障研究》2020 年第 3 期，第 85 ~ 89 页。

表 3 – 15　2020 ~ 2050 年我国城乡居民基础养老金领取人数

单位：亿人，%

年　份	全国人口数	城镇化率	人口老龄化率	城镇居民		农村居民		城乡居民基础养老金领取人数
				人口数	领取人数	人口数	领取人数	
2020	14. 12	63. 89	18. 70	9. 01	0. 39	5. 10	1. 22	1. 61
2030	13. 99	73. 57	27. 64	10. 29	0. 69	3. 70	1. 02	1. 71
2040	13. 73	79. 96	33. 46	10. 98	0. 89	2. 75	0. 92	1. 81
2050	13. 11	83. 93	39. 70	11. 00	1. 06	2. 11	0. 84	1. 90

注：2020 年数据为实际数据，2030 ~ 2050 年数据为预测数据。表 3 – 17、表 3 – 18、表 3 – 19、表 3 – 22、表 3 – 23、表 3 – 29 同理。

人社部规〔2018〕3 号文件《人力资源社会保障部　财政部关于 2018 年提高全国城乡居民基本养老保险基础养老金最低标准的通知》决定，自 2018 年 1 月 1 日起，全国城乡居民基本养老保险基础养老金最低标准提高至每人每月 88 元。各地在统筹考虑经济社会发展状况和居民承受能力的基础上，自行调整提高各地城乡居民基本养老保险月基础养老金最低标准，截至 2020 年，部分省（区）的具体数据如表 3 – 16 所示。

表 3 – 16　2020 年部分省（区）城乡居民月基础养老金最低标准及相关政策文件

省（区）	月基础养老金最低标准	相关政策文件
青　海	175 元	
福　建	118 元	
河　南	103 元	豫人社〔2019〕3 号、豫人社办〔2019〕9 号
宁　夏	143 元	宁夏回族自治区《关于建立城乡居民基本养老保险待遇确定和基础养老金正常调整机制的实施意见》
江　西	105 元	赣人社发〔2018〕29 号
湖　北	103 元	鄂人社发〔2018〕43 号
广　东	170 元	
吉　林	103 元	《吉林省关于建立城乡居民基本养老保险待遇确定和基础养老金正常调整机制的实施意见》和《吉林省关于调整城乡居民基本养老保险基础养老金标准、个人缴费标准的通知》
贵　州	93 元	贵州省《关于 2018 年提高全省城乡居民基本养老保险基础养老金最低标准的通知》

续表

省（区）	月基础养老金最低标准	相关政策文件
内蒙古	140 元	
安 徽	200 元	皖人社发〔2019〕15 号
河 北	108 元	冀人社规〔2019〕2 号

根据每人每月 88 元的全国城乡居民基本养老保险基础养老金最低标准，按照自 2020 年起每 2 年调整一次城乡居民基础养老金最低标准的调整频率，预测得到 2020~2050 年我国城乡居民月基础养老金领取金额（见表 3－17）。将我国城乡居民月基础养老金领取金额乘以 12，能得到我国城乡居民年基础养老金的领取金额（见表 3－18）。

表 3－17　2020~2050 年我国城乡居民月基础养老金领取金额

单位：元

年份	方案一	方案二	方案三	方案四	方案五	方案六	方案七
2020	88.0	88.0	88.0	88.0	88.0	88.0	88.0
2030	104.8	107.6	110.5	113.4	116.4	122.6	129.0
2040	124.0	130.0	136.3	142.8	149.6	164.1	179.8
2050	145.9	155.2	165.0	175.4	186.4	210.4	237.3

表 3－18　2020~2050 年我国城乡居民年基础养老金领取金额

单位：元

年份	方案一	方案二	方案三	方案四	方案五	方案六	方案七
2020	1056.0	1056.0	1056.0	1056.0	1056.0	1056.0	1056.0
2030	1257.2	1291.0	1325.4	1360.6	1396.6	1470.7	1548.0
2040	1488.2	1560.1	1635.2	1713.5	1795.2	1969.1	2158.0
2050	1750.4	1861.9	1979.9	2104.9	2237.1	2525.1	2847.3

将表 3－15 中我国城乡居民基础养老金领取人数与表 3－18 中我国城乡居民年基础养老金领取金额相乘，可以得到 2020~2050 年不同方案中发放城乡居民基础养老金所需的财政补贴金额（见表 3－19）。

由表 3－19 可知，一是随着我国城乡居民基础养老金领取人数的变化，不同方案中财政对基础养老金的补贴金额不同程度地呈现递增趋势。以方案一为例，财政补贴金额由 2020 年的 1700.16 亿元增加至 2050 年的 3322.14 亿元，增长量达 1621.98 亿元，方案一的增量最小；方案二的财政补贴金额由 1700.16 亿元增加至 2050 年的 3533.68 亿元，增量达 1833.52 亿元；方案三的财政补贴金额由 1700.16 亿元增加至 2050 年的 3757.69 亿元，增量达 2057.53 亿元……其他方案同样呈现递增的趋势，同时方案七的增量最大。

二是在前期不同方案的补贴金额给我国财政带来的支出压力差异不大，但在后期不同方案的补贴金额给我国财政带来的支出压力差异会更加明显。随着时间的推移，方案一和方案七之间补贴金额的差距也在增加。在 2030 年，方案一和方案七的差异率为 23.13% =（2652.22 - 2154.01）÷2154.01；2040 年，方案一和方案七的差异率为 45.01% =（3913.12 - 2698.45）÷2698.45；2050 年，方案一和方案七的差异率为 62.66% =（5403.81 - 3322.14）÷3322.14，可以明显看到 2050 年方案间的差异率最大。

三是横向比较各方案可以看到，城乡居民分享社会发展经济成果的比例越高，财政补贴金额越高。根据表 3 - 19 我们可以看到，在任意一年都是方案一的财政补贴金额最小，方案七的财政补贴金额最大。这是由于我们假设方案一中城乡居民分享社会发展经济成果的比例为 10%，比例较低，相较其他方案给财政带来的压力较小；方案七中城乡居民分享社会发展经济成果的比例为 90%，比例较高，相较其他方案给财政带来的压力大。

表 3 - 19　2020 ~ 2050 年我国城乡居民基础养老金财政补贴金额

单位：亿元

年份	方案一	方案二	方案三	方案四	方案五	方案六	方案七
2020	1700.16	1700.16	1700.16	1700.16	1700.16	1700.16	1700.16
2030	2154.01	2211.82	2270.87	2331.18	2392.76	2519.82	2652.22
2040	2698.45	2828.95	2965.11	3107.12	3255.21	3570.57	3913.12
2050	3322.14	3533.68	3757.69	3994.83	4245.83	4792.41	5403.81

2. 我国财政收入预测

未来财政收入受诸多因素的影响，如国际国内环境、经济结构调整、财税政策、人口规模等，所以对财政收入的预测难度较大。总体来看，财政收入水平取决于一国经济发展水平，即财政收入水平主要取决于一国的国内生产总值。根据学者薛惠元 2012 年提出的预测方法，本书使用线性预测的方法绘制出反映 1990～2020 年我国国内生产总值和财政收入关系的散点图（见图 3 - 10）。①

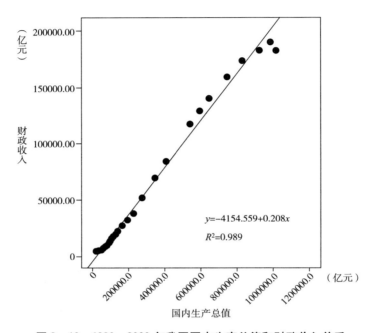

图 3 - 10　1990～2020 年我国国内生产总值和财政收入关系

可以看出，两个因素之间存在显著的线性相关关系，通过 SPSS 22.0 进行一元线性回归分析，其中自变量为国内生产总值，因变量为财政收入，输出结果如表 3 - 20 所示。

表 3 - 20 的数据显示，线性回归模型的相关系数 R 为 0.995，判定系数 R^2 为 0.989，调整后的判定系数 R^2 为 0.989 大于 0.5，说明该模型拟合优度较高。德宾 - 沃森检验统计量为 0.267，说明残差项间正相关性强。相关性检验中，模型的 F 值为 2623.081，p 值为 0.000 小于 0.01，即在显著水平为 0.01 的条件下可以认为财政收入与国内生产总值之间存在线性相关关系。

———————

① 薛惠元：《新型农村社会养老保险财政保障能力可持续性评估——基于政策仿真学的视角》，《中国软科学》2012 年第 5 期，第 68～79 页。

表 3 – 20　线性回归模型摘要

R	R^2	调整后 R^2	估计标准误差	德宾 – 沃森检验统计量	F	p
0.995	0.989	0.989	7088.02178	0.267	2623.081	0.000

根据表 3 – 21 数据可以确定自变量（国内生产总值）的回归系数 B 为 0.208。模型通过回归系数检验，t 值为 51.216，相应的 p 值为 0.000 小于 0.01，意味着我国国内生产总值对财政收入存在显著的正向影响。

表 3 – 21　线性回归模型系数

	未标准化系数		标准化系数	t	p
	B	标准误差	$Beta$		
（常量）	– 4154.559	1860.837	—	– 2.233	0.033
国内生产总值	0.208	0.004	0.995	51.216	0.000

据上述分析，建立一元线性回归方程：财政收入 = – 4154.559 + 0.208 × 国内生产总值。由图 3 – 11 可以看到该回归方程的标准化残差服从正态分布，这说明其能够反映国内生产总值和财政收入之间的关系。

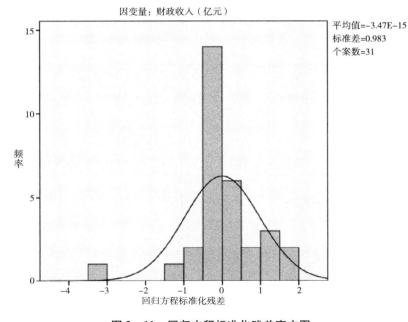

图 3 – 11　回归方程标准化残差直方图

我国 2020 年国内生产总值为 1015986.20 亿元，财政收入为 182913.88 亿元，根据上文已经建立起的一元线性回归方程"财政收入 = − 4154.559 + 0.208 × 国内生产总值"，以及前文假定的 2021 ~ 2050 年我国经济增长率，可以预测出 2020 ~ 2050 年我国的财政收入（见表 3 − 22）。

表 3 − 22　2020 ~ 2050 年我国经济增长率、国内生产总值与财政收入

单位:%，亿元

年份	经济增长率	国内生产总值	财政收入
2020	2.30 （受疫情影响）	1015986.20	182913.88
2030	5.50	1735451.19	356819.29
2040	4.30	2674383.22	552117.15
2050	3.00	3801640.94	786586.76

通过对比 2020 ~ 2050 年不同方案中我国城乡居民基础养老金财政补贴金额与 2020 ~ 2050 年我国财政收入，可以得出七个方案中我国城乡居民基础养老金财政补贴金额占财政收入的比重（见表 3 − 23）。

表 3 − 23　2020 ~ 2050 年不同方案下我国城乡居民基础
养老金财政补贴金额占财政收入的比重

单位:%

年　份	方案一	方案二	方案三	方案四	方案五	方案六	方案七
2020	0.93	0.93	0.93	0.93	0.93	0.93	0.93
2030	0.60	0.62	0.64	0.65	0.67	0.71	0.74
2040	0.49	0.51	0.54	0.56	0.59	0.65	0.71
2050	0.42	0.45	0.48	0.51	0.54	0.61	0.69

为了能够直观地看到七个方案 2030 ~ 2050 年各自的变化趋势，绘制折线图 3 − 12。从图 3 − 12 中可以看到，方案七的比重明显高于其他方案。各方案基础养老金财政补贴金额占财政收入的比重总体呈降低趋势，说明后期城乡居民基础养老金补贴压力下降。但是学者薛惠元和仙蜜花在测算城乡居民基础养老金年补贴金额占中央财政收入比重时，发现当财政对城乡居民基础养老金年补贴金额占比小于 2% 时，城乡居民基础养老金调整

对财政支付能力影响不大,① 而国际经验是"非缴费型养老金年度平均支出一般控制在财政收入的 1% 左右"②,只要我国经济能保持平稳增长,财政是有能力承担起城乡居民基础养老金补贴的。因此,基于兼顾获得更高的城乡居民基本养老保障水平和避免过大财政压力的考虑,本书认为方案五是较好的调整方案,即城乡居民基础养老金调整幅度为"物价变动水平 +50%×经济增长率"比较适宜。

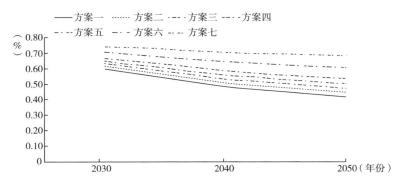

图 3–12　2030～2050 年不同方案下我国城乡居民基础养老金
财政补贴金额占财政收入的比重

二　个人缴费提升路径分析

(一)农村居民个人缴费负担现状

个人缴费负担用个人最大缴费能力与个人缴费率之间的差来衡量,若结果大于 0 说明不存在个人缴费负担,反之存在个人缴费负担。其中个人最大缴费能力 =(人均可支配收入 – 人均消费支出)/人均可支配收入;个人缴费率 = 缴费数额/人均可支配收入。

表 3–24 是 2014～2020 年我国农村居民人均消费支出,消费支出包括

---

① 薛惠元、仙蜜花:《城乡居民基本养老保险基础养老金调整机制研究》,《统计与决策》2015 年第 15 期,第 112～116 页。

② 杨一帆:《国际社会保障政策中的社会现金转移计划:关键问题与政策启示——基于拉美和非洲等国政策创新的比较研究》,《经济社会体制比较》2010 年第 5 期,第 73～81 页。

食品烟酒、衣着、居住、生活用品及服务、交通通信、文教娱乐、医疗保健和其他用品及服务八类。

表 3-24 2014~2020 年我国农村居民人均消费支出

单位：元

消费支出类型	2014 年	2015 年	2016 年	2017 年	2018 年	2019 年	2020 年
农村居民人均消费支出	8382.6	9222.6	10129.8	10954.5	12124.3	13327.7	13713.4
食品烟酒	2814.0	3048.0	3266.1	3415.4	3645.6	3998.2	4479.4
衣着	510.4	550.5	575.4	611.6	647.7	713.3	712.8
居住	1762.7	1926.2	2147.1	2353.5	2660.6	2871.3	2962.4
生活用品及服务	506.5	545.6	595.7	634.0	720.5	763.9	767.5
交通通信	1012.6	1163.1	1359.9	1509.1	1690.0	1836.8	1840.6
文教娱乐	859.5	969.3	1070.3	1171.3	1301.6	1481.8	1308.7
医疗保健	753.9	846.0	929.2	1058.7	1240.1	1420.8	1417.5
其他用品及服务	163.0	174.0	186.0	200.9	218.3	241.5	224.4

2014~2020 年农村居民个人缴费最大能力计算结果如表 3-25 所示。

表 3-25 2014~2020 年我国农村居民人均可支配收入、
人均消费支出与个人最大缴费能力

单位：元,%

年份	农村居民		
	人均可支配收入	人均消费支出	个人最大缴费能力
2014	10488.9	8382.6	20.08
2015	11421.7	9222.6	19.25
2016	12363.4	10129.8	18.07
2017	13432.4	10954.5	18.45
2018	14617.0	12124.3	17.05
2019	16020.7	13327.7	16.81
2020	17131.5	13713.4	19.95

从表 3-26 可以看出，农村居民最低缴费档次（200 元/年）对应个人缴费率范围为 1.17%~1.91%，最高缴费档次（8000 元/年）对应个人缴费率范围为 46.70%~76.27%。横向来看，缴费档次越高，我国农村居民个人缴费率也越高；纵向来看，随着人均可支配收入的增多，各个缴费档次的农村居民个人缴费率逐年降低。

表 3 - 26   2014～2020 年我国农村居民人均可支配收入与个人缴费率

单位：元,%

年份	人均可支配收入	个人缴费率						
		200元/年	300元/年	500元/年	1000元/年	3000元/年	5000元/年	8000元/年
2014	10488.88	1.91	2.86	4.77	9.53	28.60	47.67	76.27
2015	11421.71	1.75	2.63	4.38	8.76	26.27	43.78	70.04
2016	12363.41	1.62	2.43	4.04	8.09	24.27	40.44	64.71
2017	13432.43	1.49	2.23	3.72	7.44	22.33	37.22	59.56
2018	14617.03	1.37	2.05	3.42	6.84	20.52	34.21	54.73
2019	16020.67	1.25	1.87	3.12	6.24	13.73	31.21	49.94
2020	17131.47	1.17	1.75	2.92	5.84	17.51	29.19	46.70

对比我国农村居民个人最大缴费能力和个人缴费率可以看到，2014～2020 年我国农村居民个人最大缴费能力高于 1000 元/年缴费档次的农村居民个人缴费率。个人缴费负担 = 个人最大缴费能力 - 个人缴费率，为了更加清楚地展示个人缴费负担，我们绘出 2014～2020 年我国农村居民个人最大缴费能力与个人缴费率折线图（见图 3 - 13）。我国农村居民个人最大缴费能力远低于最高缴费档次的个人缴费率，说明农村居民负担不起 8000 元/年的缴费档次，这一缴费档次对农村居民而言存在着较大的个人缴费风险。农村居民个人最大缴费能力明显高于 1000 元/年缴费档次的个人缴费率，说明农村居民能够负担起该缴费档次的个人缴费，并且理论上在该档次不存在个人缴费风险。

图 3 - 13   2014～2020 年我国农村居民个人最大缴费能力与个人缴费率

（二）我国农村居民个人缴费负担预测

1. 农村居民个人最大缴费能力预测

预测个人最大缴费能力，首先要预测消费支出。未来农村居民消费支出受诸如消费倾向、利率水平、收入分配制度、价格水平、公众预期等众多因素的影响，所以对农村居民消费支出的预测难度较大。但根据凯恩斯的绝对收入假说理论，现期消费主要取决于现期的收入，故本书使用线性预测的方法绘制出反映 1985～2020 年我国农村居民人均可支配收入与人均消费支出关系的散点图。

从图 3 - 14 可以看出，两个因素之间存在显著的线性相关关系。通过 SPSS 22.0 对两者进行一元线性回归分析，其中自变量为我国农村居民人均可支配收入，因变量为我国农村居民人均消费支出，输出结果如表 3 - 27 所示。

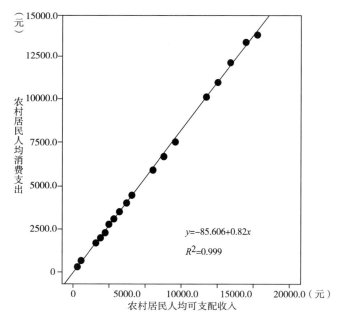

$y=-85.606+0.82x$

$R^2=0.999$

图 3 - 14　1985～2020 年我国农村居民人均可支配收入与人均消费支出关系

表 3 - 27 的数据显示，模型的相关系数 R 为 1.000，判定系数 R^2

为 0.999，调整后的判定系数 R^2 为 0.999 明显大于 0.5，说明该模型拟合优度较高。德宾 – 沃森检验统计量为 0.280，说明残差项间正相关性强。

表 3 – 27　线性回归模型摘要

R	R^2	调整后 R^2	估计标准误差	德宾 – 沃森检验统计量	F	p
1.000	0.999	0.999	128.5547	0.280	24398.371	0.000

根据一元线性回归模型的方差分析结果，模型的 F 值为 24398.371，p 值为 0.000 小于 0.01。根据表 3 – 28 数据可以确定自变量（农村居民人均可支配收入）的回归系数 B 为 0.820。模型通过回归系数检验，t 值为 156.200，相应的 p 值为 0.000 小于 0.01，意味着我国农村居民人均可支配收入会对农村居民人均消费支出产生显著的正向影响。据此建立的一元线性回归方程为：农村居民人均消费支出 $= -85.606 + 0.820 \times$ 农村居民人均可支配收入。

表 3 – 28　线性回归模型系数

	未标准化系数		标准化系数	t	p
	B	标准误差	$Beta$		
（常量）	-85.606	44.514	—	-1.923	0.068
农村居民人均可支配收入	0.820	0.005	1.000	156.200	0.000

根据高盛全球首席经济学家吉姆·奥尼尔和彭博社经济部首席经济学家汤姆·奥尔利克的预测，本书在多方收集数据的基础上提出假设，即 2021～2030 年中国经济增长率为 5.5%，2031～2040 年中国经济增长率为 4.3%，2041～2050 年中国经济增长率为 3.0%。假定我国农村居民人均可支配收入增长率与我国经济增长率相同，那么就可以基于 2020 年我国农村居民人均可支配收入预测未来我国城乡居民人均可支配收入、人均消费支出以及个人最大缴费能力。即，2021～2030 年我国农村居民人均可支配收入 = 上年我国农村居民人均可支配收入 ×（1 + 5.5%）；2031～2040 年我国农村居民人均可支配收入 = 上年我国农村居民人均可支配收入 ×（1 +

4.3%）；2041～2050 年我国农村居民人均可支配收入 = 上年我国农村居民人均可支配收入×（1 + 3.0%）。

表 3 - 29 的数据显示农村居民个人最大缴费能力将由 2020 年的 19.95% 下降到 2050 年的 18.14%，在未来呈现下降的趋势。这与《第七次全国人口普查公报解读》基本吻合，即在"十四五"时期，中国的人口老龄化水平从短暂的相对缓速提升转变为进入提升的"快车道"，积极应对人口老龄化的现实迫切性空前凸显。我国农村居民个人最大缴费能力下降，养老压力增加。由于个人缴费负担是通过测度个人最大缴费能力与个人缴费率之间的差来衡量的，所以我们要对我国农村居民个人缴费率进行预测，选择农村居民个人最大缴费能力高于农村居民个人缴费率的缴费档次。

表 3 - 29　2020～2050 年我国农村居民人均可支配收入、
人均消费支出与个人最大缴费能力

单位：元,%

年份	人均可支配收入	人均消费支出	个人最大缴费能力
2020	17131.5	13713.4	19.95
2030	29263	23910	18.29
2040	44582	36472	18.19
2050	59915	49045	18.14

2. 农村居民个人缴费率预测

人力资源社会保障部、财政部要求各地根据城乡居民收入增长情况，合理确定和调整城乡居民基本养老保险缴费档次，供城乡居民选择。假设未来政府依据政策依法适时对城乡居民基本养老保险缴费档次进行调整，且调整幅度等于农村居民人均可支配收入增长率。① 此时，农村居民个人缴费率不会发生变化。

---

① 薛惠元、仙蜜花：《城乡居民基本养老保险基础养老金调整机制研究》，《统计与决策》2015 年第 15 期，第 112～116 页。

$$c_{2020} = \frac{C_0}{Y_0} \tag{3-4}$$

c_{2020} 表示 2020 年农村居民个人缴费率，C_0 表示 2020 年我国城乡居民基本养老保险的缴费档次，Y_0 表示 2020 年我国农村居民人均可支配收入。

$$c_t = \frac{C_0 \Pi_{i=1}^{t-2019}(1+g_i)}{Y_0 \Pi_{i=1}^{t-2019}(1+g_i)} = \frac{C_0}{Y_0} \tag{3-5}$$

c_t 表示公元 t（$t = 2020$，2021，…，2050）年的个人缴费率，g_i 表示公元 $2019 + i$ 年农村居民人均可支配收入增长率（其中 g_1 是例外，其值为 0，因为此处的预测是以 2020 年数据为基础的）。

由此推导过程可知，我国农村居民 2021～2050 年的个人缴费率等同于 2020 年我国农村居民个人缴费率。整理相关数据，可得到 2021～2050 年不同缴费档次下我国农村居民个人缴费率的预测值（见表 3-30）。

表 3-30　2021～2050 年不同缴费档次下我国农村居民个人缴费率预测

单位:%

	$200\Pi_{i=1}^{t-2019}$ $(1+g_i)$ 元/年	$300\Pi_{i=1}^{t-2019}$ $(1+g_i)$ 元/年	$500\Pi_{i=1}^{t-2019}$ $(1+g_i)$ 元/年	$1000\Pi_{i=1}^{t-2019}$ $(1+g_i)$ 元/年	$3000\Pi_{i=1}^{t-2019}$ $(1+g_i)$ 元/年	$5000\Pi_{i=1}^{t-2019}$ $(1+g_i)$ 元/年	$8000\Pi_{i=1}^{t-2019}$ $(1+g_i)$ 元/年
个人缴费率	1.17	1.75	2.92	5.84	17.51	29.19	46.70

3. 农村居民个人缴费负担预测

如图 3-15 所示，2020～2050 年我国农村居民个人最大缴费能力高于最低缴费档次的个人缴费率，但农村居民个人最大缴费能力远低于最高缴费档次的个人缴费率，说明在 2020～2050 年农村居民仍然负担不起 $8000\Pi_{i=1}^{t-2019}(1+g_i)$ 元/年的城乡居民基本养老保险，最高缴费档次对农村居民而言存在着较大的个人缴费风险。农村居民个人最大缴费能力与 $3000\Pi_{i=1}^{t-2019}(1+g_i)$ 元/年档次的个人缴费率折线基本重合，说明在 2020～2050 年 $3000\Pi_{i=1}^{t-2019}(1+g_i)$ 元/年是农村居民勉强能负担得起的最高档次，但在实际经济运行过程中，随时都存在外在的不可预期的随机因素的干扰，因此很难保证在未来农村居民不会面临个人缴费的风险。农村居民个人最大缴费能力显著高于 $1000\prod_{i=1}^{t-2019}(1+g_i)$ 元/年缴费档次的个人缴费率，说明农村居民能够负担起该缴费档次的个人缴费，并且理论上不存在个人缴费风险。

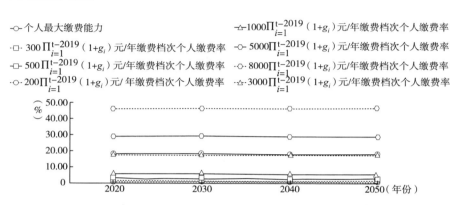

图 3－15　2020～2050 年我国农村居民个人最大缴费能力与个人缴费率

三　结论

首先，2010～2020 年我国城乡居民基本养老保险基金结余率呈现先升后降的趋势，但这 11 年间基金结余率均大于 100%，说明虽然我国老龄化日益加剧，但我国城乡居民基本养老保险基金支付压力小，供款支付可持续时间长，基金能够实现较长时间的存续。

其次，基于对 2020～2050 年财政负担的预测，为了兼顾取得更高的城乡居民基本养老保障水平与避免过大财政压力，本书设置七个方案，通过对比得出以下结论：方案五是可选择的调整方案，即城乡居民基础养老金调整幅度为"物价变动水平 +50%×经济增长率"比较适宜。

最后，通过个人最大缴费能力与个人缴费率之间的差来衡量我国农村居民个人缴费负担。可以看到，在不出现个人缴费风险的前提下，农村居民能够负担起的最高的缴费档次为 $1000\prod_{i=1}^{t-2019}(1+g_i)$ 元/年。农村居民个人最大缴费能力与 $3000\prod_{i=1}^{t-2019}(1+g_i)$ 元/年档次的个人缴费率基本一致，说明在 2020～2050 年 $3000\prod_{i=1}^{t-2019}(1+g_i)$ 元/年是农村居民勉强能负担得起的最高档次，但在实际经济运行过程中，随时都存在外在的不可预期的随机因素的干扰，因此很难保证在未来农村居民不会面临个人缴费的风险。农村居民个人最大缴费能力显著高于 $1000\Pi_{i=1}^{t-2019}(1+g_i)$ 元/年缴费档次的个人缴费率，说明农村居民能够负担起该缴费档次的个人缴费，并且理论上不存在个人缴费的风险。

第四章

乡村振兴背景下农村养老
服务人才队伍建设

CHAPTER 4

农村养老服务人才队伍建设是支撑农村养老发展的重要因素，必须在乡村振兴战略实施过程中不断强化。本章将研究分析我国农村老年人口养老需求现状和特征，阐述农村养老服务人才现状及其存在的问题，介绍发达国家和部分地区养老服务人才队伍建设的经验，提出完善我国农村养老服务人才队伍建设政策建议。

第一节　我国农村老年人口养老需求现状

一　我国农村老年人口现状

（一）老龄化发展进程快、程度深

第六、第七次全国人口普查数据揭示了 2010～2020 年我国人口在数量、质量、结构等方面的特征和变化趋势，2020 年，60 岁及以上老年人口占总人口的 18.7%，65 岁及以上老年人口占总人口的 13.5%。[①] 2010～2020 年，我国 60 岁及以上和 65 岁及以上的老年人口占总人口的比重分别上升了 5.44 和 4.63 个百分点。中国发展研究基金会预测 2050 年我国老龄化程度将达到峰值，65 岁及以上的老年人口数将占到总人口的 27.9%。由此可见，老龄化带来的压力和挑战将存在于我国未来几十年的社会、经济发展中，这将成为我国的基本国情。

---

① 《第七次全国人口普查公报（第五号）——人口年龄构成情况》，国家统计局网站，2021 年 5 月 11 日，http://www.stats.gov.cn/sj/tjgb/rkpcgb/qgrkpcgb/202302/t20230206_1902005.html。

与城镇相比，人口老龄化在农村呈现出发展进程更快、老龄化程度更深的特征。2010～2020年，我国65岁及以上老年人口占农村总人口的比重由10.1%提高到了17.7%，65岁及以上老年人口占城镇总人口的比重由7.8%提高到了11.1%，总体来看，相较城镇我国农村老年人口比重更大、老龄化程度更深（见图4-1）。在城乡间经济发展存在巨大差距的背景下，农村地区的医疗卫生条件、养老服务水平、教育水平等远远不及城镇地区，更多的年轻人选择前往城镇地区务工，这直接导致了"空心村"问题，加剧了农村人口老龄化。

我国人口高龄化现象不断凸显。2010年我国人均预期寿命为74.83岁，2015年为76.34岁，2018年升至77岁，2020年达到77.3岁，《"健康中国2030"规划纲要》预测2030年我国人均预期寿命将达到79.0岁，但与此同时我国老年人口的健康问题却非常突出。总体来看，我国农村老龄化水平较城镇更高，这种现象产生的根本原因是农村人口外流、人居分离。相比城镇地区，农村的居住形式较为分散，养老服务公共资源、人力资源和医疗卫生资源较为匮乏，整体生活和工作环境普遍较为落后，农村面临的养老服务问题比城镇更加严重。因此，农村养老将是未来一段时间我国亟须解决的问题。

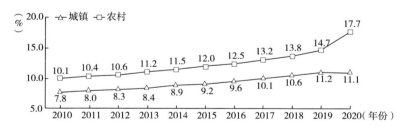

图4-1　2010～2020年我国城乡65岁及以上老年人口占比

资料来源：2010～2019年数据来源于历年《中国人口和就业统计年鉴》，2020年数据来源于《2020年度国家老龄事业发展公报》。

（二）失能、半失能老年人口众多

据生命周期理论分析，由于老年人处于衰老期，生理机能不断衰退、各种疾病发生的概率不断提升，老龄化社会中的失能、失智老人数量会不断增加，尤其是慢性病患病率的升高会导致失能老人显著增多。农村养老中最大的难题在于对失能、半失能老人的照护，需要积极探索农村失能老人养老新路径。曾有研究报告称，我国农村地区老年人口的失能比例为10.9%，显著高于城镇4.7%的失能比例，而认知障碍是老年人失能的重要风险因素，并且会对老年人的日常生活自理、生活质量提升以及家庭和谐与社会稳定造成极大的困扰和妨碍。[①]

人口老龄化将导致失能、半失能老年人口数量增加。根据国家卫生健康委的统计数据，2018年底我国失能、半失能老年人口数量为4400万。[②] 2020年，我国失能老年人口数达到2000万，半失能老年人口数达到3000万。[③] 第四次中国城乡老年人生活状况抽样调查成果显示，老年人预防保健和医疗保障等方面已经有了较明显的进步，但是总体来看并未促进我国老年人健康状况大幅度改善，并且我国农村失能老人、半失能老人、空巢老人的大量存在和人口流出地老人走失等增强了老年人养老问题的复杂性。全国老龄办预测，2030年我国失能老年人口数将达到6168万，80岁及以上高龄老年人口数将达4300万，空巢和独居老年人口数将达18000万，就这一问题而言，长期护理政策的建立和科学的制度设计成为化解人口老龄化风险的重要举措，与城镇相比，农村老年人口的长期照护问题更加严峻。一方面，由于计划生育的影响，家庭人员数量少使得传统家庭养老模式受到一定的挑战；另一方面，目前农村养老事业和照护服务发展水平不高，欠账较多，明显滞后于城镇。失能群体的长期照护服务需求无法得到满足，照护任务以及由此产生的经济费用对失能老人家庭来

---

① 邹锡波、韩红霞、沙开辉等：《糖尿病对农村老年人轻度认知障碍的影响》，《中国农村卫生事业管理》2022年第6期。

② 《国家卫生健康委员会举行新闻发布会 介绍建立完善老年健康服务体系指导意见有关情况》，中华人民共和国中央人民政府网站，2019年11月2日，http://www.gov.cn/xinwen/2019-11/02/content_5448445.htm。

③ 《郑新立：我国失能半失能老人共5000万，建立照护体系可增加2500万就业岗位》，搜狐网，2020年9月8日，https://www.sohu.com/a/416912220_100160903。

说是沉重的负担。

（三）老龄化区域差异明显

不同地区有着差异较大的气候环境、生活方式、饮食习惯、经济发展状况和历史民族文化，可能对人口老龄化产生不同的影响，高鸣根据不同地区的老龄化差异，将我国农村地区老龄化分为三种类型。[①] 一是华东、华中和西南地区的农村的老龄化，属于高速度、高水平的"双高"型。由于华东、华中地区的经济发展走在全国前列，农村老年人在日常生活、医疗保障等方面较经济欠发达地区更有优势，这为当地人口老龄化提供了经济基础。西南农村地区劳务输出严重，大量的劳动年龄人口向其他地区流动，致使其老龄化程度高。二是以西部地区省份农村为主的农村的老龄化，属于低速度、低水平的"双低"型。西部农村老龄化出现这样的特征，主要原因是西部农村的农业生产活动中人力暂未大量被机械取代，劳动年龄人口农业生产参与率较高。三是东北和华北部分省份的农村的老龄化，属于高速度、低水平的中间型，可以理解为是由"双低"型向"双高"型转变的过渡状态，如河北、吉林等地农村的劳动年龄人口流失严重，人口老龄化发展速度很快。总的来看，我国农村人口老龄化处于地区发展不平衡阶段。

二 农村老年人养老需求现状

从需求角度出发，历史上有许多关于人的需求的经典理论，如马斯洛的需求层次理论将人的需求分为生理需求、安全需求、爱和归属感需求、尊重需求和自我实现需求五类;[②] 布雷德绍将人的需求分为四类，分别是规范性

---

① 高鸣：《中国农村人口老龄化：关键影响、应对策略和政策构建》，《南京农业大学学报》（社会科学版）2022年第4期，第8~21页。

② 刘万里：《社会信任对牧户政策性畜牧业保险参保行为的影响研究——基于青海省共和县的实地调研》，硕士学位论文，西北农林科技大学，2022。

需求、感觉性需求、表达性需求和比较性需求。① 而对养老需求的概念，学术界尚未有统一定义。乔晓春将老年人的需求分为六个层级：生理和生存需求，打理日常生活事项的需求，健康服务需求，休闲娱乐和健身需求，社会交往、融入和被尊重需求以及自我实现需求。② 本书据此将养老需求分为三个维度，分别为经济保障需求、生活照料和医疗保障需求与精神慰藉需求。

（一）经济保障需求

经济是养老的刚需，经济保障需求是老年人对用以维持自身基本生活的经济要素的需求，是老年人最基本的养老需求，这一需求的满足是美好生活的基础性内容和根本性保障，研究表明，我国农村中高龄老年人继续参与劳动的主要原因是经济需求。③

农村养老的经济支持主要来源于家庭、个人和政府三个主体。学者研究发现，农村老年人收入的一半以上来自家庭，但占比逐年下降，而减少的部分可用来自政府的收入弥补。虽然城乡居民基本养老保险的覆盖面不断扩大，但由于其养老金受益水平较低，占老年人收入的比例也较低，因此农村老年人中选择继续工作的比例较高。④ 但我国农村还存在相当一部分年龄较大、不能自理的独居老人，这部分群体由于失去了个人收入来源，且雇用日常照料的保姆或者去医院看病的支出较大，如果没有足够的经济支撑，很容易陷入困境。调研发现，独居老人的月平均开支基本在 1000~3000 元。身体健康情况相对良好、生活可以自理的老年人月平均开支在 1000 元以下，主要用于日常衣食住行的消费，而对于失能、半失能老人，大部分的开支则用在了支付护工和医疗费用上。

---

① 姜鑫明：《"互联网+医养结合"智慧养老模式的实践和探索——以 SD 养老院为例》，硕士学位论文，华东政法大学，2020。
② 乔晓春：《基于需求的养老服务体系建设——思路、框架与实证分析》，《华中科技大学学报》（社会科学版）2022 年第 3 期，第 113~122 页。
③ 王琼、黄维乔：《农村老年人劳动参与对健康的影响》，《湖北经济学院学报》2022 年第 2 期，第 23~33 页。
④ 孙小雁、左学金：《中国城乡老年人收入结构变化及影响因素分析》，《上海经济研究》2021 年第 6 期，第 64~65 页。

（二）生活照料和医疗保障需求

生活照料和医疗保障是老年人养老的"普需"，从一定意义上说，大量农村地区已然成为规模巨大的没有围墙的养老院和幼儿园，其生产生活活动基本上就是围绕养老和抚幼两件事展开的。农村老年人的日常生活照料需求受年龄、性别、经济收入的影响。随着年龄增加，老年人对生活照料的需求也会增加。罗佳丽的研究表明，由于我国传统的"女主内，男主外"的家庭分工，男性在老年时相对女性对生活照料的需求更高。[①] 刘娜等人研究发现高龄老人（≥80 岁）以及工具性日常生活自理能力有缺陷、抑郁的老年人需要家庭照料的比例较高。[②] 年龄大意味着身体机能下降，患病的可能性更大，对医疗保障、生活照料等的需求更旺盛。面对繁重的家务，老年人会越来越力不从心，尤其是对于自理能力较差的老年人来说，在衣食住行各个方面受到照料的愿望随年龄增长越发强烈。研究表明，年龄与老年人的身体健康为负相关关系。[③] 相比年轻人，老年人的高患病率决定了其医疗保障需求较大。舒展等人的研究发现 34.28% 的参加新型农村合作医疗的老年人会前往城市生活，进城者的家庭收入更高，同时在医疗支出没有明显提升的情况下可获得更优质的医疗服务。[④] 可见，生活照料和医疗保障情况对农村老年人的养老选择起到重要影响。

（三）精神慰藉需求

随着时代发展，老年人的养老需求不再局限于基础性的吃住行，精神慰藉成为其过好晚年生活、提升晚年生活质量的必需品之一。首先是学习

---

① 罗佳丽：《农村留守老年人的生活照料问题研究》，硕士学位论文，湖南师范大学，2014。

② 刘娜、董莉娟、孙鹏鹏等：《农村老年人日常生活照料需求及影响因素研究》，《中国卫生事业管理》2016 年第 7 期，第 535～537 页。

③ 冉晓醒、胡宏伟：《城乡差异、数字鸿沟与老年健康不平等》，《人口学刊》2022 年第 3 期，第 46～58 页。

④ 舒展、肖金光、陈俊衣等：《社区服务和新型农村合作医疗对农村老年人疾病经济负担影响》，《中国公共卫生》2020 年第 9 期，第 1257～1263 页。

教育需求，老年人在面对日新月异的社会文化环境时，适时接受新知识、掌握新技能，才能满足其融入社会、提高精神文化生活品质的强烈愿望。其次是文体娱乐需求，发展文体娱乐爱好是老年人丰富个人老年生活的有效手段，尤其是对于一些生活丰富、爱好广泛的老年人来说，他们对文体娱乐的需求更高、更多样。最后是融入社会、发挥自身价值的需求。随着"银色海啸"的到来，新时代老年人更加热衷于重新融入社区，部分老年人努力在社会中发光发热，为社会发展增添正能量，这体现出一种高层次、高标准的养老需求。部分学者围绕老年人精神慰藉问题展开了较多的讨论。比如，在精神慰藉类型研究方面，刘金华和谭静通过深度访谈和问卷调查的方法，将老年人的精神慰藉建构为四种类型——黏着型、松弛型、消极型和独立型；① 在老年人精神慰藉需求现状研究方面，阎寒梅等人采用多分类 Logistic 回归的方法，研究发现农村老年人精神生活满意度不高；② 在慰藉路径选择方面，刘琪认为社会交往是满足农村老年人精神慰藉需求的重要方式，倡导通过组织动员同辈群体与开展适老文娱活动、国家"宣传下乡"与村庄精英吸纳、自主服务角色重塑与服务能力强化等方式丰富与增加老年人参与社会的途径和机会，增强老年人的获得感和满足感。③ 由于农村外出务工人员众多，老年人获得的陪伴不足，若遇到子女不孝、生活拮据等问题，老年人的精神慰藉需求难以得到满足。

三 农村老年人养老需求特征

和城镇老年人群体相比，农村老年人受传统观念影响更深，文化水平和经济收入水平更低，满足其养老需求所需的精神、生活照料和资金方面

① 刘金华、谭静：《养老需求中精神慰藉类型的分析——基于四川省彭州市宝山村的调查》，《农村经济》2016 年第 10 期，第 81~87 页。
② 阎寒梅、朱志申、闵晓莹：《社会支持、主观幸福感与农村老年人精神生活满意度——基于辽宁省三个市的调查》，《调研世界》2017 年第 4 期，第 18~24 页。
③ 刘琪：《通过社会交往的农村老年人精神慰藉实现：生成逻辑与路径优化》，《云南民族大学学报》（哲学社会科学版）2022 年第 3 期，第 59~69 页。

的支持与保障都有较大的缺失。

（一）精神养老支持缺失

老年人在面对日复一日、枯燥乏味的生活时容易产生消极情绪，情绪容易不稳定，不利于其身心健康。农村老年人收入有限，省吃俭用攒下的大部分积蓄用于子女教育、婚嫁等方面，受传统思想影响，对农村老年人来说，子女孝顺与否几乎完全取决于子女的个人行为，再加上农村老年人的受教育水平有限，相当一部分老年人很少有读书看报的习惯，农村老年人的精神养老支持极度缺失。

家庭是农村老年人获得精神养老支持的主要场所。"养儿防老"等传统的孝道文化深刻地影响了我国养老方式和老年人养老需求的构建，这种理念在受传统文化影响深远的农村更是传播甚广，子女、配偶是为老年人提供精神养老支持的主力军，儿孙满堂、四世同堂等成为老年人晚年最大的满足。然而，目前我国农村的家庭养老方式面临着巨大的威胁，家庭养老能力弱化。配偶健在的老年人与配偶是彼此的精神依靠，无配偶的老年人将生活希望寄托在子女身上，但我国从20世纪80年代就开始执行计划生育政策，自二胎政策实施以来，我国生育率并没有显著提升，而伴随着农村青壮年人口向城镇流动，打工浪潮的兴起使得我国的留守、空巢老人问题日益严重，空间距离造成了农村老年人和外出打工子女在情感上的疏离，农村老年人的照顾和精神慰藉需求难以从家庭中得到满足。[①] 在家庭养老方式难以满足农村老年人养老的精神需求时，政府和社会组织本应提供社会化服务来弥补这一缺失，然而由于我国农村整体的经济发展水平较低，满足老年人的物质需求成为政府和社会组织的主要关注内容，对老年人精神养老需求关注度不足：农村的健身设施、图书馆、老年大学、心理咨询室等设施数量不足；对农村老年人的日常生活困难帮助、生病看望、节日慰问、情感交流、实现自我价值等方面关注度不够；组织农村老年人

---

① 邵春婷：《我国农村养老服务发展的困境及优化措施》，《农村经济与科技》2022年第4期。

进行文艺表演等活动数量少；当老年人受到精神虐待或侵害时，为老年人争取个人权益的手段、体系尚不完善。总的来说，农村孝道文化的衰落、精神养老经济基础薄弱、政府提供农村精神养老支持职能行使不足等因素致使农村老年人的精神养老支持缺失。

（二）生活照料支持缺失

随着年龄增长，老年人面对的由疾病增多、自理能力下降带来的困扰不断增加，老年人在这种情况下就会对基础性的生活照料支持产生依赖，如料理家务（洗衣服、做饭、打扫卫生等）和个人照顾（梳洗、如厕等）方面的支持。老年人有配偶照料可减轻子女的负担，独居、有子女的老年人更多的是依靠子女照料，但是目前我国农村青壮年劳动力外出务工居多，这种空间分离的状态使得老年人老无所依、老无所养，子女难以为有需要的老人提供及时的照料，老年人生活照料养老资源缺失，对于独居、无子的老年人，公共服务成为其生活照料支持的主要来源。总的看来，随着社会经济的发展，老年人的养老需求不再仅包括衣食住行这类基础需求，而是呈现"基本公共服务需求与多样化服务需求共存"的特点。在农村，由于资源不足，为节约成本，农村老年人养老主要靠自我管理和服务，但是由于农村老龄化程度较深，失能、半失能老人比例高，对照顾服务的需求更高，同时农村社会经济条件较差，农村养老专业服务人员较少，养老资源城乡分配失衡，所以相比城市老年人，农村老年人在资源短缺的情况下不能满足其基础性需求，养老基础性服务的水平、项目、质量和内容都有一定的局限性，供需矛盾凸显，养老服务的针对性差，这使得农村养老问题加剧。

（三）资金保障缺失

资金是农村养老的重要保障，农村养老资金可分为两部分，一部分表现为农村老年人的个人收入与养老保险补贴，另一部分被投入和转化为政府提供的公共养老服务。由于我国的农村人口收入主要是农业收入，和城镇居民收入有较大的差距，即便加上养老保险补贴，农村老年人仅靠微薄的存款和养老金也难以获得安稳的晚年生活。农村老年人获取公共养老服务更多地依赖地方政府将养老资金列入地方财政预算中，从而支持农村养老的专项发展这一手段，在此过程中，政府对建设养老场所等负有责任和义务，并且会根据一定的评估标准为农村养老提供财政补贴。中央预算内投资着眼保基本、促普惠，项目涵盖基层困难群众的养老院、光荣院和敬老院。20世纪50年代我国就已经开始创办敬老院，多是由政府出资后建立在农村地区，为的是集中供养五保老人，全国农村养老服务推进会议数据显示，2020年，我国农村地区已经拥有了2万多家养老机构。然而由于我国城乡经济基础不同、发展差距较大，农村养老机构在财政拨款渠道、事业单位人员编制、设施经费、管理费用等方面都面临诸多难题。

第二节　我国农村养老服务人才队伍现状与问题

一　我国农村养老服务人才队伍现状

农村地区老龄化问题严峻，我国向来重视农村养老服务，但保障不足、设施不健全、监管不足等问题依然存在。人才是发展的第一资源，养老服务人才是养老服务最直接的提供者，没有养老服务人才就不可能保证养老服务行业顺利运行，然而由于农村经济条件落后、职业发展空间有限等诸多不利因素，农村养老服务人才队伍建设尚存在人才供需矛盾突出、专业化水平不足、人才流失严重等问题。

（一）人才供需矛盾突出

北京大学人口研究所乔晓春曾预测2025年我国需要养老护理员1400万名，民政部2021年统计数据显示我国至少需要200万名养老护理员，这还不包括从事居家养老服务的人员，但是2021年在官方登记的养老护理员全国只有 30 万名，养老服务人才存在较大缺口。我国农村的养老需求较大，养老服务人才短缺现象更为严重，当下我国农村极度缺乏养老护理人员，由于传统思想文化的深入人心，对于我国农村来说，最适合的养老模式是比较温情的社区居家养老模式，现在社区养老的社会化供给程度远远不能满足市场需求。总体来看我国养老服务行业护理从业人员少，农村地区更少，一些精细化的护理服务，因为费用高昂，普通农村老人根本享受不到；而老年人口又在大规模增长，由于农村地区的劳动力短缺和经济社会发展滞后，政府、市场等主体在农村养老服务行业中参与度不足，当前农村社会养老服务的人才资源无论是数量还是质量均不能满足农村社会养老服务发展的要求。所以，如何让农村老人得到护理服务，已经是全社会要解决的迫在眉睫的问题。

（二）专业化水平不足

按照我国《养老护理员国家职业技能标准》（2019 年版），专业的养老护理员分为初级、中级、高级、技师和高级技师五个等级。初级护理员负责照顾老年人的基本生活，中级护理员要在照顾老年人一般起居生活的同时具备一定处理突发事件的能力，高级护理员在以上标准基础上，还要在面对患有重大疾病的老年人时有对应的照顾能力，而技师、高级技师则需要有一定的管理能力。养老机构、老年医院等是养老护理员的主要工作场所。然而目前我国在岗养老护理员的年龄、学历、专业水平等都难以满足现实需求。广州大学的一项调查显示，劳务市场招聘和熟人介绍工作仍然是目前我国养老机构护理员招工的主要手段，招到的养老护理员中来自农村的、经过短时间养老服务培训的 40 ~ 50 岁女性居多。建立专业的农村敬老院养老服务人才队伍，亟须积极引进、培养专业的养老服务人才。

据上文分析可知，农村的失能、半失能老年人口占比较城镇高，这就要求农村的养老服务人才以护理为主，掌握专业的护理知识，这样才能满足农村老年人的养老需求。人力资源社会保障部、民政部联合颁布的《养老护理员国家职业技能标准》（2019 年版）规定：养老护理员须掌握多方面的知识和技能，如老年人生活照护、康复服务技能，消防安全、《中华人民共和国老年人权益保障法》相关知识等。然而目前在招工困难、需优先解决当地就业问题等各方面因素的影响下，我国农村养老院大多数都在政府运营下由附近村民充当养老护理员，这部分人群不仅平均年龄较大，而且其中鲜有接受过正规、完整的养老护理培训的人员，无法提供专业的服务，部分家庭因找不到具有专业素养的养老服务从业者，只能雇用家政小时工充当这一角色，但小时工的专业性有限，同时面临着监管困难、照顾能力有限等问题。此外，我国农村分布较为分散，需要接受照顾服务的老年人分布不均，目前部分农村养老院面临着房间闲置、床位较多以至于管理成本过高的问题。无论是结构上的不平衡还是地区间的需求差异，都给建立专业的养老服务人才队伍设立了重重阻碍。

（三）人才流失严重

目前，我国农村地区由于经济水平落后、生活和工作环境较差、工资待遇水平较低，养老机构招聘护理员的难度较大，调查研究发现，高校毕业生选择农村养老护理员为职业的意愿较弱，并且部分农村养老服务从业者表示如果有其他更好的工作机会，会选择离开农村养老机构。除了农村条件差这一外部原因，养老服务行业工作本身的内部因素也导致了养老服务人才流失。一是养老服务行业工作强度高。针对老年人的护理工作强度大，需要在掌握一定技巧的同时拥有较好的体力，比如照顾老人翻身这一基本护理操作，由于一天需要进行的次数较多，对护理员是一种体力上的挑战，调查发现许多护理员由于长期工作甚至患上了腰部疾病。二是养老服务行业的工资待遇低。比如，北京市的保姆月均工资为 4000～5000 元，然而，经调查养老服务行业工作者月薪一般在 3000～4000 元，面对需要一级护理的住院老人，专业养老护理员的薪资和工作强度难以匹配，接受一级护理服务只需 9 元/天。三是养老服务行业工作难度大，带来的成就感弱。相比照顾孩子，照顾老人要困难许多，尤其是面对一些生活不能自理、失能失智、无法交流的老人时；有时养老护理员甚至还要面对死亡，相比照顾小孩的人员，养老护理员更难获得职业成就感，心理更容易抑郁。四是养老护理员的社会地位低。养老护理员不被老人和家属尊重的新闻屡见不鲜，较少青年就业者选择从事这一职业，主要原因是其职业发展路径、上升通道不清晰，导致社会认同度低。工作任务繁重、薪酬待遇没有优势、职业发展通道不畅通等导致了农村养老服务行业吸引力不足，无法留住人才，养老护理员走马灯似的调换工作，农村养老护理员的高离职率导致农村养老机构整体就业情况不稳定、人员不充足。

二　我国农村养老服务人才队伍建设存在的问题

我国农村养老服务整体较低的发展水平和农村养老服务人才队伍建设中的问题相互作用、相互影响，若不从源头治理，久而久之就会产生恶性循环。

（一）养老服务立法滞后

养老服务人才队伍法治化发展是我国养老服务产业可持续发展的关键一环，众多现实问题需要通过制度安排加以解决。目前，我国养老服务立法滞后，出现了以下几点问题。一是养老服务相关概念不清晰。在为保障老年人服务需求立法时优先考虑的是有特殊困难的老年人，但是目前我国部分法律法规中相关解释较为模糊，概念不清，易导致相关法律法规在地方实行时遇到困难。二是养老服务机构的权责不清。养老服务机构的合法建立、合理运营需要明确且清晰的法律法规约束，比如保障其用地、登记备案、收入、税收等各方面均有详细的明文规定，从而保障养老服务机构可持续运营。三是养老服务的系统协调。由于建设养老服务机构涉及了众多部门，且信息不对称下老年人照顾服务具有一定的特殊性，需涉及养老服务的各个机构和政府部门协调合作、各司其职。以上问题直接导致了养老服务人才短缺、队伍建设不稳定，限制了人才进入养老服务行业和养老服务人才的职业发展。

（二） 养老服务行业、养老专业的社会认可度低

我国老龄化问题日趋严峻，多种难题尚待解决，特别是养老服务行业正面临全线"用人荒"。我国高度重视培养养老服务人才，大力支持社会服务产业发展，然而目前社会尚存在对养老服务行业的观念歧视；再者，相对于高收入行业，养老服务行业的工资水平也并不出众，并非年轻人择业的首选，这将我国养老服务行业逼入人才不足的窘境。在老年服务与管理等专科类专业的基础上，老年福祉与管理专业诞生于 2019 年，这是天津职业大学与天津理工大学联合开办的全国首个养老本科专业。此外，长春师范高等专科学校、邢台医学高等专科学校等大学均开设有智慧健康养老服务与管理专业。但是总的来看，我国养老专业招生情况不容乐观。调研发现，北京劳动保障职业学院的老年服务与管理专业计划招生规模为 80 人/年，但实际上每年报考人数仅为 50～60 人。我国 80 所左右拥有养老专业的院校中，仅有 60 所左右能够招到足够学生，全国总的养老专业在校人数不超过 5000 人，职业院校力求培养更多的养老专业人才，但由于养老专业的职业认可度低，且社会容易认为养老服务是"伺候人的活"，生源紧缺成为养老专业面临的困境，虽然国内有些院校养老专业做得不错，但仍难以跳出"招不上人"的窘境。

（三）农村养老机构的中高层管理人员缺失

中高层管理人员的缺失是更大的养老服务人才缺口。在本书调研的农村养老机构中，相关负责人多次反映相关问题。中高层管理人员和一线护理人员对养老服务机构同等重要。中层管理人员主要的作用是上传下达，对整个机构运行起着至关重要的作用。但国内养老专业毕业生中直接就能到一线工作的人才紧缺，中高层管理人员又需要长期的工作实践经验，为培养更多中高层管理人员，有些机构已经开始实行有针对性的培养计划，主要集中于管理技能和能力提升方面；为留住这部分高端人才，部分机构设立了多项激励政策，如为中高层管理人员提供住房、缴纳养老保险金

等，解除其后顾之忧。但是，即便有以上政策的支撑，农村养老机构的中高层管理人员仍因为薪酬、住房、职业发展等问题流失严重。

（四）老年人心理疏导人才缺失

目前，农村养老主要注重满足老年人的物质需求，在招聘相关养老服务人才时，更加关注的是老年人的日常照顾服务及对失能、半失能老人的生活照料，然而俗话说"老年人有七怕"，分别为怕死、怕病、怕花钱、怕被骗、怕孤单、怕失眠、怕无用，正是这七怕，使得老年人容易自怜自艾、情绪低落，产生心理障碍等，若不及时开导最终可能会导致患病甚至自杀。受经济、物质等方面的限制，对于农村老年人来说精神养老支持缺失情况较城镇老年人更为严重。农村地区在建设养老服务人才队伍时对心理疏导人才关注度不够。关爱老年人的心理健康包括在遇到困难时对老年人进行开导、为老年人提供日常生活关爱服务、帮助老年人重新融入日新月异的社会环境、为抑郁老年人提供心理疏导服务、鼓励老年人培养兴趣爱好等，在此期间需要充足的耐心，对老年人所处社会、家庭和其个人情况的充足了解以及丰富的心理咨询专业知识和沟通技巧，这就需要将懂得专业知识的心理疏导人才纳入养老服务人才队伍中，从而帮助患病老年人及时、积极就医，为独居老人带来生活乐趣和心理安慰，在使老年人重获尊重的同时帮助年轻人得到感悟和启迪。然而，目前看来，老年人心理疏导是农村养老服务的软肋，虽然一些养老机构、政府部门、志愿者会为老年人提供一些心理疏导服务，但是由于资金和人才的缺乏，专业的心理咨询师难以在农村开展心理咨询服务。

（五） 薪资待遇低，发展空间窄

《2019 中国大学生养老服务就业意愿调查报告》调查了 3189 名大学生，其中，58.22% 的学生期待薪资为 5001 元及以上。而根据上海市养老服务行业协会开展的专项调查，即使是在上海这样一个经济发达地区，2020 年的养老护理员税后月平均工资也仅为 4985 元。山东省是我国老年人

口最多的省份，2020 年山东省 60 岁及以上人口数高达 2122.1 万，[①] 但只有
4 万名左右的养老护理员从事养老服务工作，其基本工资为 2000～3000
元，养老服务行业的市场实际工资尚未达到期许工资水平。由于养老服务
行业工作较为辛苦，再加上薪资待遇难以达到预期目标，目前我国从事该行
业的人员离职率较高，且整体学历较低。山东省有一半以上的养老护理员年
龄在 50 岁以上，接近 80% 的在职人员为高中及以下学历，一半以上的为初
中及以下学历。通过访谈多位曾从事养老服务行业的人员发现，他们普遍认
为照顾老人要比照顾小孩更累，但工资水平却更低，还不如给孩子当保姆或
者当月嫂挣得多，其中有一位曾从事养老服务行业的人员提到，在月嫂这一
行业，如果被评为"金牌月嫂"，不仅衣食住行都不需要个人承担，而且月
均工资收入可以超过 1 万元，但做养老护理员，就没有此类发展机会。

第三节　完善我国农村养老服务人才队伍
建设的对策建议

　　我国高速人口老龄化增加了在养老机构工作的难度，而养老服务人才是
整个养老服务行业建设的重要基石，对我国建设现代化的养老服务体系不可
或缺，本节基于此总结了国际上打造养老服务人才队伍的先进经验，力求在
我国打造一支更加完善的、新型的、适应时代特点的养老服务人才队伍。

一　发达国家和部分地区养老服务人才队伍建设经验

（一）日本

　　日本从 1970 年开始进入老龄化社会，并为建设养老服务人才队伍进行

---

① 数据来自《第七次全国人口普查公报》。

了许多努力（具体过程见表4-1），如相继颁布了一系列养老服务人才相关法律法规，极大缓解了日本养老服务人才短缺压力，其中较为典型的有《福祉人才确保法》和《护理保险法》。"社会福祉士"和"介护福祉士"是日本养老服务人才的两种类型，"社会福祉士"资格通过国家统一考试获得，至于"介护福祉士"，最初指定培训机构的毕业生或从事护理工作3年者在通过国家统一考试后即可取得该资格。2015年，废止了指定培训机构毕业生的资格取得方式，两种养老服务人才资格都需要参加国家统一考试才能获得。

面对急速发展的人口老龄化，日本为了使养老服务人才胜任养老机构的管理工作，满足日益高涨的养老服务需求，更加专注于培养专业的养老服务人才，从而提高日本整体的养老服务人才专业化水平。进入老龄化社会50余年的日本在养老服务人才培养制度实践方面积累了丰富的经验，相比其他国家，日本的养老服务人才培养模式较为先进，可为我国有效满足不断增长的社会养老和护理服务需求提供有益的启示。

首先，日本在政府的积极主导下建设养老服务人才培养体系。日本政府在老龄化问题日益严峻的背景下出台和完善了数部相关法律法规，有针对性地适时调整了养老服务人才的培养方向，从而适应了新时代老年人的养老需求和社会养老服务对人才的需要。其次，日本在综合性大学设立福祉专业，开设养老服务专门学校。综合性大学福祉专业相对于专门学校的特点在于，综合性大学福祉专业的学生主要针对在高龄少子化加剧的过程中构建社会福祉体系和完成对福祉社会构建的策划，以及对养老院的管理体系和针对残疾人等的政策的改进来进行学习，是对养老服务业从宏观到微观的整体性把握和学习。再次，日本对养老职业资格认证程序进行了完善和充实，取得国家资格认证的养老服务人才专业性进一步增强。最后，日本针对不同职业的养老服务行业从业者均设立了相关的培训要求，从而保障了无论是行业管理人员、培训人员，还是养老服务具体工作者都具有良好的专业性，能实现可持续发展。日本多渠道、多层次、立体化的专业人才培养体系和严格的资格认证制度，基本保证了养老服务人才的数量和质量。然而在日本养服务老人才队伍建设过程中仍有离职率高、供需不平衡等问题亟须解决。①

表 4 - 1　日本养老服务人才队伍建设过程

时　　间	阶段特征	内　　容
1970 年	开始进入人口老龄化时代	照护老人的多为没有接受过专业培训的 30 岁以上女性。除一些特别养老院的老人与照护人员之比能够达到 5∶1 以外，大多数养老院都在 20～25∶1，养老机构和人才紧缺状况比较突出
1971 年	日本政府提出了"社会福祉设施紧急整备 5 年计划"	极大提升了养老机构总数和改善了养老提升人才队伍专业状况
20 世纪 80 年代	日本的老人需求和养老设施类型趋向多样化	养老机构的发展和养老服务需求日趋多样化，社会对养老服务人才的专业能力提出了更高要求
1987～1989 年	1987 年，日本政府颁布《社会福祉士及介护福祉士法》，并从 1989 年开始举办国家资格认证考试。	标志着日本养老服务人才队伍建设向专业化迈进
1990 年	日本政府修订社会福祉相关的法律法规	原来的主要以机构服务为主的养老服务人才队伍建设向居家服务延伸
1993 年	日本政府出台了《福祉人才确保法》	保证养老服务人才供需平衡，重视相关培训，先后建立了中央福祉人才中心、中央福祉学院、都道府福祉人才中心，形成从中央到地方的全方位培训体系
2000 年	日本政府正式实施了《护理保险法》	规定参加护理保险的人为 65 岁以上者，在达到法定需要护理或生活援助标准之后，可自己选择所需的护理服务，与服务提供者签约后即可享受护理服务

（二）新加坡

新加坡早在 21 世纪初就已经进入了老龄化社会，同时新加坡老龄化发展较快，对养老服务人才的需求大。首先，新加坡针对养老服务的立法较为完善，出台了包括《社会照护中心服务指南》等在内的多项政策文件和

---

① 康越：《日本养老人才队伍建设简析》，《中央民族大学学报》（哲学社会科学版）2013 年第 3 期，第 58～62 页。

法律法规，从而保证了养老服务的规范性和合理、合法性，为新加坡养老服务行业的可持续发展提供了强有力的保障。其次，新加坡有针对性地将不同类型的养老护理员分为 6 类，分别为护理部主任、副主任，护士长，主管护师，助理护士，护工，各种类型的养老护理员根据各自的职级履行工作义务并获得相应的薪资。新加坡极其重视护理专业在高等教育中的地位，1992 年起就在南洋理工学院设立了护理专业；新加坡重视养老服务人才培训，专业教育分为基础教育、继续教育和在职教育，使得养老服务人才更好地理解专业知识并提高个人实践水平和能力。同时，新加坡对养老护理员的认证严格遵守《护士与助产士法》，利用全面科学的监管制度保证了养老护理员的专业性和工作效率、质量。由于养老服务工作的复杂性，为了最大限度地留住人才，新加坡设立了多种养老护理职业的职业规划，除了选择做养老护理员，还可以根据工作状况、老年人的身体健康情况、个人需要等选择不同的职业，比如护理培训讲师、护士教育工作者、护士经理人等。新加坡重视养老服务人才在社会中的作用，建立了完整的养老服务行业教育体系、资格认证体系，提供了全面有效的监管措施，保障了养老服务人才的基本权益，在引才、用才、留才各个环节提供了合适的政策环境。

（三）我国香港与台湾地区

我国香港和台湾地区同样也面临着人口老龄化压力和高龄老年人众多带来的养老负担。2020 年，台湾地区人口结构继续呈现少子化及老龄化趋势，65 岁及以上老年人口占比为 15.9%，较 2010 年剧增约 5 个百分点。而香港地区是全球人口寿命最长的地区之一，大约每 4 个人中就有一个老年人，人口老龄化的情况极其严重。

为缓解老龄化压力，香港提出了社区支援服务和院舍服务两大类安老服务政策，其中以社区支援服务为主要政策。社区支援服务是为老年人更好地实现居家养老而提出的，目的是帮助老年人在社区中安享晚年，这个概念主要是从英国的社区照顾发展而来的。英国早在 1948 年的《国家援助法》中就提出了社区照顾的概念，之后这一概念多次受到政界、学者们的关注和探讨，直到 1990 年《全民健康服务与社会照顾法令》的颁布，社区照顾正式成为一项公共政策出现在大众的视野中。社区照顾受到"去机构化"思想的影响，是一种自上而下的政策，主要分为健康照顾和社会照顾两个方面，由医疗工作者和社会工作实务专业人才负责。院舍服务指的是养老机构服务。社区支援服务是香港不同于大陆地区的具有特色的养老服务内容，被划分为多种类型，分别为居家照顾服务、中心服务和社区照顾服务，不仅配备了专业医疗服务人员，并且还组织了老年志愿者为独居且有照顾需求的老年人提供外展服务。香港的社区支援服务由社会福利署这一政府部门管理并提供主要服务经费，还有一部分经费来源于社会筹资。社会福利署利用安老服务统一评估机制衡量不同的老年人对护理的需求，并提供针对性服务，其中进行评估的人员都接受了长者健康及家居护理评估培训，并取得了相应资格证书，这些人员包括护士、理疗师、社会工作者、职业治疗师等。在对老年人进行服务前由专业人才进行评估，并根据老年人不同级别需求提供专业的养老服务，可以帮助社区支援服务提供者更精准地掌握老年人的需求，并且能够通过这种方式避免养老资源的浪费。我国台湾地区面对老龄化压力，建立了双年金制度以保证老年人的养老经济安全，实行了健康保险制度，但面对老龄人口巨大的照顾需求，养老服务人才资源犹显不足，针对这一情况，台湾当局鼓励民间力量参与照顾服务，形成来自政府、个人、家庭及社会福利团体等多方面的人才支援。

二　我国农村养老服务人才队伍建设的对策措施

尽管整体上我国养老服务的发展已经引起了高度重视，但城市化进程使农村养老问题更加凸显，农村成了养老服务发展的短板。农村养老面临着年轻劳动力外流、空巢独居老人缺乏养老服务的困境，农村养老服务的人才短缺更成重大现实问题。《中国农村统计年鉴 2021》数据显示，2020

年我国农村总人口为 50979 万人，占总人口的 36.1%，2020 年末的农村就业人员为 28793 万人，占农村总人口的 56.48%，比 2019 年下降了 0.95 个百分点，农村失业人口增加。预计 2035 年将有 10.23 亿人生活在城镇地区，在农村地区生活的总人口减少将进一步加剧农村空心化。农村地区较城镇地区有其特有的养老困境，如经济欠发达、受传统文化影响较深等，面对我国农村特有的养老困境，亟须培养养老护理员，发展农村养老服务业，培育一支合格的、专业的农村养老服务人才队伍，并且积极出台相关政策，把人才留在农村，为农村养老事业做出贡献。据此，本书提出以下几点对策建议。

（一）大力挖掘老年人力资源

培养养老服务人才不仅要依循传统思路持续加大青年专业人才培养力度，还需要大力挖掘老年人力资源促进以老养老，最大限度地利用老年人口红利。第七次全国人口普查数据显示，2020 年，我国低龄老人占比高，挖掘老年人力资源潜力大。2035 年，我国将进入重度老龄化阶段，老年人口数量将在 4 亿以上，其中低龄老年人数量将达 1.06 亿，挖掘低龄老年人力资源的潜力仍然巨大。面对养老服务人才短缺这一亟须解决的问题，适时开发老年人力资源，提高老年人的养老服务水平，有利于提高我国整体的劳动参与率，并且将在劳动力数量、人力资源、储蓄率等方面推动社会经济发展。

目前，我国部分地区已开展以老养老的试点，试点地区聚集低龄老年人成立居家照料中心，为失能、半失能、高龄、留守无人照料老人提供一日三餐。这种养老方式一是极大扩充了养老服务从业者的队伍，为高龄老人提供照料的同时也为低龄老年人提供了再就业机会；二是选择了社会主流养老方式——居家养老，以老养老的方式恰恰可以解决老年人在家无人照料的难题。但是低龄老年人作为养老服务从业者往往伴随有专业技能掌握能力差等问题，难以提供满足老年人个性化需求的、高质量的养老服务。

　　为解决以上问题，一方面应着重挖掘有医疗技能和看护经验的老年人力资源进入养老服务行业，实现退休老年人再就业，最大限度地利用老年人力资源，既为我国壮大养老服务人才队伍，又为一部分老年人提供再就业机会，同时可以为有能力进入养老服务行业进行再就业的一部分低龄老年人提供系统的、专业的养老技能培训，可根据低龄老年人的兴趣、技能掌握情况等制订有针对性的培训方案，从而达到扩充我国养老服务人才队伍的目的。

（二）分层分类培养专业人才

　　现阶段，我国农村养老服务从业者大多来源于专业化程度较低的农村中年妇女或下岗女工，这一现象主要由两方面因素造成，一是我国传统的观念认为养老服务相关工作社会地位较低，认为工作内容无外乎"伺候人"，所以年轻人对相关工作较为排斥；二是对于雇主家庭，女性比男性的养老服务从业者安全性更高、对工作更细心，再加上我国大多数男性在传统思想的禁锢下更可能不愿从事养老服务行业，所以市场上养老服务从业者还是以女性为主。同时农村的经济和生活条件较为落后，农村的养老服务从业者整体平均年龄高、专业性低，人才匮乏是行业的普遍现象。农村养老服务人才队伍建设背景的复杂性决定了不能使用单一的人才培养方式，应分层分类培育养老服务人才，着重为农村打造分层分类的养老服务人才培养体系。

　　一是针对农村专业水平较低的养老服务从业者，如下岗职工、农民工、农村低龄老年人等开设专业老年护理技能培训、老年心理学等相关课程，用符合学员年龄特征的教学方法进行培训，以实操代替理论，提高教学针对性，增强教学的有效性。二是积极培养养老管理人才。养老护理员可分为专业技术人员和管理人员，而农村地区的养老服务行业在顶层设计和组织领导方面较为欠缺，较大程度地影响了农村养老产业的可持续发展，这就需要有符合岗位职责要求的，品德、业绩和能力突出的管理人才，可以通过教师授课、访学、调研等多种方式培养管理人才的顶层设计能力，鼓励农村养老服务行业的管理人员参加继续教育，积极建设养老服务行业的相关培训基地，使相关精品课程以线上线下教学相结合的方式在全国普及，积极引进兼职的养老管理人才，最大限度加强养老管理人才的知识储备和经验积累。

（三）推进学校开展养老服务志愿活动

学校是培养养老服务人才的关键。目前，我国养老服务人才培养尚未成体系，培养方案仍不健全，相关培养内容全国尚未统一，养老服务专业建设、专业教学内容设计等都还不健全，而提高学校教师专业技能水平、建设完善养老服务人才培养体系是一个长期的过程。面对农村养老服务人才紧缺这一问题，本书认为，可以通过开展教师和学生的养老服务志愿活动来缓解。

开展养老服务志愿活动，要着重鼓励高校养老服务专业的学生、医学生等定期到农村养老机构服务。调研发现，学生参与养老服务志愿活动的热情较高，尤其是医学生和养老服务专业的学生能在实践活动中增强个人技能，提高专业水平，并且能够得到一定的心理激励和提高自我认可度，通过养老服务志愿活动发扬助人为乐的精神、实现个人价值。然而，部分高校在开展养老服务志愿活动时容易产生服务中断的问题，而产生这一问题的主要原因是高校重视程度不够和养老服务志愿活动的激励措施有限。解决以上问题一方面要加强高校养老服务志愿活动的顶层设计，自上而下地形成高校养老服务志愿活动的体系规划和制度要求，保证高校按时、高质量地完成相应的要求；另一方面要形成有效的激励机制，助力学生克服农村较落后的生活和工作环境，促进高校与农村养老机构的有序衔接和志愿活动中服务的可持续发展。目前高校的激励措施效果有限，存在未能充分保障养老服务志愿者的权益，志愿者自我实现不足、自我满意度较低等问题。面对以上问题，政府、社会组织与高校要形成支持到农村开展养老服务志愿活动联动机制。首先，高校要形成规范的表彰和奖励机制，将养老服务志愿活动参与和学分挂钩，并且鼓励学生和教师到农村参加养老服务志愿活动，给予志愿者更多的活动自主权，形成积极的活动氛围。其次，要加强志愿者的专业培训。缺少培训是服务中断的重要原因，对志愿者进行培训可提高志愿者综合素质，进而有效解决服务质量低、服务可持续性差的问题，是客观有效的激励措施之一。以思想政治、临床医学、老年医学、健康服务与管理学、社会学等专业教师和心理咨询师、辅导员为主的助老志愿服务团队，为志愿者开展医学、护理、营养和心理等方面的讲座或活动，或开设养老服务相关慕课以供学生选修；同时鼓励学校与专业养老机构合作，定期邀请经验丰富的护工或社工开展养老服务业务技能、人际沟通等方面的培训，让志愿者更了解老年人的身心特点，提升其服务质量。

（四）完善专兼职老年社会工作者培养体系

为建设养老服务人才队伍，最大限度地实现人尽其才，《养老护理员国家职业技能标准》（2019 年版）为人才进入养老服务市场降低了门槛、拓宽了通道。《关于进一步扩大养老服务供给 促进养老服务消费的实施意见》提出 2022 年底前培养培训 1 万名养老院院长、200 万名养老护理员、10 万名专兼职老年社会工作者的目标，可见我国对培养多元化的养老服务人才的重视程度。由于农村的专业人才资源有限，培养管理和专业技术人才是一个长期的过程，鼓励专兼职老年社会工作者到农村养老服务行业工作符合现实需求。建设老年社会工作者队伍，在养老机构和社区设置更多养老服务相关社会工作岗位，可委托第三方专业机构对专兼职老年社会工作者进行培训，提高老年社会工作者综合素质。

老年社会工作者一是要积极开展符合老年人身心特点的休闲娱乐活动，二是要对老年人进行各类评估并开展特色及个别化服务。例如，配合养老机构对入院老人开展入住评估，了解老人的健康状况、疾病诊断、用药情况，评估老人的需求是否与养老机构提供的服务相匹配，此外也可以通过掌握以上内容，积极开展老年人常见病及慢性病讲座、老人用药管理服务等。要掌握使用《老年人能力评估规范》和简易精神状态检查量表

（MMSE）的方法，以检查老人认知情况，评估老人的认知功能。社会工作者还需掌握老年人护理的基础知识，老年人情绪疏导、沟通技巧等，以便更加专业地开展相应服务。

（五）拓展养老护理员多元化的职业通道

现阶段我国养老护理员一是数量不足，二是专业性不强，养老护理员和其他职业相比，要面对更多的负面情绪和负能量，高质量的服务，要求当老人出现不良情绪时，护理员及时用语言和肢体语言疏导，并将高标准贯穿于照护服务当中。所以，专业的养老护理员不只要完成各种看护任务，而且需要在看护过程中传达更多的关怀与善意。养老护理员的专业性非常强，不但要了解老人心理，还要了解医疗专业知识，所以尽管养老服务行业人才缺口很大，但少有人能够坚持到底。要解决以上问题，就要让护理员体面就业，完善养老护理员职业设计，打通护理员职业通道，从而提高养老服务行业的就业吸引力。职业通道是企业内人员实现自我认知、发展、升迁或转职的主要途径，它为企业内人员提供了可能的成长方式和平台，企业人员可以按照自己的需要和社会需求，从已设置好的职业通道中寻找纵向或横向的成长平台。传统的、单一的职业通道往往会限制养老护理员的发展，难以有效利用其技能，而多元的发展通道则能拓宽养老护理员的发展前景，是有效的留住人才、吸引人才、激励人才的方式。

我国由于养老产业相关各职业分别隶属不同部门管辖，存在交叉管理、职业通道不明确、无职业归属感等问题，影响学生参与养老产业的积极性。应该参考其他国家或地区的模式（如新加坡模式），统一管理，通过各种培训和考证将与养老产业相关的不同性质职业岗位串通起来，畅通职业通道，从而留住人才，促进养老产业可持续发展。

（六）加强农村社区居家养老服务人才队伍建设

由于受传统观念影响，大部分农村老年人更倾向于居家养老。居家养老是最适合中国乡土特点的养老模式，比起钢筋水泥建成的养老机构，农村老年人更愿意在自家养老。实际上，相较于城镇，农村也存在不可比拟的养老优势。首先，农村养老有助于老年人的精神健康。农村是熟人社会，推开门就能碰见熟识的乡邻，相互问个好，唠个家常，就能排解许多孤寂，此外，农村的生活方式是亲近大自然的，是慢生活的状态，更有益于身心康养。其次，农村作为一个开放的空间，家家户户有宽敞的院子，老年人可以自己种点菜、干点活，适当的运动有助于老年人保持一个良好的身体素质。面对农村养老的这一特点，我国应大力发展农村社区居家养老，将人才培养方式和养老模式相结合。目前，我国农村社区居家养老服务人才存在专业化水平低、职业教育不完备、离职率高等问题。为解决以上问题，首先，应建立社区居家养老服务人才培养的政策体系，按需培养人才技能，统一培养计划和指导内容，形成系统性、对农村地区有针对性的培养内容，积极利用多方力量建设农村社区居家养老服务人才队伍，不同层次、不同类型的人才都应当人尽其才、人尽其用，提高农村养老服务质量，让农村老年人在家实现高质量养老。其次，针对养老服务人才，我国应建立符合社区居家养老服务人才特质的激励制度并打通其职业通道，不仅要培养出人才，也要用好人才、留住人才。我国农村整体经济发展水平较为落后，为留住人才，就应确定符合当下经济发展状况的待遇水平，并畅通晋升通道，提高职业的吸引力。最后，由于近些年来"空心村"现象较为突出，为最大限度保证人才不浪费，农村社区居家养老的管理形式应当有所创新，比如探索将"网格化管理"模式运用到农村社区居家养老管理上。将数个行政村划分为多个微网格，整合社区居家养老服务人才等专兼职力量，设置"网格长"用来管理分散的居家老年人，有效解决管理死角、惠民政策不到位等难题。

第五章

乡村振兴背景下农村孝老乡风的树立

CHAPTER 5

孝老乡风与乡风文明密切相关，并对家庭养老活动乃至社会化养老行为产生深刻影响。孝老乡风不仅引导家庭养老活动，也为农村养老发展提供良好环境，是乡村振兴背景下研究农村养老发展的重要切入点。本章将讨论孝老乡风与家庭养老的关系，分析农村孝道伦理观念弱化及其原因，最后重点探讨乡村振兴背景下农村孝老乡风的建设路径。

第一节　孝老乡风与家庭养老

一　孝老乡风的内涵

乡风是指在长期在农村占主导地位的价值观念以及由此形成的乡村主流意识形态下，依赖于农村的地理环境、社会生活方式以及历史文化传统而形成的一种地域性乡村文化。它代表着该区域农民的整体面貌，是乡村文明程度高低的重要标志之一，也是社会价值导向的集中体现。在农村，和谐的人际关系是乡风文明的内在要求。

孝老乡风是指孝敬老人、诚信友善的乡村文化。应弘扬孝文化，大力发挥孝文化的延伸作用，使孝文化体系深入人心，构建正面的、健康的社会风气，营造"远亲不如近邻"、团结友爱、和谐互助的农村社会氛围。不只在农业生产技术上培训新型农民，也在思想道德建设上教育现代农民，提高他们的道德水平，树立新时代的世界观、人生观、价值观，宣传孝老敬亲思想，不只要敬爱、孝敬自己家的老人，还要敬爱邻里乃至不认识的其他老人，善待自己遇到的每一位年长者，从而从精神层面缓和乡村振兴中出现的矛盾，维护农村社会的和谐稳定，营造适于生产生活的良好风气。社会由个体家庭组成，为了社会的和谐稳定，个体小家庭必须首先和谐稳定。践行孝道是维护小家庭稳定的最好方式，只有父母慈爱、子女孝顺，才能够构建和睦温馨的家庭环境。所以，推行孝老乡风建设，对于维护社会的总体稳定、促进社会的和谐发展具有十分积极的作用。如果能够发挥好孝文化的带动作用，加强孝老乡风建设，由尊敬父母进而推广到全社会的尊老爱幼，使整个民族的文明素质提高，社会风气就会大大改观，社会环境就会安定祥和，从而促进经济发展。

（一）孝老乡风是传统与现代的融合

孝老乡风是中国特色社会主义文化不可或缺的一部分，所以当下乡风文明建设需要不断继承并弘扬孝老爱亲、诚信友善等传统的优秀乡村文化。传统文化与现代元素存在着高度的价值契合，如传统社会邻里互助的精神同共享发展的理念有着异曲同工之妙，能够在当前乡风文明发展的过程中相互融合、相得益彰。实现新时代的乡风文明需要以中华优秀传统文化为根基，同时结合现代元素，在内容和形式上不断加以创新，注入时代精神。

（二）孝老乡风要实现乡村文化与城市文化的融合

孝老乡风是维系乡村文化的纽带，中华文明几千年的优秀传统文化在农村地区尤其根基深厚。要想实现乡村振兴，营造良好的乡风文明环境，离不开城市文明及外来文化优秀成果的影响。孝老乡风既需要乡村传统文化的继承，也需要城市文化的发展，这样才能使其既跟上时代的步伐，实现创新性发展，又保持和展现乡风文明的精髓。随着城乡融合不断深入，要秉持"以城带乡、城乡互动"的原则，统筹城乡公共文化设施的布局和公共文化服务供给、服务队伍建设，推动文化技术、文化产品和专业人才等文化资源向乡村倾斜，扩大与提高文化服务的覆盖面和适用性，促进城乡孝文化无障碍衔接与融合发展。

（三）孝老乡风要体现中国文化和世界文化的融合

社会实践是文化创新的根本途径，文化的多样性是文化创新的重要基础。不同民族文化的交流、借鉴与融合，既是人类文明发展的动力，也是文化永葆生命力和竞争力的必要前提。孝老乡风以本土乡村文化为本源，以中国特色社会主义先进文化为引领。站在历史与现实、东方与西方的文化交点上，吸收和借鉴世界各民族文化的长处，不断在内容和形式上创新，赋予孝老乡风新的内涵，这既是当前我国孝老乡风建设的内在需要，也是中国繁荣世界文化的职责所在。

二 孝老乡风的重要意义及时代价值

乡村振兴的实现，代表了广大农村民众的根本利益，是社会发展成果共享的表现，体现了社会主义的本质要求。实现乡村振兴，不仅要"产业兴旺、生活富裕"，更要"乡风文明"，也就是说不仅要从物质层面提升农村居民的生产生活水平，更要从精神层面丰富他们的意识和内涵。然而当今社会，由于种种原因，不孝敬或者不赡养老人的现象屡见报端，农村和城镇地区同样存在这些问题。当下，在农村，不管人们的思想理念、价值取向及家庭结构发生怎样的变化，中华民族传统的伦理美德依然是维系农村正常生活的基本准则。推进农村孝老乡风建设，是当前社会在转型期的客观需要，它不单单要解决个别家庭问题，还要解决带有普遍性的社会问题，对于我们构建社会主义核心价值体系、建设和谐社会，具有长远的现实意义。

马克思指出："物质生活的生产方式制约着整个社会生活、政治生活和精神生活的过程。"[1] 一个社会的物质生产方式，决定了人们的生活方式

---

[1] 《马克思恩格斯选集》（第2卷），人民出版社，2012。

和人与人之间的社会关系，也决定了该社会的思想意识、伦理道德、风俗习惯等。因此，孝文化作为一种意识形态，也由物质生产方式决定。改革开放不只带来了经济条件的迅速改善，还带来了来自全世界的多元文化和思想。所谓多元文化，是指不同类型的文化，它们通过相互影响、冲突、融合而得到发展。在经济全球化的今天，各种不同的文化在冲突中不断交流、沟通，传统文化与现代文化在冲突中不断融合。社会转型时期，由于社会变迁、制度转换和社会环境变化，中西文化交融日益强化，人们的思想意识、道德观念发生很大转变，然而农村地区精神文明建设一时无法跟上物质文明建设的脚步，部分群众对多元化的思想缺乏分辨能力，导致了拜金主义、重利轻义观念的抬头；有的群众不能理解自由主义的全面含义，片面追求无约束的"自由"，全盘否定旧的传统道德，致使传统孝文化受到冲击。① 同时，农村孝文化没有建立新的体系，新的道德观念对群众没有强的约束力，造成有些人孝亲观念日趋淡薄，部分人只讲索取不讲付出，父母年富力强能为子女带来财富时便孝敬有加，父母失去了劳动能力需要子女赡养时便嫌弃，子女不愿意承担赡养责任，兄弟姐妹之间互相推脱。因此，推动孝老乡风建设对乡村振兴具有时代价值。

三　孝老乡风与家庭养老的关系

孝老乡风和乡村文明建设间接改善家庭养老状况。现阶段，我国农村养老中家庭养老功能不断弱化，农村养老社会保障体系不够完善，养儿防老的传统养老观念越发不适用，部分农村公共服务水平也相对落后，因此，我国农村老年人更加容易陷入养老困境。对此，中共中央、国务院2018年印发的《乡村振兴战略规划（2018—2022年）》特别强调了乡风文明建设和孝文化的传承，应建设孝老乡风以助推农村社会全面发展。乡风文明是乡村振兴的重要保障，孝道是农村家庭养老的文化基础。2019年发

———————

① 《毛泽东选集》（第2卷），人民出版社，1991。

布的《中共中央 国务院关于坚持农业农村优先发展做好"三农"工作的若干意见》明确提出，要对老无所养、孝道式微等不良社会风气进行治理。在乡村振兴战略的时代背景下，必须对传统孝文化进行现代性阐释，使其更好地融入当代乡村生活，有力推动农村社会和谐发展，满足人民对美好生活的向往与追求。

（一）注重物质赡养与精神赡养的统一

我国自古以来有养儿防老的观念，孝文化的核心即善事父母。农村老年人养老金微薄，需要子女提供较多的经济支持。因此，物质赡养在农村是最基本的孝道。作为子女，应当尽己所能，为父母提供最基本的生活保障，使他们衣食无忧。新中国成立初期到20世纪末这半个世纪，我国生产力水平低下，特别是五六十年代，物质严重匮乏，在农村地区，解决父母的温饱问题、不让父母挨冻受饿被视为最大的孝道。进入21世纪以来，我国经济有了飞速的发展，农村地区解决了温饱问题，特别是党的十八大以来，农村经济发展迅速，人民生活水平有了质的提高。因此，孝顺父母不再是单一的物质赡养，更需要注重精神的陪伴。父母在进入老年后，时常感到孤单、寂寞、害怕，精神需求更加强烈，更加渴望精神上的陪伴。乡村振兴战略的重要目的是满足人民对美好生活的向往，因此在满足物质赡养需求的同时，需更加关注老年人的心理需要，满足他们的情感、人际交流等精神需求，使其在老年生活中心情愉悦。乡村振兴战略背景下的孝文化要注重全面赡养，需将较低层次和作为基本要求的物质赡养与较高层次的精神赡养统一起来，更加注重精神赡养。

（二）营造尊老敬老的社会氛围

子曰："今之孝者，是谓能养。至于犬马，皆能有养；不敬，何以别乎？"（《论语·为政》）这句话的意思是：如今所谓的孝，只是说能够供养父母。然而，就是狗和马都能够得到饲养，如果不孝敬父母，那么与饲养狗和马又有什么区别呢？可见，赡养长辈不仅是满足其基本的物质需求，还要尊老、敬老、爱老。习近平总书记在 2016 年 12 月 12 日会见第一届全国文明家庭代表时指出，尊老爱幼、妻贤夫安，母慈子孝、兄友弟恭，耕读传家、勤俭持家，知书达礼、遵纪守法，家和万事兴等都是中华民族的传统家庭美德，铭记在中国人的心灵中，融入中国人的血脉中，是支撑中华民族生生不息、薪火相传的重要精神力量，是家庭文明建设的宝贵精神财富。① 在乡村振兴战略的背景下，繁荣发展乡村文化，更应该营造尊老、敬老、爱老的社会氛围，培育良好家风、文明乡风、淳朴民风。此外，乡村振兴战略背景下的孝文化强调的不仅是"一家之孝"，而且包括面向全社会的孝。我们不仅需要尊敬与自己有血缘关系的亲属，也需要尊敬我们生活圈所能辐射到的老年人，甚至是跟我们生活圈没有直接交集的陌生老年人。

（三）倡导家庭关系的平等化

农村孝文化是尊老与爱幼的统一。在农耕文明基础上形成的孝文化带有浓厚的封建色彩，父子之间强调尊卑有序，父尊子卑，父主子从，晚辈不能违背长辈的意志。父辈拥有权利，子辈只拥有义务，这种严重不对等的关系，让父母与子女之间缺乏必要的沟通与交流，敬畏多于亲情，在孝文化基础上建立的专制和特权由此形成，这也是近代以来传统孝道受到猛烈批判的重要原因。② 伦理关系就是一种相互的义务关系，彼此以对方为重。在新时代，党中央提出实施乡村振兴战略、实现乡村文化振兴。面对传统孝文化，应当去其糟粕、取其精华，改变以往孝文化中父母与子女两者不平等的地位。父母与子女之间建立平等的社会主义新型关系，子女不再是父母的附属品，而是有其行动的自由和独立、平等的人格。子女应当关心、孝敬父母长辈，父母长辈也应当体谅子女的辛苦，把传统的单向的亲子义务转变为双向的义务。父母与子女人格意义上的平等，是乡村振兴

---

① 习近平：《在会见第一届全国文明家庭代表时的讲话》，《人民日报》2016 年 12 月 16 日，第 2 版。
② 梁漱溟：《乡村建设理论》，上海人民出版社，2006，第 25 页。

战略背景下孝文化新的时代要求，能够更好地实现家庭和谐、代际和谐。

（四）建立夫妻和睦、兄友弟恭的家庭伦理关系

当下农村的家庭结构以核心家庭为主。这种家庭中伦理关系主要包括父母与子女、夫妻、兄弟姐妹三种。在乡村振兴战略的时代背景下，农村孝文化的建设不仅要处理好父母与子女的关系，还要发挥其调节夫妻之间、兄弟姐妹之间关系的作用。传统孝文化强调夫为妻纲，包含控制女性的思想，造成女性在家庭生活上的不平等。乡村振兴战略背景下，实现文化振兴必须抛弃以往的封建文化，摒弃陈旧观念。在日常生活中，夫妻之间应当人格平等，相互尊重，相亲相爱，彼此之间多一点包容与理解，共同承担家庭的责任与义务。兄弟姐妹之间应当和谐、友好相处，生活上互相关心帮助，情感上加强交流，彼此尊重，共同承担赡养、孝敬父母的义务，不相互推诿，营造一种和谐美好的家庭氛围。良好的家庭伦理关系是一个家庭和谐的本质体现，应通过和谐观念、和谐文化的传播，引导家庭成员共同遵守社会公德、家庭美德，共同营造孝敬老人、夫妻和睦、兄友弟恭的家庭氛围，培育良好家风，推进农村的孝老乡风建设，弘扬社会主旋律和社会正气。

第二节　农村孝道伦理观念的弱化

当前我国农村孝道伦理观念弱化，农民孝道伦理践行不足。在农村青年人外流以及两代人普遍分开居住的情形下，农民的家庭结构和生活方式正在发生变化，形成了农村老年人普遍独居和自我养老的格局。农村老年人对子女孝道伦理践行的现实需要和目前农村孝道伦理观念弱化之间的矛盾越来越突出。在农村孝道伦理观念弱化的背景下，农村老年人养老需求得不到满足。当前农村孝道伦理观念存在的问题，既有历史的原因，也受

现实因素影响，孝道伦理观念弱化带来的亲子关系疏离，会给农民个人、农村家庭、农村社会乃至整个社会都带来一定的消极影响。本节将从传统伦理道德观念日益淡化、个人道德诉求日益功利化、家庭德育功能普遍弱化三个方面对当前农村孝道伦理观念弱化的原因进行分析。

一　传统伦理道德观念日益淡化

孝道伦理观念和家庭结构、代际关系构成了家庭养老的文化基础和家庭基础。费孝通先生曾提出，我国家庭代与代之间的支持是一种双向流动，家庭养老遵循"反哺模式"，这种"反哺模式"是费先生从社会学的角度出发，对我国家庭中父母与子女之间相互依赖关系的一种描述。在我国，这种各代人之间的相互依赖早已被视为理所当然，尤其是在农村地区各代人之间的依赖更为明显。父母从子女出生开始，就要向其提供生活用品、生活服务、医疗保健以及接受教育的机会等。在父母年老之后，子女用同样的方式回报和赡养父母。正是这种代际互换关系保证了人类社会的延续，并奠定了养老支持的基础。父母依靠子女养老，子女接受父母的资助和接济。然而，随着工业化和现代化的推进，各代人之间的依赖和影响减弱，独立性逐渐增强，传统的代际关系向现代化际关系转变。

（一）家庭结构发生变化

改革开放以来，我国农村家庭结构发生着持续性的变革，主流家庭结构由主干家庭转变为核心家庭。家庭结构的精简化和规模的小型化是我国农村家庭结构变化的重要特征。这一变化直接导致农村少子、独子家庭数量增多，代际关系转变，将子女视为家庭重心的现象愈发普遍。同时，由于新生代农民受教育程度较父辈普遍提高，具备了脱离家庭独立谋生的能力，子女成为维系家庭关系的关键和核心，子女在家中的地位较传统社会有显著提升。传统农村家庭中，父母与子女是一个经济共同体，彼此联系十分紧密。孝道伦理在传统社会的经济生活实践中，落实为传统的家庭养老模式。现代农村家庭关系中，子女大都经济独立，许多青年农民不再跟老人住在一起，生活空间分离，导致代际联系减少、亲子关系疏离，加大了农民孝道伦理观念形成和培育的难度，家庭的养老功能明显弱化。①

（二）家庭成员经济地位发生变化

改革开放以来，中国社会遵循以经济为中心的发展原则，农村家庭关系也由传统社会的"政治本位"转变为"经济本位"。在经济上的贡献大，则在家庭关系中拥有权威和话语权。"缺乏变动的文化里，长幼之间发生了社会的差次，年长的对年幼的具有强制的权力。"② 在传统农村社会，家庭是具有连续性的事业组织，老一辈具有丰富的生产生活经验，而年轻人的生产生活经验主要来自父母和长辈的言传身教，因此长辈具有绝对的教化权力。传统农村家庭遵循着以父权为核心的家长制，家长掌握着整个家族财产的支配权和处分权。"父母在，不敢有自身，不敢私其财。"子女的日常开销都需要经过父母的许可，子女只有依赖于家庭的财产和资源才能得以生存，这是子女孝顺父母最基本的客观物质条件。随着改革开放以来我国经济制度的确立和产业结构的调整，生产力得到解放，第一产业在国民经济中占比越来越小，且当前农村地区家庭大都具有"以代际分工为基础的半工半耕"形式的家庭经济结构，子女在外务工，父母留在农村务农，农业生产收入在农村家庭收入中所占比重下降。与此同时，老一辈农业生产经验的价值随着现代农业机械化和生产专业化发展而逐步丧失，年轻人掌握了更多的信息和科学知识，且受教育程度和文化知识水平较老一辈普遍提高，对家庭的经济贡献日渐超过老一辈，年轻人家庭权力和地位逐步增强与上升。长辈失去了原有的权威地位，一些子女认为父母落后于时代发展，不再愿意听从父母

---

① 李纪恒：《实施积极应对人口老龄化国家战略》，《光明日报》2020年12月17日，第6版。
② 费孝通：《乡土中国 生育制度 乡土重建》，商务印书馆，2011，第72页。

的安排和意见，子女对父母已不像传统社会那般畏惧，甚至会出现不尊重父母的现象，农民孝道伦理观念随之减弱。

二　个人道德诉求日益功利化

道德观念和道德体系及其发展变化都是人类实践、历史发展的产物。我国社会主义市场经济体制的确立和发展必然引起社会成员价值观念和道德体系的转变，孝道伦理观念作为一种传统道德体系，也受到了极大的冲击。这不仅对农民个人的价值观念产生了不良影响，还助长了农村不正当的社会风气。

（一）部分农民孝道伦理观念存在功利性

在传统社会中，统治者以儒家道德观作为道德价值标准来调节社会成员的行为方式，道德规范在当时具有极强权威性，因此孝道伦理在当时具有广泛而深远的社会影响。同时，以儒家思想为代表的道德观念倡导重义轻利，因此在传统社会，人们赡养老人、践行孝道呈现无条件性和非功利性。然而，市场经济极大地改变了传统道德观念在人们心中的地位。在市场竞争中，行为的道德价值取向服从或服务于经济行为的营利目的，道德是从有利于经济成功的角度来规定的，或者说是以功利为目的的。在市场经济趋利性思想的作用下，越来越多的农民价值观念出现趋利化倾向。这种价值观念与传统的道德观念是对立冲突的，物欲思想在人们心中滋生，不断侵蚀着农民的传统孝道伦理观念。是否能带来利益、能从中获利多少似乎成为衡量一切事物的标准以及个人的行为指南，农民不自觉地将这种利益关系和标准带入家庭伦理关系的认识与处理之中。[①] 传统的"孝老敬亲""善事父母"的孝道伦理观念受到巨大挑战，农民逐渐将条件性和功利性思想渗透到家庭养老中去，传统的家庭责任感被削弱。

---

① 沙艳蕾：《新时期中国老龄化问题及应对策略》，武汉大学出版社，2018，第168页。

（二）农村原有的重义轻利社会风气逐步丧失，趋利性思想逐步渗透进农村家庭关系

市场经济的发展打破了农村原有的经济体系，农村社会生活中人们的行为开始以利益为导向。在这种大环境下，社会成员责任感淡漠，个体道德自觉不足，个人主义和功利主义急速膨胀。在部分农民盲目逐利的心态影响下，趋利性思想开始在农村盛行，打破了农村原有的重义轻利的旧格局。在市场经济趋利性思想的消极作用下，部分年轻人为了获得老人的财产绞尽脑汁，兄弟姐妹间因老人财产而产生纷争的情况在农村也时有发生，部分年轻人将没有财产的老人视为负担累赘，甚至还有弃养的恶劣行为。还有部分农民向践行孝老敬亲道德准则的行为中渗透了"利益交换"的价值取向，将应尽的养老义务与利益交换相等同。在处理与父母的关系时，遵循互利互惠的交易原则，是否尽孝取决于父母有没有给予自己相应的精神或者物质帮助。

三 家庭德育功能普遍弱化

赡养是子女对父母应尽的责任和义务。责任是孝道伦理和家庭伦理关系的根本纽带，更是农民孝道伦理观念和农村家庭养老的重要基础。然而随着社会的发展，社会成员片面追求经济利益，原有的责任伦理意识受到了挑战，年轻人责任伦理意识淡薄、缺乏对社会和家庭的责任伦理意识，已经成为当今社会的突出问题。

（一）农民价值观日趋多元化

价值观作为一种社会意识形态，指导和规范着社会成员在社会生活中的各种实践活动。总体上来看，随着社会的发展，农民价值观是往积极健康的方向发展的，但是现代化和社会转型对农民价值观的负面影响也不容忽视，传统道德和价值体系分崩离析，新的行为准则和价值观尚

未建立。农村社会处于转型和变革之中，农民的价值观在传统和现代的双重作用下，呈现出多元化的复杂状态。在城镇化、现代化的时代背景下，新生代农民受西方"自由""民主"思潮以及市场经济带来的拜金、利己、享乐主义等不良思想影响，人情异化，重利轻义，责任伦理意识弱化。

（二）功利主义价值观抬头

城市和农村的文化与价值体系在城镇化的进程中不断融合，城市文化和价值观念不断向农村社会蔓延和渗透。城市价值体系中的功利主义价值观在农村开始盛行，由此引起的道德失范现象时有发生。同时，城镇化背景下，农村年轻人相继进城务工，从与农村、农民和农业的关系中脱离，经济利益和生存压力成为他们推脱赡养责任的合理借口。还留在村里的农民大部分为文化素质不高的中老年人，终日忙于农业生产，视野相对狭窄，盲目趋利现象普遍化，金钱至上、不吃亏是许多留守农民的行为准则，这些都导致了农民责任伦理意识的不足。

（三）责任伦理教育程度不够

我国城乡教育发展不均衡，农民道德文化素养相对较低，是导致部分农民责任感较低的重要因素。尽管我国已经为进一步提升学生的个人素质和思想境界开设了相应课程，但是学校课程存在内容空洞和偏重理论的现象，脱离学生实际情况和兴趣。同时在教学过程中存在着升学压力等问题，思想品德课程难免受到挤压，导致德育的地位受到严重影响。除了学校开设相应课程外，对于子女来说，家庭环境和家庭教育也十分重要。大多数的农民忙于生计，为了维持家庭经济正常运转，将大部分精力放在了工作上，有些父母即使愿意将更多时间和精力花在子女身上，也更加侧重子女的学习和成绩，对子女的家庭责任伦理意识教育相对缺乏。

第三节　农村孝老乡风建设路径

农民孝道伦理观念科学与否关系到农民养老问题，与乡风文明建设密切相关。对农民孝道伦理观念进行科学合理的培育，对个人、家庭乃至社会都有极其重要的意义。应将弘扬和传承中华传统孝道与家庭体验教育和学校德育工作相结合，帮助农民形成合理的孝道伦理观念，从而在农村形成积极行孝之风尚。同时，完善农村社会保障制度，在农村建立家庭、社区、机构"三位一体"的养老模式，对于解决农村老龄化背景下的养老问题具有重要意义。

一　弘扬中华传统家庭美德

中华传统孝道在国人心中根深蒂固，养儿防老依然是当前大多数农民的期盼。因此，应当充分运用中华优秀传统文化的核心要素，弘扬中华传统孝道。包含中华传统孝道文化在内的道德文化，在我们整个社会发展过程当中起着一种精神动力的作用，应对当前我国农民孝道伦理观念弱化的情况、培育农民孝道伦理观念，首先要加强对农民的思想道德文化建设。加强思想道德文化建设要从中华优秀传统文化中汲取养分，古为今用，特别是从儒家伦理思想的精华中汲取合理因素，将其融入当前思想道德文化建设之中。应当加强人口老龄化国情教育，弘扬"百善孝为先"、"养亲"、"敬亲"和"送亲"等传统美德，引导人们自觉承担家庭责任，树立良好家风，促进家庭和顺。[①] 传承孝道文化的核心在于满足老年人心灵和情感上的需求，这是在老有所医、老有所养的物质前提下的更高层次的需求。

---

① 沙艳蕾：《新时期中国老龄化问题及应对策略》，武汉大学出版社，2018，第168页。

传承孝道文化是一个系统的社会性工程，需要整个社会的共同关注，同时也需要相关政府部门的支持与配合，并且需要有逐渐健全和完善的养老制度和体系作为支撑。应当以满足老年人的精神需求为基础，以确保老年人身心健康为内容，以使老年人精神愉悦为目的进行实践和探索，家庭、学校、社会密切联系协调，立体化地打造充满孝道责任感的氛围，从而在农村社会营造尊老爱老的良好环境。

（一）将传统孝道文化融入家庭体验教育

家庭是人们基于婚姻、血缘或合法收养关系所组成的社会组织的基本单位，是最基本的社会设置。家庭孝道教育处于整个社会孝道教育中的基础地位，发挥着基础性的孝道教育功能。子女对家庭亲情关系的感受和体验，构成了社会化成长的基础，父母是子女天然的道德模范和首要教育者，家长的言传身教对子女的教育效果是其他任何教育都难以替代的。同时，家庭孝道教育具有日常性，家庭孝道教育始于日常家庭生活，又落实于经常性和反复性的家庭孝道实践。① 因此孝道教育应从家庭开始，将弘扬和传承孝道文化与家庭体验教育相结合，加强未成年人的孝道教育。父母应当树立起现代孝道教育观念，从小培养子女孝养、孝敬、感恩的孝道情感，为子女树立起尊老敬老、孝敬老人的榜样，在日常生活中为子女提供孝道实践的机会，让子女亲身体验如何在日常生活中践行孝道。首先，提高家长对孝道教育的重视程度。可以通过社会亲子活动、学校主题活动等形式，让父母与子女共同参与其中，增强父母的孝道教育观念，使他们认识到孝道教育的重要性。以此为基础，父母应在家庭生活中逐步丰富子女的孝道认知，使子女对孝道有一个正确的认知，正确的孝道认知是践行孝道的基础。在日常家庭生活中，父母更要以身作则，孝敬长辈，践行孝道，为子女树立表率作用。其次，家长应当用合理方式表达对子女的关爱，建立合理的代际关系。对待子女要耐心，如子女犯错要及时教育，不

---

① 《伦理学》编写组编《伦理学》，高等教育出版社、人民出版社，2012，第 274 页。

迁就纵容，更不能溺爱子女。不仅要在生活上、学习上表达关心，更要注重关照子女的内心，在生活中给予他们更多的信任、理解和尊重。这样子女也会报以信任和尊重，在一定程度上，子女行孝的动力也是以良好的亲子关系为基础的。最后，提升家长对孝道实践的重视程度。家长应将子女孝道意识的培养融入家庭教育和日常生活，要让子女知恩，切实体会父母的辛苦和不易，从而使子女从内心情感出发，珍惜和感恩父母为自己创造的生活，激发出子女感恩父母和孝顺父母的内心情感。家长应从具体的小事入手，让子女践行孝道。父母应在日常生活中创造行孝的机会，找机会让子女帮忙分担一些力所能及的事，让他们学会体贴父母，从日常小事中学会理解和感恩父母。

（二）将传统孝道文化融入学校德育工作

学校是道德教育的主渠道，以德为先，为社会培养德才兼备的优秀人才，是学校教育教学的根本目标。因此，传承和弘扬孝道文化势必要与对在校学生的道德教育紧密联系起来。道德教育在校园中具有其他教育方式所不能比拟的示范性和引导性特征。在教育内容和教育方式上，学校可以进行系统的设计和安排，方便做到和其他知识教育相统一，以学生的身心发展规律为基础，对不同阶段学生的孝道教育由浅入深进行阶段性安排，使其具有全面性和整合性。在培育学生孝道伦理观念的任务中，学校德育工作扮演的角色的重要性是毋庸置疑的。首先，可以通过开展学习讨论，提高学生对孝道伦理的认识。孝道文化是中华优秀传统文化，应当合理纳入学校的道德教育教学工作中，使其贯穿于在校学生的道德教育全过程。学校可以积极组织学生参与相关主题活动，加强学生对孝道文化教育教学的理性认同。其次，可以开展主题教育。榜样示范是道德教育的重要方法和途径，可以发挥全国道德模范中孝老爱亲模范的示范引领作用，其对学校开展孝道教育来说是很好的素材。最后，提倡情行并重，引导学生自觉践行孝道。孝道实践是孝道教育的逻辑起点和归宿，开展孝道教育，最终目的是要把孝心和孝行相结合，也就是使孝道的情感教育和实践教育相互融合，知行合一。可以利用母亲节、父亲节、重阳节等节日，组织学生到养老院参与孝老敬亲活动，开展情景教学，还可以通过"念亲恩"等感恩活动，让学生通过实践活动切实体会父母的养育之恩，从自然的情感出发，引导学生在日常生活中回报父母，在实践中形成合理的孝道伦理观念，养成自觉践行孝道的习惯。

二　重构现代乡土伦理秩序

（一）完善农村社会保障制度

当前我国农村社会保障存在发展不均衡、建设滞后、法治化滞后、基层管理薄弱、资金投入严重不足等问题。第一，关于农村社会保障发展不均衡的问题，需要国家层面进行统筹规划，根据现实需要建立和完善各项保障制度，切实加快农村各项保障工作的推进，出台相关政策、增加投入，尽快破除城乡二元体制，加强对农村社会保障工作进程的关注，缩小城乡社会保障存在的差距。第二，农村社会保障制度建设关系到政策、法规、部门等多个环节，应提升各环节之间的互联、互动、互补能力，统筹协调增强推进合力，在齐抓共管的前提下分工合作，各司其职、各负其责，确保政策落实有效、措施保障有力、责任落实到人。同时应将提升农村社会保障制度的整体保障效能作为出发点和落脚点，避免出现各项制度衔接不够的问题，确保相关制度之间的协调性。第三，积极推进农村社会保障立法工作，明确规定各个保障项目及其中所包含的详细内容，明确参保人的权利和义务，明确违反法律所要承担的法律责任，切实促进农村社会保障工作依法有序进行，进而提升其在广大农民心中的权威性。第四，要确保农村社会保障事业持续有效推进，就需要因地制宜改革创新。各地方应结合实际强化基层管理服务功能，确保信息系统全覆盖，改善工作条件，提高工作效率；发动村委会、社会组织、各类相关人才投入农村社会保障制度的建设和完善中；确保保障机制的公开性、各个环节的规范性，从而提升农村社会保障政策的全面性，使其有效全面落实。第五，加大中央财政投入力度，农村社会保障资金不应该主要由经济状况存在极大差异的各地区的财政来提供，避免出现穷富自增的"马太效应"和社会保障制度的碎片化现象。

（二）构建"三位一体"养老模式

现阶段，由于我国经济和社会发展中的许多原因，农村家庭的养老功能逐渐弱化。解决农民的养老问题是一个复杂的系统性工程，单一养老模式已无法满足养老的多种需求，要拓展服务形态，大力推进居家、社区、机构养老服务协调配合、融合发展；要丰富服务内容，大力推进医养康养相结合，满足老年人养老服务和医疗健康服务的综合需求。① 多渠道综合应对农民养老问题，需要家庭、政府、市场、社区以及个人共同努力，建立多元化多层次的养老模式和养老服务体系。要在政府主导下支持家庭发挥养老功能，巩固家庭养老的基础地位。推动家庭养老、社会养老和机构养老三种养老模式有机结合，积极调动农村现有资源，在农村建立起"三位一体"养老模式，即在农村建立起以家庭养老为主体、社区养老为依托、机构养老为补充的养老体系，解决农民养老这项综合性难题。

1. 继续发挥家庭养老的优势

发挥家庭养老的基础性作用，鼓励家庭成为养老责任的首要承担者，这是解决养老问题的重要力量源泉。中华民族素有的"父慈子孝""尊老爱老"的家庭亲情伦理观是家庭养老的重要思想基础。孝道伦理的核心理念就是养亲，家庭养老作为最传统的养老模式，也是当前农村老年人心目中普遍认为最佳的养老方式。大多数农村老年人长期从事农业生产，年老之后劳动能力逐步减弱，生活保障能力随之降低，大部分农村老年人想要安享晚年一定程度上需要靠子女扶持和帮助。对农村老年人来说，家庭养老中，一方面不需要老年人改变原有生活节奏和习惯，在家仍然可以根据

---

① 沙艳蕾：《新时期中国老龄化问题及应对策略》，武汉大学出版社，2018，第69页。

自身习惯进行日常的生活起居；另一方面老年人可依据身体状况从事简单的家务、帮助子女照看孙辈，继续为家庭贡献力量，提升老年人家庭认同感和自我成就感。更重要的是，在有着浓厚"家文化"基础的中国农村，绝大多数老年人心目中家庭不仅是生活场所，更是心理归宿和亲情寄托。尽管从社会发展的角度和发达国家的经验来看，社会必然协同家庭成为养老责任的主体，同时社会上出现的多种养老方式也在逐渐分担家庭养老的压力，但是从当前我国国情来看，农民养老责任暂时不可能完全由国家、社会来承担，家庭养老仍然是农村老年人养老最重要、最主要的形式，必须继续发挥家庭养老在解决农民养老问题上的巨大优势。因此，巩固和完善传统家庭养老基础与模式对于解决当前农民养老问题是最现实的选择。应在农村大力弘扬爱老、敬老、养老的中华传统美德，加强农民思想道德建设和思想教育，在发挥道德软约束作用基础上，使家庭养老受到法律制度的硬约束，促使家庭养老得到双重约束和保障。为提高农民践行孝道的自觉性，应发挥典型案例的教育作用，对于那些积极践行孝道、赡养老人的子女及家庭成员，应在全村范围内予以宣传表扬，并给予其适当的物质奖励；对不履行赡养义务的家庭成员进行严厉批评和教育，对于弃老虐老等情节恶劣者，必要时应拿起法律武器惩治，以凸显法律的权威性；对于那些因疾病、残疾等特殊原因丧失劳动能力，导致经济状况较差、养老困难的子女，当地政府和有关部门应给予相应扶持。

2. 建立健全农村社区居家养老服务体系

社区居家养老是指老人在家中接受社区提供的养老服务，其特点是不改变老人居住地，在老年人熟悉的生活空间为其提供养老服务，依托社区为居家老年人提供生活照料、家政、康复护理和精神慰藉等方面的服务。农村社区居家养老模式是在家庭养老无法满足当前养老需求的现实下所产生的新型养老模式。正如费孝通所说，"中国的农村是一个熟人的社会，一个没有陌生人的社会"，在我国农村，人与人之间的联系较为密切，老年人具有浓厚的家乡情结、儿孙情结、邻里情结，更加注重以孝道为纽带的家庭带来的天伦之乐，家庭养老仍然是大多数农村老人的首选养老方式，他们大多在不同程度上排斥在农村发展相对滞后的机构养老。但由于农村老龄化和养老形势日益严峻，家庭养老已无法满足农村老年人的养老需求，居家养老成为一种新的发展趋势，它以社区为依托，使老人具有地缘上的归属感和心理上的认同，使老人在身不离家、心不离亲的同时得到专业化的照顾和服务。

（三）明确当前孝道价值取向和基本原则

孝道伦理思想的宣传，要结合新时代的特征和需要将传统孝道文化的优秀成分继续传承下去。当前培育农民孝道伦理观念，应去除传统孝道的政治性泛化特点，让孝回到家庭之中，与中国特色社会主义制度相融合，与当前我国农村实际情况相结合，更好地服务于农村社会的发展和建设，在新时代进行创造性转化和创新性发展。在农村，孝道伦理思想宣传应明确以下三项基本原则。一是尽力原则。践行尽力原则既要有外在的参照标准，也要有内在的依据。子女是否尽力践行孝道，从外在看，要以其经济状况、实际精力作参照；从内在看，要以良心作参照，良心是人们在道德实践中形成的义务感、责任感和荣辱感有机统一而产生的道德情感。[1] 二是双向原则。当前的孝道伦理观念不仅讲求子女孝敬父母，还讲求父母对子女的慈爱，提倡一种慈孝对应的双向运动。三是鼓励原则。践行孝道需要社会各方面大力提倡和鼓励，对孝行的鼓励和激励更能激发年轻人的爱心孝心，提升其行孝的主动性。

（四）以正确舆论营造农村良好的孝道环境

尊老爱幼、赡养老人是中华民族的优秀家庭美德，它符合社会大众的心理认同，也是维护亲子间关系的基本需要。[2] 在培育农民孝道伦理观念方面，要充分利用农村特有的社会舆论上的优势。赫胥黎曾说："在许多

---

[1] 《伦理学》编写组《伦理学》，高等教育出版社、人民出版社，2012，第200页。
[2] 聂丹：《加快发展社会化养老服务体系的路径选择研究》，《劳动保障世界》2015年第S2期，第56页。

情况下，人民之所以这样做而不那样做，并非出自对法律的畏惧，而是出自对同伴舆论的畏惧。"① 因此，发挥舆论作用，营造良好的社会舆论氛围，将孝道伦理观念贯彻整个农村社会，创造明孝、认孝、行孝的新局面，具有重要意义。

1. 发挥农村意见领袖在社会舆论中的作用

当前培育农民孝道伦理观念，在农村营造良好的孝道环境，需要善于发挥农村意见领袖在社会舆论中的重要作用。农村意见领袖指农村社会中能够对农民言行产生影响的人，他们在引导农村社会舆论氛围方面具有得天独厚的优势。意见领袖与农民有密切联系，善于运用农民喜闻乐见的方式使农民接受所宣传的信息，应充分发挥意见领袖的宣传和舆论整合作用，引导农村社会舆论方向，进而影响农民的孝道伦理观念。

2. 抓好农村党员干部教育

在农村，党员干部具有较高的道德威望，在村民中有较大影响力，对农村社会风气有着极为重要的影响作用。因此，要发挥其引领能力，鼓励和倡导他们带领村民因地制宜制定村规民约、编写村志，弘扬包含孝道伦理在内的中华传统美德，增强农民的社会和家庭责任感。同时应使其在调解村民家庭纠纷、营造良好的家庭氛围方面发挥正面的带头作用。要抓好农村党员干部的教育工作，倡导其发挥以身作则的关键作用，带头做到孝老敬亲，树立榜样引导农民，用自己的行为教育农民、取信于农民，在道德建设中为广大农民作出表率。

3. 坚持以正确的舆论引导农民孝道伦理观念

社会舆论是社会成员表达自己意志和意愿的特殊方式，它与传统习惯紧密相连，但并不一定是合理和正确的。正如黑格尔所说，"在公共舆论中真理和无穷错误直接混杂在一起"，因此，要在农民关注度较高的新闻报道和节目栏目中融入正确的孝道伦理观念和孝道要求；加强在相关热点问题中的积极引导，通过正确的舆论导向潜移默化引导农民积极行孝。发

---

① 唐凯麟编著《伦理学》，高等教育出版社，2001，第201页。

挥舆论监督的作用，对违背孝道伦理的现象加以批评和惩罚，从而在全社会营造良好的孝道舆论环境。

三　强化优良家风建设

（一）引导农村优良家风建设主体归位

乡村振兴战略视域下的农村优良家风建设首先要保证家庭结构完整、家庭成员齐整。父母作为农村优良家风建设的主要责任人，起到了连接家庭与社会的桥梁作用，其重要性不言而喻。因此，要充分发挥国家振兴农村经济、媒体对建设家风及重视家庭教育的宣传的作用来引导优良家风建设主体归位。

1. 积极振兴农村经济

新中国成立以来，大中型城市作为国家经济、文化发展的中心，其经济、文化、教育及科技等方面全面优于广大的农村地区。在这种不平衡的发展模式下，城乡之间的差距不断增大，时至今日，农村的经济、文化、教育及医疗等方面的发展都落后于城市，因此为了提高自己家庭的生活水准，让自己的孩子将来能够获得更好的教育、物质等方面的资源，越来越多的农村父母背井离乡到城市务工，远离故乡与子女。作为家庭的主心骨与家风建设的主要力量，父母角色的缺位导致家庭结构不完整，家风建设较为吃力。结合当下农村家庭状况，要引领农村家风建设主体归位，最根本的措施便是国家积极发展农村集体经济，缩小城乡之间在经济、教育等多方面的差距，这样便能彻底解决家风建设主体缺位的问题，使农村家庭子女能够得到父母亲的关爱与教育，进而形成和谐美满的家庭氛围，这不仅有利于乡村振兴视域下农村优良家风建设，还有利于社会的稳定、国家的发展。一方面，国家可以大力支持农村旅游业发展，特别是推动农村家风旅游业的大发展，带动农村整体经济发展水平提升。建设一批重点家风示范基地、家风代表人物宗祠、家风名人故里、家风馆等家风旅游景点，打造农村家风知名品牌，发展一批家风品牌下的民宿民居、餐饮业等。另一方面，国家积极振兴农村特色产业，发展农村放心农场、重点农业龙头企业、农村特色产品。湖南石门柑橘产业在国家的大力支持下，成为当地的黄金产业，当地人可以在家门口就业，改变了本地人口常年外流的趋势。农村拥有广阔的就业机会与良好的经济发展前景，如果农民可以实现在家门口就业，为家庭积累更多的物质财富，农村优良家风建设自然水到渠成。

2. 发挥媒体的宣传引导作用

媒体自出现以来就承担着传播信息、引导社会舆论的重要任务，特别是进入网络时代以来，人们主要靠媒体获取信息、传播信息，媒体在传播社会主流价值观、引导社会舆论方面的作用越来越明显，因此大力开展农村家风建设、引导农村家长回村承担起家庭教育的责任就要利用媒体这一利器，在全社会范围内大力宣传家风对儿童成长、家庭和谐、社会稳定的重要性。

（二）提升农村优良家风传承效果

乡村振兴战略下的农村优良家风建设不仅需要父母主体归位，而且也不能忽视对优良家风的传承。本书建议主要从倡导农村家庭修订新型家规家训、增强农村优良家风的传承意识、大力开展优良家风实践活动三个方面入手，提升农村优良家风的传承效果。

1. 倡导农村家庭修订新型家规家训

家规家训是家族的精神符号，传统社会十分重视家规家训。一方面，大家族出于维系家族声望、实现家族兴旺发达的需要，会制定成文的家规家训，规范家庭成员行为；另一方面，国家出于巩固政权、维护统治秩序的需要，也提倡与鼓励家族大兴家规家训。因此，在传统社会，不论是帝王将相还是平民百姓都十分重视家规家训文本修订工作，撰写承载着家风内涵的文本在传统社会蔚然成风，成为我国家文化史上浓墨重彩的一笔。家风建设是乡村文化建设的重要组成部分，《乡村振兴战略规划（2018—

2022 年)》颁布以后，各地农村开展了修订新型家规家训、改善村风民风的实践活动，在探索实践过程中，各地结合实际，充分借助新媒体方式通过开展家规家训匾额制作、家风文化墙设立、最美家庭评选等活动，宣传、引导和弘扬新型农村风尚，塑造了良好的乡村文化环境，重塑了新型乡风文明。

2. 增强农村优良家风的传承意识

随着小家庭时代的到来，家庭规模的缩小与家庭结构的简化使得以往靠家规家训等家风文本进行家族管理的传统方式失去了效用，家庭成员在思想上的独立性与行动上的自主性明显增强，家庭管理也愈发简单高效，人们日渐忽略了家风的传承。为增强农村优良家风传承意识，应发挥良好的家庭氛围对家庭成员的熏陶作用、增强人们对家庭的依赖感和责任感，以及重视加强亲情教育。

3. 大力开展优良家风实践活动

优良家风是一种文化，凝聚着人们深沉的价值追求与精神向往，一旦入脑入心则对人们精神面貌的改变与思想境界的提升具有重要作用。要实现让优良家风入脑入心，成为人们日用而不知的价值判断与行为准则，就要善于利用家风实践活动传承农村优良家风。

第一，利用传统节日开展优良家风实践活动。传统节日凝聚着人们共同的思想情感与价值追求，庆祝传统节日营造了一种特殊的文化氛围，对唤醒人们历史记忆、情感共识、价值认同具有重要作用，我们要在不同的节日中弘扬家风文化，把家风文化融入其中，增强社会大众的家风意识。春节是一个象征团圆幸福的节日，可以通过写春联贴春联、家族聚餐、走亲访友等活动将重视血缘亲情的传统与家和万事兴的朴素道理传承下去；清明节通过扫墓祭祖活动来追思先人，感念他们为家庭做出的贡献，增强家庭成员的感恩、敬祖意识；重阳节通过参与登高、插茱萸的活动深化家庭成员对孝道的理解，传递敬老、爱老、孝老的良好家风；"五一"劳动节通过志愿服务、植树活动，培养勤劳善良、热爱劳动、吃苦耐劳的良好家风。广大农村家庭不仅可以利用传统节日弘扬家风，还可以通过自行设立家庭家风节日来增强家庭成员家风传承意识，开展家庭集体活动，将家风内涵通过活动实践的方式自觉内化为人们的行为遵循。

第二，鼓励群众性精神文明创建活动的开展。鼓励农村家庭积极参与文明家庭、星级文明户、五好家庭、最美家庭等评选活动，应按照严格的评选标准对照家庭成员行为进行评选，家长要发挥好榜样作用，端正家庭教育观念，采用科学教育方法，争做文明家庭、最美家庭。

第三，开展农村家风家训有奖征集活动。这项活动不仅能激发广大农民对家风家训整理收集的兴趣，还能引起人们对家风家训的重视，营造出重视家风传承的浓浓氛围。做好身边家风典型人物事迹宣传工作与"好媳妇、好公婆、好儿女"评选表彰活动，让草根家风人物得到应有的奖励与尊敬，让广大农民有榜样可学。

（三）丰富农村优良家风建设内容

1. 吸收借鉴传统农耕文化优秀内容

传统农耕文化是建设农村优良家风的基础，农村传统农耕文化是农民在以土地为对象的生产生活中总结出的关于人与自然之间关系的生态文化、关于人与人之间关系的道德文化、关于人对自身生命价值与意义认识的哲学文化的总和，它是孕育农村文化的母体，是农村精神文明的原点。因此，乡村振兴背景下要重新挖掘农耕文化资源，发挥传统农耕文化的重要作用，积极吸收利用农耕文化中的优秀精华，以此为基础滋养农村优良家风。

2. 将社会主义核心价值观融入农村优良家风建设

社会主义核心价值观与农村优良家风建设之间具有密切的联系。一方面，社会主义核心价值观与农村优良家风具有共性，两者同根同源，都起源于中华优秀传统文化。另一方面，社会主义核心价值观指引了农村优良家风建设的正确方向；农村优良家风建设是落实社会主义核心价值观的途径，体现了社会主义核心价值观的要求。因此，乡村振兴视域下的农村优良家风建设需要将社会主义核心价值观融入其中。

3. 推动传统家风内容的创新性发展

创新是一个民族前进的动力，没有创新，国家和社会将会止步不前，必然与时代脱节，陷入被动和落后的局面。创新不应仅局限于科技，对于文化的创新也应受到广泛的重视。家风作为中国传统文化的重要组成部分，不仅能够延续个人家庭的精神风气，还能够对整个社会风气产生重要影响。家风正，则社会风气正、民族风貌正，它们是相互影响、融为一体的。随着时代的不断进步，传统家风内容也需要进行相应的创新性发展。

（四）多元主体合力建设农村优良家风

1. 国家建立健全农村开展优良家风建设相关机制

在乡村振兴战略的引导下，各地农村优良家风建设开展得如火如荼，村民开展优良家风建设的主动性与积极性较强，农村优良家风建设取得了较好的成绩，但同时也要看到农村优良家风建设在大多时候全凭村民内心自觉，具有较大的自发性与随意性，农村优良家风建设缺乏相关机制保障，因此国家要建立健全相关机制来保障农村优良家风建设。

2. 学校加强优良家风教育

学校是家庭教育的延伸，孔子曾说过"君子如欲化民成俗，其必由学乎"（《礼记·学记》），这里的"学"就是指学校，学校不仅承担着培养学生学习能力的重任，更重要的是还要对学生高尚思想情操、健康生活态度、良好行为习惯进行培养。此外，农村学校是农村学子接受先进思想教育、科学文化知识，提升自己知识能力水平与思想道德素养的主要场所。要依托学校教育，推动农村优良家风建设的发展。

3. 发挥关键群体对农村优良家风建设的推动作用

基层党员干部、文化工作者与乡贤是乡村振兴战略下农村优良家风建设的关键群体，与其他群体相比，他们在知识文化水平、基层社会管理方面具有明显优势，是农村家风建设的"领头雁"、宣传员、带头人，承担了农村优良家风建设的主要责任。因此，要充分发挥关键群体的作用，推动农村优良家风建设。

四 推进移风易俗专项治理

在当今时代背景下,应打造多元主体参与格局,采取保障性对策,发挥社会主义核心价值观的价值导向作用和引领作用,助力移风易俗专项治理工作顺利开展。

(一)政府发挥示范带头作用

在政府层面,应遵循民俗文化变迁规律,强化政府示范带头作用与管理职能。移风易俗应以政府为主导,它属于文化干预行为,涉及对文化变迁进行实践上的指导,故必须遵循民俗文化的变迁规律,应以激发文化变迁的内生动力为关键。从文化变迁机制来看,涉及创新、传播的自主性变迁与指导变迁等强制性变迁,需要经历一个较长的时期,其间有时会遇到文化上的冲突、抵制甚至是反抗。目前,以政府为主导的移风易俗属于强制性变迁中的指导变迁,需要对文化主体的内生动力加以考虑。对于大部分被移风易俗的民众来说,他们更多的是被动地参与到移风易俗实践中的,是文化变迁过程中的被动接受人员。对此,地方政府应转变以往对待风俗的态度,不再单纯地用文化进化论或者是现代文明观对一种风俗的话语逻辑进行衡量,避免在移风易俗过程中套用不适当的文化标准,进而出现一些简单错误。以此为前提,地方政府应成立高规格领导小组,分别由主要领导、分管领导担任责任组长和副组长之职,成员由各有关单位的负责人构成,明确分工,确保责任到人,切实将移风易俗作为事关全局发展的中心工作,做好指导统筹。组长与成员共同做好打持久战的心理、人力、物力与财力准备,积极行动,共同克服困难。

(二)强化基层组织建设

在基层组织层面,强化组织建设,有效发挥组织作用。一是加大力度建设农村党支部。密切围绕强化组织力这一重点,按特定比例安排基层组织建设，将那些遏制不住而又愈演愈烈的不良风气列入村党组织整顿计划中，与实际情况相结合，安排先进的党组织成员到涣散村进行指导与对接帮扶，助其尽快整顿。二是完善职能，促进社会组织作用的发挥。根据实际情况，与移风易俗所需相结合，通过对外地先进经验的借鉴，详细确定不同社会组织工作责任、流程与方法，对村内一些有威望、有知识、有经验的人员进行选拔，由他们构成社会组织成员，将组织在民众中的威信树立起来，激发社会组织参与移风易俗与乡村治理的积极性和主动性。三是进行村民议事会建设，集体研究制定移风易俗相关规定，通过村民大会的召开，征求民众意见，并在认真吸纳意见与完善规定之后张榜公布。

（三）激励民众积极参与

在民众层面，应发挥有效激励作用，民众亦要积极参与移风易俗工作。村民是乡村社会治理与乡风文明建设的主体，全面促进乡村振兴必须紧紧依靠广大村民。一是巧用民众看重"面子"的特点，在村内设立一些奖项，将它们颁发给在移风易俗过程中有突出表现的成员或家庭，激发民众竞争村内荣誉的积极性，通过无形价值评价与褒贬制度的建立，让民众对陈规陋俗进行自觉抵制，实现对社会风气的正确引导。二是广大民众作为移风易俗的最重要主体，需对自身的主体地位有一个清楚的认知，改变以往被动接受其他治理主体所做各种安排的局面，以适宜的方式积极参与到移风易俗工作中，保证自己的诉求被多元主体接受与慎重对待，使相关行动向自己希望的方向开展，这又会巩固与完善移风易俗格局，更加彻底地实现陋俗的改革。

第六章

乡村振兴背景下农村养老
社会支持体系的构建

CHAPTER 6

党的十九大提出了乡村振兴战略，对农村养老服务的发展及养老服务体系的建设提出了新要求，强调"构建养老、孝老、敬老政策体系和社会环境"；《中华人民共和国国民经济和社会发展第十四个五年规划和二〇三五年远景目标纲要》要求"支持家庭承担养老功能"，"构建居家社区机构相协调、医养康养相结合的养老服务体系"。可见，基本养老服务体系的健全离不开家庭与社会资源的整合和协调发展。本章将探讨农村养老社会支持体系基本内容，阐述乡村振兴对农村养老社会支持体系构建的推动作用；借鉴发达国家经验，研究分析政府在农村养老公共服务供给中发挥的作用；讨论我国农村社区居家养老的现状和存在的问题，提出以社区为依托构建多层次农村养老服务体系的对策建议；最后讨论依托社会力量发展农村互助养老问题。

第一节　养老社会支持体系概述

一　社会支持

（一）社会支持的定义

社会支持（social support）通常指代来自社会各方面的帮助和支持，如来自亲人和朋友的物质、精神方面的帮助与支持。

（二）社会支持理论

社会支持理论是一种强调利用人与人的联系保持社交身份，获取情感帮助、物质支持、信息和资讯，从而与其他的人联系起来的学说。在社会中，每个人都有对与别人的有效联系，如人与人之间的密切接触的需要。这些联系都是客观存在并且能够被人们感知到的。社会支持过程在许多情况下都是社会交换。

（三）社会支持的对象与主体

在社会支持理论中，社会弱势群体被分为生理性、自然性、社会性三种，社会支持对象的特征被归纳为以下三个方面：其一，经济生活贫困，体现了他们客观的生活状态；其二，生活质量低，体现了他们的物质生活水平与精神生活状态；其三，承受能力弱，体现了他们面对生活环境、身体疾患、天灾人祸时等的无力状态。

提供社会支持的主体可以是个人、群体、国家等，其在物质、精神等方面为社会弱势群体提供支持，从而提高该群体的生活质量，维护社会稳定。

二　社会支持类型

国外学者 Barrera 和 Ainlay 把社会支持分为六类，[①] 分别是：第一，物质的援助，比如直接或间接地给别人带来资金、物质上的援助；第二，劳动行为的帮助，比如替别人负担劳动；第三，密切的交流行为，比如倾听别人的烦恼，对别人表达敬意、了解和关怀等；第四，指导，比如给别人一些帮助、资料和指导；第五，反馈，比如向别人提出关于你对他们的行为、想法和感情的意见和反馈；第六，有益的社会交往，比如进行休闲的和让人轻松的社会交往活动。

国内著名学者肖水源和杨德森将社会支持分成了三种，分别为客观支

---

① M. Barrera, S. L. Ainlay, "The Structure of Social Support: A Conceptual and Empirical Analysis," *Journal of Community Psychology* 11 (1983): 133 – 143.

持、主观支持和个体社会支持利用度。① 李伟和陶沙把社会支持按照来源分成两种：一种是由家长、教师等提供的纵向来源社会支持，另一种是由同学、朋友等提供的横向来源社会支持。② 程虹娟等把社会支持分为四种，依次为精神情感支持、生活物质支持、资讯支持、陪伴支持。③

总的来说，根据目前学术界对社会支持的研究和理解，我们可以从三个方面对社会支持进行分类。

（一）按支持主体分类

按照主体的不同将社会支持分成四类：第一，支持主体为政府部门及正式机构的社会支持；第二，支持主体为社区的社会支持；第三，支持主体为个人的社会支持；第四，支持主体为专门机构专门人员的社会支持。这四种不同主体的社会支持，彼此交错、补充，初步形成了以政府为主导、多元并举的社会支持体系。

（二）按支持性质分类

按照性质的不同可以将社会支持分成两类：第一，客体支持，包括对物质支持与客观存在之间的关系；第二，主观支持，包括对个人在社会活动中的情感支援等。

（三）按支持内容分类

根据内容的不同将社会支持分为三类：第一，经济支持，包括物质、金钱等支持；第二，生活照料，包括日常生活中的帮助等；第三，精神慰藉，指的是在精神方面给予的关心和慰藉。

---

① 肖水源、杨德森：《社会支持对身心健康的影响》，《中国心理卫生杂志》1987年第4期，第183~187页。
② 李伟、陶沙：《大学生的压力感与抑郁、焦虑的关系：社会支持的作用》，《中国临床心理学杂志》2003年第2期，第108~110页。
③ 程虹娟、张春和、龚永辉：《大学生社会支持的研究综述》，《成都理工大学学报》（社会科学版）2004年第1期，第88~91页。

三　农村养老社会支持体系的构成

根据杜鹏和王永梅对农村养老服务体系①的界定，本书把农村养老社会支持体系定义为：适宜于农村经济社会的发展水平，目标是满足农村老年人的赡养服务需要、提升其生活水平、推动其全面发展，通过政府部门、社区以及社会为农村老年人提供基本经济支持、日常生活照料、精神状态安慰等方面社会支持的系统。

（一）政府支持

政府是老年人社会支持网络中最重要的一部分，其提供的社会支持大多属于正式的社会支持。其涉及的主体有中央、地方政府和各相关部门。政府支持是农村养老社会支持体系的最基础支持，其作用体现在以下几个方面：第一，政府可以制定和完善相关政策对农村老年人进行养老支持；第二，政府可以通过养老金发放、转移支付、社会救助等方式对农村老年人进行养老支持；第三，政府可以组建便民服务队对农村老年人进行养老支持；第四，政府可以引导非政府组织加入为农村老年人提供养老支持的行动中。

（二）社区支持

由于家庭的逐渐小型化，依靠家庭养老已不能满足老年人的养老需求，因此，对社区支持的需求日渐增多。一方面，政府提供的支持政策最终落脚点在社区；另一方面，家庭支持和社区支持都以社区为基础。社区

---

① 农村养老服务体系是与农村经济社会发展水平相适应，以满足农村老年人养老服务需求、提升农村老年人生活质量并促进老年人自由全面发展为目标，面向所有农村老年人提供生产服务、生活服务、精神慰藉、保健医疗、康复护理和临终关怀等的设施、组织、人才和技术要素形成的网络，以及配套的服务标准、运行机制和监管制度。见杜鹏、王永梅《乡村振兴战略背景下农村养老服务体系建设的机遇、挑战及应对》，《河北学刊》2019年第4期，第172～178、184页。

支持与家庭支持相互结合、共同作用。社区支持可以给老年人提供一个熟悉的场所,更好满足老年人个性化的养老生活服务需要,价格也更容易使老年人接受。

(三)组织支持

组织支持包括正式组织与非正式组织提供的支持。正式组织支持包括机关单位在其老年退休职工受到损失或有需要时提供支持,还包括老年人活动之家等团体活动组织提供的支持。非正式组织支持包括从事社会服务的组织为老年人提供的服务。这种支持和帮助,为高龄老年人以及丧失自理能力老年人在日常生活护理服务方面带来了很大的帮助。随着老龄化与高龄化趋势的发展,组织的支持力日益增强。

(四)家庭支持

家庭支持是老年人养老最主要、最重要、最传统的支持力量。在中国,对老人的非正式社会支持一方面来自核心家庭的主要成员,另一方面来自核心家庭以外的亲属、好友、邻里等,二者共同构成了对老人的社会非正式支援体系。[①]

学术研究表明,家庭在老年人的需要满足中扮演了关键的角色,特别是在日常生活护理和精神抚慰领域。家庭支持也是老年人社会支持中的主要内容,具有不可取代的作用。

四 乡村振兴对农村养老社会支持体系构建的推动作用

乡村振兴的主体,主要包括农村基层党组织、农村专业合作经营组织、社会团体以及农村基层群众性自治组织等,是我国农村养老社会支持

---

① 吴捷、程诚:《城市低龄老年人的需要满足状况、社会支持和心理健康的关系研究》,《心理科学》2011 年第 5 期,第 1130～1136 页。

体系的主要部分。在乡村振兴政策的带动下，已逐步形成以政府为主导，以社会和家庭为基础，以社区机构、公司、志愿者和农户为辅助的农村养老社会支持体系。本部分主要从农村养老社会支持体系中较为重要的农村养老服务体系入手，分析乡村振兴发挥作用的途径。

（一）发挥政府在农村养老服务中的作用

在实施乡村振兴战略过程中，首先，政府确保满足符合国家经济扶助条件的特定老年人，如失能、残疾、孤寡高龄老人等的养老服务需求。其次，发展普惠型养老服务，强化政府对基础养老服务的领导作用和兜底保障责任。最后，尽可能满足农村老年人的护理需求，对护理服务进行适当补贴，发展长期护理保险及相应的商业保险。逐步建立以社会保险为基础，以商业保险为补充，政府、社会、个人共同负责的农村养老服务体系。

（二）加快建立多层次农村养老服务体系

乡村振兴推动加快建立以居家为基础、社区为依托、机构为补充的多层次农村养老服务体系。以现有的农村卫生机构为基础，对制度进行改革，以实现医养康养的有机融合。在农村逐步建立包含医养和康养服务的养老机构，完善农村基本养老公共服务和社区居家养老服务，加快建立多层次的农村养老服务体系。

（三）发展农村互助养老

乡村振兴要求依靠社会力量发展农村互助养老服务，如建立农村幸福院等，同时建立起对应的多元筹资机制。首先，没有足够的资金是农村养老服务发展的最大阻力，因此要从多方面来源吸收资金，包括税收、社保缴费、政府转移支付、社会救助、社会捐款等，同时还需要政府、社会、个人多方承担责任，共同解决资金问题。其次，大力推广"互联网＋养老"服务，发展智慧社区、虚拟养老院等新形式。

第二节　政府在农村养老公共服务供给中发挥的作用

一　发展普惠型养老服务

（一）普惠型养老服务的定义

1. 普惠型养老

普惠型养老是由政府主导，社会、个人等主体共同参与，以全体老年人为服务对象，根据老年人不同的个人需求，在经济、生活、精神等方面为其提供相应的多样化的养老服务。要求全面满足老年人的养老需求，尽可能实现基本养老服务的公平性和均等化。

2. 普惠型养老服务

"普惠"就是在普遍原则的指引下，使所有社会人员都能够获得基本社会福利服务，体现社会福利的普遍性和惠及性，是大范围、无歧视性和无差别的，将其用于养老服务领域意在增加和扩大养老服务的普遍性和惠及面，形成一个所有民众都可以从中获益的、富有公平性的社会福利体系。"养老服务"是指政府、市场、社会、社区、家庭、单位等主体根据各类老年人的需求为全体老年人在生活、精神等方面提供的各类制度、政策、技术和措施的总和。

普惠型养老服务是对基本养老服务的一种补充，其依靠相应政策和市场供给为老年人群体提供养老服务。以人人享有养老服务为宗旨，从满足老年人的服务需求出发，坚持政府主导和社会多元参与，使各方共同为老年人提供经济、生活、精神等方面的养老服务，是一种全面综合、可持续的养老服务。

（二）我国普惠型养老服务的发展历程

1. 针对特殊老年人群体的养老服务体系

2013 年之前，中国养老服务体系建立和运行的根据主要是 1996 年我国颁布的《中华人民共和国老年人权益保障法》。这一体系的建设通常只能在政府部门的文件中或者项目规划中体现，养老服务范围通常都为"三无"老人，补助方式大多为增加养老金等经费补助，或是适度给予困难户米面粮油等基本生活物品，是一个补缺型的养老服务体系。

2. 由补缺型向普惠型转变的过渡时期

2013 年，国务院发布了《关于加快发展养老服务业的若干意见》，随后全国各地按照这份意见出台了因地制宜的各项政策。发展养老服务业的题中之义就是要转变对养老服务业的观念，尽快充分发挥服务市场的决定性作用，实现政府财政兜底、政策保障、各界参与，发挥居家养老与社区养老业务的双重功效，以政策指导与服务市场活动有机结合、公益服务与经营性服务有机结合、专门服务与志愿服务有机结合的新方式，贯彻政府领导、各界参与、城乡合一、统筹平衡、突破关键点、保证基础，建管结合、规范管理工作的原则，全力以赴推动养老服务业全方位健康高速地蓬勃发展。同时，给予中小企业政府投资与融资、重大建设项目规划和用地提供等方面优惠政策以及补贴扶持政策。

截至 2018 年底，全国有各类养老机构和服务设施 16.8 万个，养老服务床位数量超过 727.1 万张，每千位老年人拥有养老服务床位 29.1 张。其中，注册登记的养老机构有 2.9 万个，总床位 379.4 万张；社区养老照料机构和设施有 4.5 万个，社区互助型养老设施有 9.1 万个，社区留宿和日间照料服务床位达 347.8 万张。全国农村低保对象共 1901.7 万户，合计 3519.1 万人。全国享受高龄补贴的老人共 2972.3 万人，较上年增加了 10.8%，享受护理补贴的老人共 74.8 万人，享受养老服务补贴的老人共 521.7 万人，享受综合老龄补贴的老人共 3.0 万人。

3. 城企联动普惠型养老服务制度的建立

2019 年，国家发展改革委、民政部、国家卫生健康委出台《城企联动普惠养老专项行动实施方案（试行）》，提出要不断扩大普惠养老服务的供给，更好调动社会资本参与养老服务的积极性，促进养老产业的高质量发展，在基本养老服务方面，要落实地方政府部门职责，坚持普惠发展，普惠型养老服务要做到全面面向社会群众，服务成本要限制在老年人能够承受的范围以内，要提高社会服务的可及性。[①]

根据《2020 年度国家老龄事业发展公报》，2020 年，中央财政下达 9.93 亿元用于支持养老服务业发展。我国各类养老机构和服务设施共 32.9 万个，养老床位合计 821.0 万张；全国基本养老保险参保人员共 99865 万人，其中，城镇职工基本养老保险参保人员有 45621 万人，城乡居民基本养老保险参保人员有 54244 万人，实际领取城乡居民基本养老保险待遇的人员共 16068 万人，基本实现了对合规人员的参保全面覆盖；我国享有老年人补贴的人员共计 3853.7 万人，包括享有高龄补贴的老人 3104.4 万人，享有养老服务补贴的老人 535.0 万人，享有护理补贴的老人 81.3 万人，享有综合老龄补贴的老人 132.9 万人。2020 年，全国老年人社会福利支出共计 517 亿元。

近年来，我国出台了多份关于普惠型养老服务发展的政策文件（见表 6-1）。与此同时，普惠型养老的保障覆盖范围正逐步拓展，保障种类更加多元化，保障主体越来越多样化，政策保障质量在逐步提高。普惠养老服务的开展切实满足了中老年人的生活服务需要，完成了由"养老"到"享老"的过渡，使老人的晚年生活更加幸福。

表 6-1 我国普惠型养老服务发展的相关政策文件

政策文件名称	发布时间	相关内容
《民政事业发展第十二个五年规划》	2011 年 12 月	努力开展以扶老、助残、救孤、济困为目标的社区福利工作，并进一步扩大社会福利保障覆盖范围，努力推进我国老年人社会福利从补缺型向适当普惠型的过渡，稳步提高国民福利水平

---

① 周佳茜：《城企联动视角下普惠型养老服务制度研究——以 N 自治区 T 市为例》，硕士学位论文，吉林大学，2022。

续表

政策文件名称	相关时间	主要内容
《中国老龄事业发展"十二五"规划》	2011 年 9 月	积极探索发展我国特色社会福利的新方式，发展适度普惠型的老年社会福利事业，并探索制定为特殊贫困老年人群体购买服务的相关政策
《关于加快发展养老服务业的若干意见》	2013 年 9 月	到 2020 年，全面建立以居家为基础、社区为依托、机构为支撑的，功能完善、规模适度、覆盖城乡的现代养老服务体系
《关于进一步加强老年人优待工作的意见》	2013 年 12 月	明确了优待的基本原则，即政府主导，社会参与；因地制宜，积极推进；突出重点，适度普惠；统筹协调，和谐共融
《关于开发性金融支持社会养老服务体系建设的实施意见》	2015 年 4 月	发挥开发性金融的资金引领作用，吸引民间资本投入，秉承养老普惠的理念，共同引领以居家为基础、社区为依托、机构为支撑的社会养老服务体系建设
《关于推进医疗卫生与养老服务相结合的指导意见》	2015 年 11 月	采取使医护进入医养机构等各种方法，整合社会医疗、康复、养老和护理综合资源，为老年人提供一体化的健康、养老服务
《"十三五"国家老龄事业发展和养老体系建设规划》	2017 年 3 月	采取邻里互助、亲友相助、志愿服务等方式，和举办农村养老大院、幸福院等形式，大力发展农村互助养老。充分发挥农村基层党组织、村委会、老年协会的服务功能，积极培育为老服务社会组织，利用村社区综合服务中心（站）等社区服务设施，为孤寡、独自居住、贫困、残疾的农村老人提供丰富多彩的社会关爱服务
《关于实施乡村振兴战略的意见》	2018 年 2 月	构建多层次农村养老保障体系，创新多元化照料服务模式
《城企联动普惠养老专项行动实施方案（试行)》	2019 年 2 月	为扩大企业普惠养老服务的提供，更好调动社会资本参与养老服务的热情，促进养老产业的健康发展，对于基本养老服务，要落实政府职责，坚持服务普惠导向，普惠型养老项目要做到全面面向社会群众，服务的成本应控制在老年人所能够承受的范围以内，要提高服务的可及性
《关于加强新时代老龄工作的意见》	2021 年 11 月	建立居家社区机构相互协调、医养康养紧密结合的养老服务体系，积极发展普惠型养老服务，推动资源均衡合理配置，促进老龄事业与产业、基本公共服务和多样化服务协调发展

政策文件名称	相关时间	主要内容
《"十四五"国家老龄事业发展和养老服务体系规划》	2022年2月	扩大普惠型养老服务覆盖范围。建立普惠养老服务网络:发展壮大社区养老服务机构,扶持建立专业化养老机构,积极推动公办养老组织改革。扶持普惠化养老服务业务蓬勃发展,健全社区养老服务设施配套,加大国有经济对普惠养老的支持

(三)我国普惠型养老服务的发展建议

我国九成以上的老年人采用居家社区养老方式,建立以家庭为核心、以社区为依托的社区养老体系,是符合中国国情、顺应老年人养老意愿的。[①]

截至2020年末,我国有养老机构3.8万个,同比增长10.4%;各类养老床位823.8万张,同比增长7.3%。随着社会人口老龄化程度加深,普惠型养老服务产业有望获得高速发展。根据我国相关经验以及服务自身的发展状况,本书提出以下建议。

1. 推动"康养结合"政策落实

我国九成以上的老人都选择居家和社区养老,建立以家庭为核心、以社区为依托的社区养老体系,是最适应中国国情、符合老年人养老愿望的方法。来自国家民政部门的数据表明,"十三五"时期,我国有203个地区投资进行居家与社区养老服务的试点。"医养融合""康养结合"是社区养老高质量健康发展的内在要求,应积极推动"康养结合"政策落实,并不断完善国家针对高龄、残疾老年人的补贴制度,充分总结国家长期护理保险试点工作中的成功经验做法,逐渐拓展试点覆盖面。

2. 打造精准化、个性化的养老服务

社区驿站和社区照料中心是社会提供养老服务中的主要力量,要发挥社会各界在养老领域的积极作用,逐步实现社会养老服务主体类型多样化、护理方式市场化,逐步建立更加精准的社区养老服务模式,并引导社

---

① 穆光宗:《普惠养老如何才能做到普惠》,《人民论坛》2019年第36期,第70~71页。

会企业采取连锁式服务的形式进驻社区，开展上门居家养老服务，让老年人在家庭环境中获得专业的服务。

我国打造现代养老生态体系的着力点在于社区养老，社区养老服务体系建设必须在规模化与个性化间取得平衡，并使定制化的产品、技术与服务更符合部分老年人的生活需求。

3. 实现政府与养老机构的良性互动

我国养老机构的平均入住率仅为五成左右，远远不及日本或英国等发达国家八成到九成的水准。养老院收费昂贵、工作人员少，使打算进入的老年人望而却步。我国养老院原有的管理方法难以获取经济效益，必须加以完善。

中国的养老市场还处在自由经营阶段，政府部门在项目建立初期予以资助，由养老院负责自主经营，政府部门对养老院运营商的管理没有相关的要求和规定。如果政府与企业双方就养老院谁来住、入住多久、费用多少进行良好的交流，就能够大大提高运营效果。

政府是社会养老服务的重要基础与主体，应当在推动制度创新、健全政策法规保护、强化政府统筹监督等领域有更大作为，还可以引导与扶持企业发展互助式养老、"抱团"式养老、旅居式养老等新兴的养老服务项目。

二 强化政府在养老服务中的兜底保障职能

（一）政府的养老服务兜底保障职能

我国市场体制不完善，受农村经济状况的限制，政府仍然是农村养老服务供给主体中的主要部分，政府面向农村提供的养老服务从原来的面向"三无"老人发展到面向更多的老年人群体。到目前为止，政府提供养老服务的方式有两种，分别是直接提供服务和购买服务。

同时，政府在社会公共生活中还承担着各种各样的职能，其中，兜底保障是政府的最基本职能。对于构建多元协同的农村养老服务体系来说，农村特困群体的养老服务是基层政府首先要保障的，需要明确兜底保障人员的范围和服务内容。人员范围具体是指我国农村的五保老人，以及孤寡、失独、残疾、高龄、空巢、独居且失能或部分失能的老年人；政府为其提供兜底救助保障性社会养老服务，其中最主要的就是护理式养老机构组织，如养老院、农村幸福院、日间照料中心等的建立，给特困群体提供基本生活需要的满足，并满足他们文娱生活、精神生活等各方面的需要。

（二）我国农村养老形势现状

1. 我国老龄化趋势发展迅速

第七次全国人口普查结果表明，截至 2020 年底全国 60 岁及以上的老年人数量为 2.64 亿人，65 岁及以上的老年人数量为 1.91 亿人，其中，农村 60 岁及以上的老年人数量为 1.21 亿人，占总人口的 8.61%，占农村总人口的 23.81%，占 60 岁及以上老年人总数的 45.97%；农村 65 岁及以上的老年人数量为 0.90 亿人，占总人口的 6.41%，占农村总人口的 17.72%，占 65 岁及以上老年人总数的 47.40%。

《中国乡村振兴综合调查研究报告 2021》显示，中国农村人口老龄化形势严峻，截至 2020 年 8 月，60 岁及以上人口占比超 20%。由图 6-1 可以看出，2010~2021 年，我国农村人口数量随着城镇化进程逐年下降，但是我国 65 岁及以上人口数量逐年上升。不难看出，由于城镇化进程的推进与老龄化速度的加快，我国农村老年人的数量趋于增多，农村老年人养老问题凸显。

近年来，我国老年抚养比持续上升，2021 年全国老年人口（65 岁及以上）抚养比为 20.8%，比 2010 年高出 8.9 个百分点。同时，我国出生率持续下降，到 2021 年低至 7.5‰，若未来出生率继续降低，我国的人口老龄化将进一步加剧。但国家经济发展速度赶不上人口老龄化速度，老龄化超前于经济发展，未富先老的压力很大。

2. 老年人贫困问题突出

2020 年 11 月，现行标准下我国农村贫困人口全部脱贫，贫困县全部

图 6 – 1　2010 ~ 2021 年我国农村人口与 65 岁及以上人口数量变化

资料来源：国家统计局。

摘帽，贫困村全部出列，区域性整体贫困问题得到解决，完成了消除绝对贫困的艰巨任务。但是，绝对贫困的彻底消除并不意味着贫困的全部消灭，相对贫困将会凸显并长期存在。老年人对扶贫政策的依赖性较强，贫困脆弱性较高，已脱贫的老年群体存在较高的返贫风险，贫困老人的基本生活难以保障，养老问题更为突出。

3. 空巢老人比重逐步提升

第七次全国人口普查数据显示，2020 年我国有失能、半失能老年人（失去自理能力或部分失去自理能力的老年人）共 59.81 万人，其中有农村失能、半失能老年人 30.22 万人。

2020 年，全国 60 岁及以上老年人家庭（家庭户中有老年人的家庭）数为 1.74 亿个，其中 0.78 亿个为纯老年人家庭（不与子女同住的空巢老年人家庭），包含共计 1.19 亿人；农村 60 岁及以上老年人家庭数为 8265.52 万个，其中纯老年人家庭有 3753.47 万个，包含共计 5654.11 万人。全国 65 岁及以上老年人家庭数为 1.33 亿个，其中 0.58 亿个为纯老年人家庭，包含共计 0.86 亿人；农村 65 岁及以上老年人家庭数为 6501.75 万个，其中纯老年人家庭有 2851.83 万个，包含共计 4170.33 万人。全国 80 岁及以上老年人家庭数为 3020.57 万个，其中 1093.22 万个为纯老年人家庭，包含共计 1310.46 万人；农村 80 岁及以上老年人家庭数为 1479.43 万个，其中纯老年人家庭有 528.57 万个，包含共计 619.88 万人（老年人家庭数、纯老年人家庭数见图 6 – 2）。

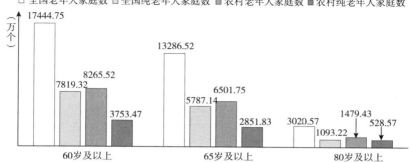

图 6 - 2　我国 2020 年全国及农村老年人家庭数、纯老年人家庭数情况

由此可以得出，我国 60 岁及以上老年人家庭的空巢比例为 44.82%，其中，农村老年人家庭空巢比例为 45.41%；65 岁及以上老年人家庭的空巢比例为 43.56%，其中，农村老年人家庭空巢比例为 43.86%；80 岁及以上老年人家庭的空巢比例为 36.19%，其中，农村老年人家庭空巢比例为 35.73%。老年人家庭空巢比例较高，意味着许多老年人缺乏家庭养老可能性，而家庭养老是我国养老方式中最重要的一种，因此空巢老人尤其是农村空巢老人的养老存在严重的问题。

（三）政府养老服务兜底保障职能的行使情况及成效

中央政府和基层政府有责任为农村没有家庭依靠的老年人提供兜底的基本养老服务。在兜底保障职能上，近年来我国政府结合脱贫攻坚工作等出台了一系列政策文件（见表 6 - 2），以实现特殊困难群体经济有救助、生产有帮扶、生活有照料、精神有慰藉的目标。

表 6 - 2　我国养老服务兜底保障的相关政策文件

政策文件名称	发布时间	相关内容
《关于建立养老服务协作与对口支援机制的意见》	2013 年 12 月	构建农村养老服务协作与对口支援机制，以推动农村和欠发达地区的养老服务业健康发展
《关于建立健全经济困难的高龄失能等老年人补贴制度的通知》	2014 年 9 月	进一步加大公共财政支持力度，以切实缓解经济困难高龄、失能等老年人的后顾之忧

续表

政策文件名称	发布时间	相关内容
《"十三五"国家老龄事业发展和养老体系建设规划》	2017 年 3 月	确保将所有符合条件的老年人依法纳入低保、特困人员救助供养等社会救助制度保障范畴。进一步完善医疗救助制度,严格执行与农村最低生活保障制度和其他我国扶贫开发政策措施合理衔接的有关政策要求,确保现有扶贫标准下的农村贫困老人实现脱贫
《深度贫困地区特困人员供养服务设施(敬老院)建设改造行动计划》	2018 年 10 月	细化了对"三区三州"的重点支持措施,取消了深度贫困地区县级财政配套要求,并调整了项目申请方式
《关于推进养老服务发展的意见》	2019 年 4 月	完善定期巡访独居、空巢、留守老人的工作机制,积极预防并及时发现意外风险
《关于进一步扩大养老服务供给 促进养老服务消费的实施意见》	2019 年 9 月	全方位优化养老服务有效供给,每县建成一所以农村特困失能、残疾老人专业照护为主的县级层面特困人员供养服务设施
《关于实施特困人员供养服务设施(敬老院)改造提升工程的意见》	2019 年 9 月	以设施配备升级为着力点,明确提出自 2019 年起,正式启动特困人员供养服务设施(敬老院)的改造提升工程,至 2020 年底之前,将重点提升现有县级供养服务设施的照护能力,强化失能、部分失能特困人员的兜底保障,供养服务设施重大安全隐患全部整改到位
《关于进一步加强特困人员供养服务设施(敬老院)管理有关工作的通知》	2019 年 9 月	针对法人登记率不高、经营管理水平落后、照护人员短缺、服务质量不高等问题,明确提出供养服务设施改进措施
《关于加强新时代老龄工作的意见》	2021 年 11 月	提高失能、重症、高龄、低收入等老人家庭医生签约服务覆盖率,进一步提升了服务水平。加强失能老年人长期照护服务和保障
《"十四五"国家老龄事业发展和养老服务体系规划》	2022 年 2 月	兜住政策底线,广泛普惠。促进社会养老服务体系完善,继续强化政府保基本兜底线职能,推动资源均衡合理配置,确保基本养老服务

党的十八大以来,习近平总书记立足党和国家各项事业发展全局,特别围绕人口老龄化问题,对养老服务工作提出与作出了一系列有关指导意见和重要批示。《乡村振兴战略规划(2018—2022 年)》提出要继

续把国家社会事业发展的重点放在农村，促进社会保障资源向农村倾斜，加快建立多层次农村养老服务体系。党的十八大以来，民政部门会同其他政府相关部门深入贯彻落实中央决策要求，不断完善政策执行，积极协调推动农村养老服务体系建立，均获得了较好进展。

1. 农村老年人的生活保障更加完善

2015～2020年，我国享受到政府补贴的老年人人数增长明显，其中享受高龄补贴的人数最多，占到总人数的80%～90%。如图6-3所示，截至2020年底，我国共有3853.7万名老年人获得了老年人补贴，较2019年增长了7.67%，包括享受高龄补贴的老年人3104.4万人，享受养老服务补贴的老年人535万人，享受护理补贴的老年人81.3万人，以及享受综合老龄补贴的老年人132.9万人。2020年，我国政府共支付老年福利经费385.7亿元，养老服务经费131.3亿元，共计517亿元，比上年多支出64亿元。

按照《社会救助暂行办法》，2020年底我国把符合条件的1338.6万名农村困难老人按时纳入最低生活保障制度范围内，将388万名农村特困老人按时纳入地方政府的财政供养范围内，并构建起与全国老年人的社会救济制度、社会福利政策和特困老人供养制度等相衔接的，广覆盖、可持续发展的农村养老保障制度。我国已形成了全国统一的城乡居民基本养老保险体系，截至2020年底，我国共有5.42亿人参加，3014万名经济困难的老人可以领取基本待遇，基本达到应保尽保。

我国社会服务兜底重点项目将持续开展，2020年我国安排中央预算内投资28亿元，重点扶持特困人员供养服务设施（敬老院）建设等养老服务设施的发展。把符合条件的农村低收入老年人口纳入全国危房改造工程覆盖范围，引导全国各地政府通过多种途径确保符合条件的农村低收入老年人居住安全。进一步落实农村贫困残疾老人基本生活补助和重度伤残护理补助等政策。

2. 农村养老服务设施建设更加完善

2015～2020年，在国家基本养老公共服务兜底政策的推动下，养老服务设施规模逐渐扩大，截至2020年底，我国已累计建成各种养老机构和服务设施32.9万个；养老服务的床位数出现波浪式增长，截至2020年底，

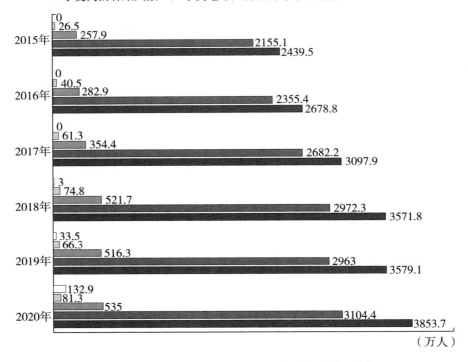

图 6 – 3　2015～2020 年我国各项老年人补贴享受人数

全国养老服务床位数总共为 821 万张，较上年增长了 5.9%（见图 6 – 4），平均每千名老年人享有养老服务床位 31.1 张。

截至 2020 年底，全国注册登记的养老机构有 3.8 万个，比上年增加 11%，总床位 488.2 万张，比上年增加 11.3%；社区养老照料机构和设施有 29.1 万个（包括社区互助型养老设施 14.7 万个），有社区养老服务床位 332.8 万张。养老机构及床位的增加不仅给特困群体带来了基本生活需要的满足，还为他们带来了文娱生活、精神生活等各方面的提升。

2019 年开始，民政部与国家发展改革委、财政部开展为期三年的农村敬老院改造提升工程，建立起布局科学合理、设施配备均衡、功能健全的乡镇养老服务设施网。这一工程获得了地方党委和人民政府的重视，其将农乡村互助养老服务列入"三农"工作和乡村振兴战略的重点发展范畴，通过党建推动农村互助养老服务的发展。截至 2020 年底，我国已建成各类农村互助养老服务设施 13.1 万个。

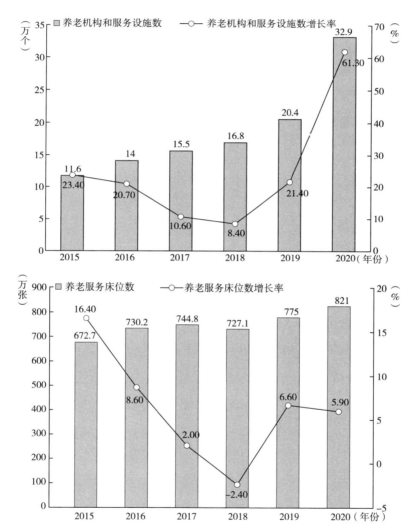

图 6-4　2015~2020 年养老机构和服务设施数及养老服务床位数与其增长率

（四）政府养老服务兜底保障职能存在的问题及建议

我国农村人口老龄化比城镇地区程度更高、进程更快。同时，城乡老龄化差距正在不断拉大，2021年我国常住人口的城镇化率已达64%，但仍然有接近一半的65岁及以上的老年人口生活在农村。客观而言，无论是经济发展水平、养老基础设施，还是社会治理能力和公共服务水平，农村都明显落后于城镇。

党的十八大以来，随着我国农村养老公共服务体制的逐步完善，我国农村养老公共服务政策也从针对农村特殊困难老年人群体的特殊救济政策，逐步过渡为覆盖中国亿万普通农村老年人的普惠性社会福利政策。但农村老年人的赡养仍然面临着很多问题：第一，农村留守老年人过多，农村空巢问题十分严峻；第二，农村养老观念传统，老年人入住养老机构的意愿较低；第三，农户住房分散，公共服务可及性差。

"保基本、兜底线"是我国养老服务体系的基本定位，农村养老服务供给是重要的政策"底线"，提升农村公共服务供给水平也是我国乡村振兴战略的重要内容。综上所述，本书就政府行使养老服务兜底保障职能提出以下建议。

1. 加大资金投入

将养老服务事业列入国家经济社会发展计划，使对服务业的投资着重向养老服务行业倾斜；制定鼓励优惠政策，引导个人、企业、社会组织等以独资、合资、联营、参股、特许运营等形式，建立各种养老机构与服务设施。

2. 提供更多政策支持

针对养老机构建设进一步简政放权，在投资者办理各项手续时各部门要提供支持；增加养老院建设的土地指标。

3. 统筹规划发展

将乡村振兴与农村敬老院建设放在一起考虑，将农村敬老院建设同标准化卫生室建设、村庄群众文化活动场所建设相结合。

4. 提高农村老人生活保障水平

提高城乡居民基础养老金标准，规范农村地区居民基本养老保险制度的执行；在保障看病方面提高报销比例和补助水平。

三 探索建立农村失能老年人护理补贴制度

（一）需要护理补贴的老年人情况

1. 失能老年人规模

我国人口老龄化进程快速推进，高龄老年人口的比例持续上升，需要照护的失能老年人口规模也日渐扩大。全国老龄办、民政部、财政部发布的第四次中国城乡老年人生活状况抽样调查结果数据显示，截止到 2015 年，我国城乡失能、半失能老年人口的数量达到 4063 万人，约占老年人口总量的 18.3%。国家卫生健康委员会老龄健康司资料表明，至 2021 年中国约有 1.9 亿老年人罹患慢性疾病，失能失智人口预计有 4500 万人。我国疾控中心资料也表明，2019 年，中国 75% 的老人患有一种及以上慢性疾病，16% 的老人已出现失能或部分老年性失能现象，4.8% 的老人已全部失能。①

2. 经济困难老年人状况

截至 2020 年底，全国城镇低保对象有 488.9 万户，合计 805.1 万人，城镇低保平均标准为 677.6 元／（人・月）；全国农村低保对象有 1985.0 万户，合计 3620.8 万人，农村低保平均标准为 5962.3 元／（人・年）。全国共有农村特困人员 446.3 万人、城市特困人员 31.2 万人。这类人群中年龄在 60 岁及以上的老年人如果部分失能或完全失能，需要长期照护，那么就是需要补贴的经济困难老年人。

（二）失能老年人护理补贴制度的实施情况

2013 年，国务院办公厅发布《关于加快发展养老服务业的若干意见》，明确指出要建立健全经济困难的失能老年人补贴制度。于是，2014 年，财政部联合多部门共同发布了《关于建立健全经济困难的高龄失能等老年人

---

① 黄建：《老年人长期照护保障机制研究——以喘息服务为视角》，《学术交流》2022 年第 5 期，第 119～132、192 页。

补贴制度的通知》，以支持经济困难的失能老年人，缓解家庭照护压力。可见，为失能老年人发放护理补贴成为积极应对人口老龄化的重要举措。[①]

《关于建立健全经济困难的高龄失能等老年人补贴制度的通知》要求各地区结合本地实际情况，清晰界定补贴对象范围，明确补贴发放对象。通过比较各省（区、市）失能老年人护理补贴制度的补贴对象，发现各省（区、市）主要参照年龄、失能状态、家庭经济条件等资格标准确定符合本地实际条件的护理补贴对象范围（见表6-3）。

表6-3 各省（区、市）失能老年人护理补贴对象范围

省（区、市）	年　龄	失能状态	家庭经济条件
河　北	60~79岁	中、重度失能老年人	—
河　南	60岁及以上	失能老年人	—
山　西	60~99岁	失能老年人	低保
黑龙江	60岁及以上	失能、半失能老年人	低保、低收入、低保边缘户
江　西	60岁及以上	失能老年人	低保、特困
江　苏	60岁及以上	失能、失独老年人	低保、特困、低收入、低保边缘户
贵　州	60岁及以上	失能老年人	低保
新　疆	80岁及以上	失能老年人	—
宁　夏	60岁及以上	失能、失智老年人	低保、低收入
福　建	60岁及以上	完全失能老年人	低保
广　东	60岁及以上	失能老年人	特困、低保、低收入
山　东	60岁及以上	中、重度失能老人，重残老年人	低保、"三无"、农村五保
北　京	60岁及以上	重度失能、残疾老年人	—
天　津	60岁及以上	失能老年人	—
湖　南	65岁及以上	完全或部分失能、重残老年人	低保、农村五保
重　庆	60岁及以上	重残、重病失能老年人	低保、"三无"、农村五保
甘　肃	60岁及以上	失能、失智老年人	特困、低保

---

① 杜鹏：《构建与老龄化进程相适应的中国特色养老服务体系》，《中国民政》2022年第12期，第30~32页。

续表

省（区、市）	年 龄	失能状态	家庭经济条件
西 藏	60 岁及以上	失能老年人	低保
吉 林	60 岁及以上	重度失能老年人	低保、低收入
辽 宁	60 岁及以上	失能老年人	低保、低保边缘户
内蒙古	60 岁及以上	失能老年人	低保、"三无"、农村五保
安 徽	60 岁及以上	失能老年人	城镇"三无"人员、农村五保、城乡低保
浙 江	60 岁及以上	失能、失智老年人	低收入
上 海	60 岁及以上	失能老年人	低保、特困等
四 川	60 岁及以上	失能老年人	低保
湖 北	—	失能老年人	城镇低收入、农村低保
云 南	—	失能老年人	特困
陕 西	60 岁及以上	失能老年人	低保、优抚、低收入、救助

合理的补贴标准是失能老年人护理补贴制度有效运行的关键。《关于建立健全经济困难的高龄失能等老年人补贴制度的通知》还规定了各地补贴标准由各地区根据本地经济发展水平、物价变动情况以及财力状况自行决定，中央政府没有给出统一的补贴标准。各省（区、市）失能老年人护理补贴标准见表6-4。

表6-4 各省（区、市）失能老年人护理补贴标准

省（区、市）	补贴标准
河 北	根据每人每月不低于100元的标准增发护理补贴，省财政每人每月补贴50元，剩余部分由市、县（市、区）财政承担，比例由设区市自行确定
河 南	各市县根据财力、物价和经济发展水平自主确定护理补贴标准
山 西	100元/（人·月）。对既高龄又失能的老年人，按照就高不就低原则享受100元/（人·月）补贴
黑龙江	低保家庭：失能老年人150元/（人·月）、半失能老年人100元/（人·月）。低收入家庭：失能老年人100元/（人·月）、半失能老年人50元/（人·月）
江 西	低保对象：不低于50元/（人·月）（享受残疾护理补贴除外）。特困人员：根据失能状况按当地最低工资标准的80%或20%发放

省（区、市）	补贴标准
江 苏	低保家庭中60岁及以上的失能老年人，一般按照不低于100元/（人·月）的标准予以补贴；低保和低收入家庭中60岁及以上的失独老年人，则按照不低于60元/（人·月）的标准予以补贴
贵 州	各市县根据财力、物价和经济发展水平自主确定护理补贴标准
新 疆	各市县根据财力、物价和经济发展水平自主确定护理补贴标准
宁 夏	各市可结合实际，按照年龄、失能程度等分类，制定与本地社会经济发展水平相适应的补贴标准
福 建	护理补贴原则上不低于200元/（人·月）
广 东	特困和低保人员中60岁及以上：轻度失能，≥100元/（人·月）；中度失能，≥150元/（人·月）；重度失能，≥200元/（人·月）。低收入家庭60岁及以上失能老人，≥60元/（人·月）
山 东	≥60元/（人·月）
北 京	重度失能、一级残疾老年人、多重残疾老年人：600元/（人·月）。二级残疾老年人：400元/（人·月）。听力、言语残疾老年人：200元/（人·月）
天 津	轻度照料等级：200元/（人·月）。中度照料等级：400元/（人·月）。重度照料等级：600元/（人·月）
湖 南	各市县根据财力、物价和经济发展水平自主确定护理补贴标准
重 庆	≥200元/（人·月）
甘 肃	低保家庭中60岁及以上的失能老人100元/（人·月）
西 藏	低保家庭60岁及以上失能老人50元/（人·月）
吉 林	≥1200元/（人·年）
辽 宁	城乡低保家庭的失能老人，按照不低于50元/（人·月）的标准给予补贴
内蒙古	全失能老人1244元/（人·月）起，部分失能老人479元/（人·月）起
安 徽	各市县根据财力、物价和经济发展水平自主确定护理补贴标准
浙 江	轻度失能：600元/（人·月）。中度失能：800元/（人·月）。重度失能：1000元/（人·月）
上 海	轻度失能：300元/（人·月）。中度失能：400元/（人·月）。重度失能：500元/（人·月）
四 川	入住机构的全失能老年人600元/（人·月）、居家400元/（人·月）；入住机构的半失能老年人400元/（人·月）、居家200元/（人·月）

续表

省（区、市）	补贴标准
湖 北	同时符合重度残疾人护理补贴对象，经济困难的高龄、失能老人补贴对象标准的老年人，按照就高不就低的原则享受其中一种补贴。经济困难的高龄、失能老人可叠加享受高龄补贴
云 南	集中供养特困人员：全失能老人 835 元／（人·月），部分失能老人 418 元／（人·月），可自理老人 251 元／（人·月）。分散供养特困人员：全失能老人 151 元／（人·月），部分失能老人 88 元／（人·月），可自理老人 50 元／（人·月）
陕 西	260 元／（人·月）

（三）失能老年人护理补贴制度存在的问题

1. 覆盖范围较窄

《2020 年民政事业发展统计公报》数据显示，享受护理补贴的老年人有 81.3 万人，占同期全国 60 岁以上老年人口（26402 万人）的 0.31%。从整体上来看，失能老年人护理补贴覆盖范围比较窄。从各地区的政策补贴对象来看，绝大部分地区的护理补贴领取要求较为严格，把大部分真正需要补助的经济贫困失能老年人都排除到了制度范畴以外，特别是处在政策边缘的失能老人。另外，部分地区把补贴对象的年龄门槛设定得过高，无疑会将其他年龄的失能老年人排除到护理补贴政策以外。

2. 补贴标准较低

补贴标准也直接影响政府失能老人护理补贴制度的实行成效，因为一旦补贴标准过高，无疑会加大地方政府财政支出压力，甚至可能造成社会问题；相反，一旦政府补贴标准过低，将无法真正满足失能老人的护理需求。从整体实施情况分析，各地方政府失能老年人护理补贴的标准较低，无法满足失能老年人的长期护理需要。由于我国城镇化的快速发展以及物价水平的提高，失能老年人单靠护理补贴已经无法保障基本生存，因此需要加大补贴力度。此外，我国各地方由于社会经济发展水平的差异，护理补贴的标准差距也很大，而这种极大的补贴标准差异也必然会造成护理范围、水平以及质量上的巨大差异，在今后还会影响失能老人护理补贴制度在我国全国范围内的统一。

3. 筹资渠道单一

从各地的具体实际出发，公共财政是补贴经费的唯一源泉。单一的融资途径、有限的财政资金都不利于护理补贴制度的可持续发展。国家财政在失能老年人护理补贴措施的实施过程中起了主导作用，而护理补贴的资金不能只依赖公共财政，所以，国家必须通过建立多元化融资途径破解护理补贴制度的可持续发展难题。

4. 评定标准不一致

各地区的失能等级评定没有统一的标准，大部分地区将老年人划分为三种失能状态："轻度"、"中度"和"重度"。老年人按照不同等级领取相应的护理补贴，但是界定方式却有不同。有的地区采用《老年人能力评估规范》的标准，有的地区采用 ADL 量表，有的地区则缺乏明确失能评估指标，这可能会造成部分地方失能老人护理补贴范围不足，使得本该在补贴对象范围内的失能老人被排除在外。

（四）失能老年人护理补贴制度的发展建议

1. 扩大护理补贴覆盖范围

从总体执行情况看，失能老年人护理补贴覆盖范围仍较狭窄，其主因是大多数地方护理补贴领取门槛过高，需拓宽失能老年人护理补贴的覆盖范围，减轻低收入家庭的经济支付压力。所以，政府部门应该完善失能老年人护理补贴对象的要求标准，补贴应当逐步覆盖到所有低收入家庭中有失能照护需求的老年人。此外，要搞好失能老年人护理补贴制度和其他社会救助机制的衔接。同时，应适当降低领取补贴的年龄门槛，政府也可以面向部分年纪大、失能程度较高的老年人制定一些特惠性政策，以加大政府对高风险群体的保护力度。

2. 提升护理补贴的标准

随着城镇化进程的加快，社会生活中物价水平上升，失能老年人保障基本生存的压力加大，可相应提升护理补贴的标准，以保障失能老年人的基本生活。而失能老年人的护理成本由于其失能程度的差异而存在很大的差别，因此需要按照补贴对象的实际状况进行分类补偿。同时，应逐步构建起补贴标准的动态调整机制。根据国家经济社会发展水平，兼顾失能老年人的护理需要，统筹考虑城乡居民人均收入提高、市场物价变化、最低生活保障制度等社会救助措施和保障标准调整等因素，合理制定老年人护理补贴标准，并鼓励在有条件的地方适度扩大补贴发放范围。

3. 拓宽护理补贴资金来源

为确保失能老年人的护理补贴制度高效运行，应积极开辟新资金来源。首先，确定政府财政补贴的责任，明确各级人民政府出资比例，保证制度的有效实施。其次，政府应当划转部分国有企业资金用于对护理补贴资金的补充。再次，在财政扶持下提高护理补贴资金的社会化筹集比重，即更注重福利彩票资助、公益机构捐助等筹集模式，形成多元平衡的筹集途径。最后，出台税收优惠政策，鼓励社会各界慈善捐款。

4. 统一护理补贴认证标准

要确定系统的、与不同失能程度相对应的护理质量评价指标。护理的级别与给予的服务项目及期限长短、待遇水平等直接相关，正确界定护理级别可以做到人力资源的合理分配，但护理级别界定的精度会关系到护理服务质量的控制与评价。建议参考国外常见的评价方法，结合我国实际情况，建立统一的护理补贴认证标准体系。

第三节　以社区为依托构建多层次农村养老服务体系

一　完善农村社区居家养老服务

（一）社区居家养老服务

社区居家养老服务是我国提倡的新型养老模式，它可以让老人既居住在家里，也能够获得由社区机构提供的日常生活照顾、医疗帮助、精神抚慰以及应急救援服务等，集"看、养、护、医"于一身。它是以家庭为基本、社区为依托和专业养老服务组织为载体的综合性社会化养老服务形式。①

农村的社区居家养老服务是借助村内的公共资源，由组织或者个人一起出资对老年人进行日常生活护理、家庭咨询、健康照料、精神抚慰等上门服务。农村的养老服务设施相对不健全，农村养老产业相关资源也相对短缺，因此农村的社区居家养老服务工作开展得非常滞后，但农村老年人接受社区居家养老服务的意愿却十分强烈，因此应该综合利用村集体资金，吸引社区组织的帮助，满足老年人的生活需要，减轻农村青年的家庭赡养负担。②

（二）我国农村社区居家养老现状

1. 我国老年人口现状

根据第七次全国人口普查对农村老年人身体状况的统计结果，在农村，60岁及以上的老年人中身体不健康或失去自理能力的人数占农村总人口的16.1%，65岁及以上的老年人中身体不健康或失去自理能力的人数占农村总人口的19.1%，80岁及以上的老年人中身体不健康或失去自理能力的人数占农村总人口的36.7%。统计结果还显示，有44.2%的老年人与老伴一起居住，其中52.0%的老年人仅同老伴一起居住；有22.4%的老年人独居；有1.4%的老年人仅与未成年人同住。

根据以上数据和统计分析结果，我国老龄化现象严重，农村老龄人口较多，身体状况欠佳，"空巢"现象较严重。

2. 我国社区居家养老的发展及相关政策

2000年，国务院办公厅转发了民政部等有关单位《关于加快实现社会

---

① 徐兰、李亮：《互联网＋智慧养老：基于O2O理念下的社区居家养老服务模式》，《中国老年学杂志》2021年第12期，第2675～2681页。
② 朱淑媛：《农村居家养老服务中的政府职能履行问题及对策研究——以L县为例》，硕士学位论文，曲阜师范大学，2021。

福利社会化的意见》，第一次明确提出了"在供养方式上坚持以居家为基础、以社区为依托、以社会福利机构为补充"的指导思想。此后，在上海、北京、大连、南京、宁波等地，进行了社区居家养老方式的试点探索。2008 年，全国老龄办等有关单位发布了《关于全面推进居家养老服务工作的意见》，正式确定了发展社区居家养老服务，之后各省（区、市）也相继制定了措施，全力发展社区居家养老服务并取得积极进展。

当前养老服务业务发展速度很快，遵循着政府统一领导、经济社会各方共同投入的工作思路，到 2020 年基本建立了以居家为基础、社区为依托、各机构为补充、医养相结合的多元化养老服务体系。养老服务业发展取得阶段性成果，截止到 2020 年末，60 岁及以上老年人有 26402 万人，占全国总人口的 18.70%，农村 60 岁及以上老年人占农村总人口的 23.81%。我国设立养老机构和服务设施共 32.9 万个，其中注册登记的养老机构有 3.8 万个，社区养老照料机构和设施有 29.1 万个。全国养老服务床位数达 821.0 万张。

尽管我国已有社区养老照料机构和设施 29.1 万个，但是，同期中国 60 岁及以上的老年人口已达 26402 万人，所以，我国的养老服务规模远无法满足老年人的养老需要。

针对我国人口老龄化步伐快，老年人口的绝对总量大、社会保障水平低的问题，我国发布了多份有关社区居家养老服务的政策文件（见表 6-5）。

表 6-5 我国社区居家养老服务的相关政策文件

政策文件名称	发布时间	相关内容
《"十三五"国家老龄事业发展和养老体系建设规划》	2017 年 3 月	大力发展居家社区养老服务，支持成年儿女和老人在一起生活，履行家庭赡养义务并担负起照料责任；积极引导老年人开展社区邻里互助养老。完善农村社区养老服务设施建设
《关于推进养老服务发展的意见》	2019 年 4 月	促进居家、社区和机构养老的健康融合发展。支持养老机构运营社区养老服务设施，上门为居家老年人提供服务

续表

政策文件名称	发布时间	相关内容
《关于进一步扩大养老服务供给 促进养老服务消费的实施意见》	2019 年 9 月	养老机构、社区养老服务机构应保障居家养老服务，为居家老年人提供日常生活护理、家务料理、精神慰藉等上门服务，进一步做实做强居家养老
《关于加强新时代老龄工作的意见》	2021 年 11 月	创新居家社区养老服务模式。以居家养老为基础，进一步增强社区养老服务能力，着力发展街道（乡镇）、社区这两级的养老服务网络，并以社区为依托、居家为基础发展多元多样的养老服务
《"十四五"国家老龄事业发展和养老服务体系规划》	2022 年 2 月	提高居家社区养老服务水平。一要建立城乡老年助餐服务体系；二要开展助浴助洁和巡访关爱服务；三要加快发展生活性为老服务业

上述政策为全国社区居家养老服务机构蓬勃发展提供了财力保障与政策保证，但是，全国大部分区域中的农村社区居家养老服务点发展较慢。由此可见，虽然政府的政策文件确实在一定意义上推动了农村社区居家养老服务的开展，但农村的长期养老难题并没有得到完全解决。这一方面很可能是因为在政策出台时，政府主导的公共服务和老年人个性化需要之间会出现结构性失调现象；另一方面也可能是因为在政策执行过程中，会出现各种不同的情况，导致政府的服务"水土不服"，因此无法保障养老服务的充分发展和社会服务水平的进一步提升。[1]

（三）农村社区居家养老服务存在问题

1. 服务内容单一

服务内容单一，没有优质的社区居家养老服务项目。社区居家养老服务的对象大多是财政兜底的经济贫困老人，服务面较窄，服务具体内容较为单一，缺少针对性和差异化的服务。其所提供服务的具体内容一般为照料老人的每日生活起居、为老人料理家事、陪同老人看病就诊等，对老年人的精神生活关心相对较少。而且这样的服务也无法满足老年人的多元化

---

[1] 王晓亚：《农村社区居家养老服务体系建设研究——基于市场视角》，博士学位论文，河北农业大学，2014。

生活需要，影响社区居家养老服务的健康开展。

2. 社区居家养老服务组织匮乏

社区居家养老服务组织匮乏，缺少专业的服务人员。因为没有相应政策措施，社区居家养老服务大多由政府部门提供，不能有效引导社会和非营利组织的参与，没有竞争动力，限制了社区居家养老服务组织的规范建设。目前新建立的农村社区居家养老服务组织中一般仅设有一个专门的服务人员，且大多为当地农民兼职，多数都已年逾50岁，由于服务人员本身的文化程度较低、身体条件较差且从未接触过专业培训，其较难胜任对失能失智老年人的专门照料和一些技术要求较高的专门任务，仅能负责部分基本工作，无法满足一个社区的养老服务需要。因此，社区居家养老服务人才的匮乏以及人员专业化素质低下在一定程度上也制约着社区居家养老服务的发展。

3. 资金来源单一

资金来源单一，保障不足。社区居家养老服务机构的资金获取多依赖于政府财政资助、地方财政补贴等，受政府资金相对欠缺的制约，政府财政对社区居家养老服务机构的支持也很少，需要社会和民办单位介入，同时由于缺少合理的政府保障，再加上社区积极性不高等，未能建立多元化的融资途径。

（四）加强农村社区居家养老服务体系建设

我国于2022年2月发布了《"十四五"国家老龄事业发展和养老服务体系规划》，从三个层面对提高社区居家养老服务的能力做出了要求。

1. 构建城乡老年助餐服务体系

首先，要构建老年人助餐服务网络。通过综合利用社区居家养老服务设施和闲置住房等社会公共资源，建设一批食材可溯、安全卫生、价格公道的规范化社区老年食堂（助餐服务网点）。着力弥补农村、远郊等地区助餐的资金缺口，积极帮助当地养老机构、餐饮场所等增加助餐服务，推广邻里互助的助餐方式。进一步完善和不断创新老年人助餐的供给方式，因地制宜通过中央餐厅、社区食堂、流动餐车等服务方式，逐步减少企业运营成本，方便老年人用餐。其次，要保障老人高质量多样化供餐。进一步适应老年人的多层次多样化用餐需要，积极引导老年人助餐机构进一步发展食品生产、丰富菜色产品、提供合理营养膳食。构建合理的助餐服务收益激励机制，由经营者按照市场价格水平和机构合理收益标准制定报酬指标，以带动更多市场主体积极投入助餐业务。鼓励外卖服务平台等市场主体积极参与助餐配送。引导助餐机构参加食品安全责任保险。

2. 开展助浴助洁和巡访关爱服务

首先，要开展老人助浴服务。重点扶持社区助浴点、流动助浴车、入户助浴等多业态发展，培养一大批标准化、连锁化的助浴机构。探索建立老人助浴服务管理的新标准规范，进一步强化对养老护理员的助浴技能培训。重点支持老人助浴服务的配套产品研发，推广应用经济实用型产品。引导助浴机构参与产品配套保险，提升其风险保障水平。其次，要引导助洁服务项目覆盖更多老人。重点支持家政公司开展床上用品清洁、收纳清理、消毒除尘等更符合老人需要的助洁服务。鼓励在有条件的地区采取政府购买服务、组织志愿服务等形式，为特殊困难老年人开展社会助洁服务。最后，还要做好居家老年人巡访关爱。进一步健全居家养老巡访关爱服务体系，坚持将日常巡访与重点巡访相结合，通过电话问候、上门探访等形式，利用互联网、物联网等手段，为老年人开展应急救助服务。采取"社工 + 邻里 + 志愿者 + 医生"等有机结合的形式，为特殊困难老年人提供身心关爱服务。

3. 加快发展生活性为老服务业

首先，要增强老年人日常生活服务可及性。积极依托社区居家养老服务设施，带动社区综合服务平台广泛对接老年人生活需求，就近就便供给消费服务。积极带动物业公司、零售服务商、社工服务机构等增强为老服务功能，积极开展老年人生活用品代购、餐饮外带、家政预约、代收代缴、挂号取药、精神慰藉等公共服务。其次，要培养老年人日常生活服务的新型业态。积极促进"互联网 + 养老服务"蓬勃发展，促进互联网平台公司精确对接为老服务需要，支持社区居家养老服务机构平台化展示，提供"菜单式"就近便利为老服务，提倡"子女在线下单、老年人感受服务"。指导有条件的养老服务机构线上线下融合，运用网络、大数据分析、人工智能等创新业务经营模式。支持互联网企业开发面向老年人各种活动情景的监测提醒等功能，并运用大数据分析方便老年人的居家、出游以及健康管控与紧急处理。

按照《"十四五"国家老龄事业发展和养老服务体系规划》提出的指导意见，根据我国农村社区居家养老服务状况，提出以下建议。

首先，要强化政府资金投入，多渠道扶持养老机构建设。积极发展多种经营模式，以公建民营、医养紧密结合为基础，开展居家养老、社区互助养老等。制定出台政策，增加对社区居家养老的资金投入，吸纳社会资本、融资企业等广泛投入。

其次，要对养老对象进行分层，使用不同的服务方式。对于符合居家养老条件的老年人，按照经济状况和子女情况，分为无偿、低偿、有偿、志愿者服务对象。按照老人的实际身体状况和自身养老需要，服务功能将由目前的救助、送餐、生活照顾等，逐渐延伸至送医送药、陪病伴床等，对残障、重病等老年人给予照料看护和医疗服务等，并开展陪老人聊天等综合服务。老年人也可以按照自身的需要和习惯使用不同的服务项目和服务类型，包括上门服务、综合服务等。

最后，加强专业人才教育，提升服务水平。提升服务人员的水平和能力，对社区居家养老服务人员开展专门技术培训，以实现持证上岗，并对他们上岗后的工作状况实施严格监管，如出现不合格现象将进行处理。大力发展志愿者团队，积极引导广大青年在闲暇时加入社区居家养老服务志愿者行列，利用自身的闲暇时间为生活条件艰苦的老人进行志愿服务，以填补老人儿女长期不在身旁的生活空缺，使老人安享晚年。

二　建立医养康养结合的养老机构

2020 年末，中国的 60 岁及以上老年人口达 2.64 亿人，而据统计，中国 60 岁及以上老年人在其余寿中约有 2/3 的时间处在带病生存状况，因此老年人两周患病率是总人群的 2.9 倍。总体来说，老年群体对健康服务的需要较多，且资源耗费大。因此，养老服务不能仅限于养老，还需涵盖保健诊疗、护理康复、安宁疗护、心理精神支持等各方面。

医养康养结合是改变"医养分离"的养老现状、顺应社会发展趋势和养老需求、缓解医疗资源紧张、优化医疗养老资源配置、提高老年人生活质量的新的养老模式。[①] 医养康养结合并不是一个单独的养老模式，而是指从老年人多元化需要出发，通过将养老与医疗有机融合、使其服务功能合理衔接，为老人提供检查、医疗养护、健康疗养、保健教育、临终关怀服务等各种专业化、长期性健康照料服务的养老供给方式。[②]

（一）相关政策

1. 养老机构相关政策发展

为减轻老龄化所造成的经济社会负担，并推动养老机构的全方位发展，我国先后出台了多份相关政策文件（见表 6-6）。可以看到，国家在促进养老机构发展上，已经形成了相对成熟的政策架构。

表 6-6　我国养老机构发展相关政策文件

政策文件名称	发布时间	相关内容
《"十三五"国家老龄事业发展和养老体系建设规划》	2017 年 3 月	全面做好应对人口老龄化工作，进一步健全老龄政策制度
新修改的《中华人民共和国老年人权益保障法》	2018 年 12 月	取消对养老机构设立的行政部门许可，强化对养老服务的监督管理能力
《关于推进养老服务发展的意见》	2019 年 4 月	满足老年人多层次、多元化的服务需要
《关于进一步扩大养老服务供给 促进养老服务消费的实施意见》	2019 年 9 月	增加养老服务供给，鼓励人们进行养老服务消费行为

---

① 宋慧慧：《医养康养相结合机构养老服务的问题及对策研究——以安徽省为例》，硕士学位论文，安徽大学，2021。
② 高鹏、杨翠迎：《我国医养结合服务模式实践逻辑与协同路径分析：基于"全国医养结合典型案例"的扎根理论研究》，《兰州学刊》2022 年第 8 期，第 135～148 页。

续表

政策文件名称	发布时间	相关内容
《关于加快建立全国统一养老机构等级评定体系的指导意见》	2020 年 1 月	构建全国统一的养老服务质量标准与评价体系
《中共中央关于制定国民经济和社会发展第十四个五年规划和二〇三五年远景目标的建议》	2020 年 11 月	协同发展养老事业和产业
《关于加强新时代老龄工作的意见》	2021 年 11 月	各地政府要采取直接建设、委托运营、购买服务、鼓励社会投资等各种途径发展机构养老
《"十四五"国家老龄事业发展和养老服务体系规划》	2022 年 2 月	支持建设专业化养老机构，积极推进公办养老机构改革

2. 医养康养结合模式的发展

2019 年 11 月，党的十九届四中全会通过了《中共中央关于坚持和完善中国特色社会主义制度 推进国家治理体系和治理能力现代化若干重大问题的决定》，首次明确提出要"积极应对人口老龄化，加快建设居家社区机构相协调、医养康养相结合的养老服务体系"。2020 年 10 月，党的十九届五中全会通过了《中共中央关于制定国民经济和社会发展第十四个五年规划和二〇三五年远景目标的建议》，内容中有一项明确提出要形成医养康养相结合的养老服务体系。2021 年 11 月，《关于加强新时代老龄工作的意见》更进一步提出了构筑医养康养结合的健康支撑体系，探讨设立基本养老医疗服务目录管理制度。[①] 2022 年 2 月，《"十四五"国家老龄事业发展和养老服务体系规划》明确提出要扩大医养结合服务供给，积极开展基本公共卫生服务老年健康与医养结合服务项目。

从上述文件中可以发现，当前中国社会已经把建立医养康养相结合的现代养老服务体系视为积极应对老龄化社会和落实健康中国战略的重要内容。部分省份在国家有关政策的引导下制定了相应的《养老服务条例》，为

---

① 武玉：《医养康养模式的内涵逻辑、国际经验与本土启示》，《老龄科学研究》2022 年第 7 期，第 68 ~ 78 页。

医养康养融合设置专章，在丰富医养康养服务内涵、优化配置医养康养服务资源、改进医养康养服务理念等领域，为建立医养康养结合制度提供了具体的举措。

（二）医养康养结合的机构建设情况

2019 年，国家卫生健康委、民政部等 12 部门共同颁布了《关于深入推进医养结合发展的若干意见》，提出进一步规范医疗卫生机构和养老机构合作，推进医养结合机构"放管服"改革。截至 2020 年 12 月，全国医养结合机构达 5857 家，床位 158.5 万张，医养结合服务质量明显提升，基本解决了养老机构不能就医、医疗机构不能养老的难题，将医疗卫生服务延伸至居家和社区养老。[1] 截至 2020 年底，我国共有二证（医疗机构执业许可证和养老机构备案证）齐备的医养结合机构 5857 个，总床位数 158.5 万张，较 2017 年底分别增长了 59.4% 和 137.6%；医疗卫生机构和养老机构之间形成长期签约或合作伙伴关系的有 7.2 万对；有 90% 的养老机构可以为入住的老年人提供各种形式的医疗卫生服务。从国家卫生健康委了解到，由于大力发展医养健康综合业务，截至 2021 年，全国医养结合机构数量达到了 6000 多个，总床位 160 多万张，医养结合服务水平显著提高，老年人的健康支持体系不断完善。

通过《2021 年我国卫生健康事业发展统计公报》中的统计资料了解到，截至 2021 年底，全国共有国家老年疾病临床医学研究中心 6 个，设立老年医学科的二级及以上综合性医院 4685 个，建成老年友善医疗机构的综合性医院 5290 个、基层医疗卫生机构 15431 个，设立临终关怀（安宁疗护）科的医疗卫生机构 1027 个。全国医疗卫生机构和养老机构形成签约合作关系的达到 7.8 万对；两证齐全（获得医疗机构执业许可或备案，并进行养老机构备案）的医养结合机构共有 6492 家。国家卫生健康委协同

---

[1] 穆荣平、蔺洁、池康伟等：《创新驱动社会服务数字转型发展的趋势、国内外实践与建议》，《中国科学院院刊》2022 年第 9 期，第 1259～1269 页。

工业和信息化部、民政部共同进行了 2021 年全国智慧健康养老应用试点示范，共确定 35 家示范企业、2 个示范园区、45 个示范街道（乡镇）、17 个示范基地。

（三）医养康养结合养老机构中存在的问题

1. 供求失衡

机构内养老需求增长和养老机构床位缺口之间不平衡。医养康养结合养老机构中一方面老年人所需要的床位不足，另一方面空床率又较高。老年人养老服务需求多元化和服务供给的单一化之间不平衡。随着当前人民群众生活质量的提升，老年人的赡养要求已不是单纯的日常生活照顾，而是多元化、多样化的。大部分养老机构并不规范，医疗水平偏低，而医疗水平高、信誉好的医疗机构，其资源十分稀缺，并不能惠及大多数民众。

2. 机构运营困难

市场运营跟不上需求，民营医疗机构难发展。民营医疗机构因为取得备案登记养老机构身份很困难，所以进入这个领域的积极性不强；同时在实际操作方面，国有医疗机构具有政策上的竞争优势；同时养老服务目前还不属于诊疗业务，在医疗保险费用报销以及住院时间方面受到的影响比较大，一些治疗时间比较久的老年患者因此延误了治疗，整个运营过程缺乏市场化和良好的运营环境。

3. 服务资源欠缺

许多城市的养老机构并不能提供医养康养结合的养老服务，缺乏医养康养结合的基础设施和条件。农村条件更差，缺乏康复护理的设施，缺少相应的活动场地，智能化设施的建设也存在不足。另外，在开展医养康养结合的养老服务时，也面临专业人才短缺的情况。医养康养护理人员必须具备专门的日常生活护理技能、医疗护理技能和心理指导技能，但目前养老机构内的多数护理人员并不具有上述专业知识和能力。在管理层面，养老机构内同样存在着人员短缺的情况，部分养老机构的管理者经验较少并且缺乏相关的知识，对怎样对老年人进行医养康养护理的问题并不了解。

4. 老年人对机构认知不足

老年人对医养康养结合的养老机构认知不够。因为老人普遍接受居家养老，对社区机构养老制度的了解不足。另外现有养老机构在建设和规模上并不能满足实际需求，由于受到诸多因素的制约，普及并不容易。

（四）发展医养康养结合养老机构的建议

1. 政府方面

首先，应构建法律制度体系。国家应当建立健全与医养康养结合的机构养老发展相配套的专门法律制度体系，为医养康养结合养老机构的不断发展壮大提供更有力的法制保障。同时，各地政府要进一步明确规定医养康养结合机构养老服务的内容和质量标准，进一步统筹规划医养康养结合机构养老服务的多元供应主体，进一步明确各市场主体的角色地位、分工合作机制，进一步规范养老机构要履行的法律责任和社会义务。

其次，要加强对养老机构的投资支持。医养康养结合养老服务企业因为前期投入成本高昂以及后期回报速度较慢，在经营上面临很大困难。政府部门要通过财政扶持，吸引更多的养老机构对老年人进行医养康养服务，并加强和提高政府部门对医养康养结合养老机构的优惠政策和扶持能力，以与养老机构在设备、人员等方面的投入平衡。另外，政府也可以引导养老机构降低入住老人的收费标准，缓解老年人家庭收入不足的问题，让老年人享受更多的养老服务。

最后，要建立专门的人才队伍。医养康养结合的机构养老服务离不开高素质、高水平的人才，但目前医养康养人才的匮乏，已成为政府部门急需解决的问题。一方面，政府部门要加大医养康养培训力度，通过经常举办的医养康养业务培训和组织人员培训等，培育出一批素质、水平较高的养老服务人才；另一方面，政府要强化对医养康养服务人员的激励扶持政策，各级政府应根据其实际情况出台相应的奖励措施。此外，健全医养康养结合机构养老服务人才评估系统，按照评估标准对在医养康养结合养老机构从事养老服务的工作人员实行职业技术级别认证，并建立与级别相挂钩的薪酬机制，吸引更多人员积极参与养老服务工作。

2. 机构方面

养老机构应提高自身服务质量。首先，要做好机构的管理工作。养老机构应建立科学合理的组织管理条例，严格规定管理者和照护者的工作内容，包括明确的服务项目、工作期限、服务目标等。其次，要培养员工的专业技能。养老机构应事先审核应聘人员的从业经验，保证他们具备专门的医养康养技能与经验。最后，要保证人员的薪资福利。养老机构人员薪资福利低就没有吸引力，会使得养老机构无法留住专业人才，不能带来良好的医养康养服务。

3. 社会方面

应转变社会养老观念。首先，应增强全社会健康养老意识。加大对老年人医养康养观念的传播力度，以提高社会群体对科学养老方式以及健康老龄化理念的认识，并鼓励老年人积极采用科学、健康的养老方式。其次，社会也应当改变对健康养老服务工作的认识。要引导整个社会建立尊老、敬老、爱老的全民共识。最后，政府要引导社会公众积极地投身养老服务。大力宣传全民健康养老观念，转变养老服务意识，激发社会公众投身养老服务的积极性，促进医养康养向现代化迈进。

第四节　依托社会力量发展互助养老

一　建立多元化农村互助养老筹资机制

农村互助养老模式具有低价高质量的优势，是解决当前中国农村社会化养老服务水平不足问题的重要方式，也是构建多样化养老服务体系的重要服务方式之一。当前农村互助养老机构存在的主要难题，是没有长效性、稳定性和可持续性。① 2013 年，民政部提出在全国农村试点建设幸福院之后，不少地方建成了农村幸福院，但出现了重建轻管或者没有人入住的状况，部分农村幸福院也因建设投资上的困难陷入发展瓶颈。如何形成多样化的融资机制，建立一种较为稳健、可持续的运营筹资机制，成为中国农村互助养老事业可持续发展的基本问题。

（一）我国农村互助养老的筹资方式

至 2022 年，我国农村互助养老还处在发展时期，筹资方式相对简单，没有形成多样化的发展资金来源。据专家调查，部分农村互助照料机构的资金都是通过地方民政部门专项拨付，且资金来源比较单一，甚至部分互助照料机构已因资金短缺而停止了经营。② 有研究者发现，农村互助养老的运作资金大多来自当地政府部门的投资补助以及农村集体所有的公益金，来自家庭和社会的投资支持相对较少，融资途径单一、可持续注资不足等对互助养老制度的发展产生了不好的影响。③ 有研究者认为，由于物价上升以及集中供养率提升等因素，养老服务的供给方承受了很大的经营成本，而营利性民间资本则缺乏参与的机会，互助养老获得的资金无法支持其长远发展。④

通过对已有经验的总结，将农村互助养老的筹资方式分为建设期及运行期方式两类。在建设期，农村互助养老项目中的资金大多依靠政府资助，部分地方还涉及农村集体资助、社会各界捐助。2013～2015 年，民政部投入了中央专项彩票公益金 30 多亿元用来扶持中国农村幸福院的建立，促进了中国农村互助养老的迅速开展。而之后，农村互助养老模式的发展

---

① 张继元：《农村互助养老的福利生产与制度升级》，《学习与实践》2021 年第 6 期，第 104～115 页。
② 祁玲、杨夏丽：《西北农村互助养老需求及其影响因素分析》，《学术交流》2020 年第 8 期，第 137～152、192 页。
③ 李俏、刘亚琪：《农村互助养老的历史演进、实践模式与发展走向》，《西北农林科技大学学报》（社会科学版）2018 年第 5 期，第 72～78 页。
④ 王铄：《积极老龄化视角下农村互助养老模式探析》，《农业经济》2019 年第 12 期，第 60～61 页。

主要依托地方政府资金，各地区的政府补贴标准与构成有所不同。在运行期，农村互助养老的筹资方式与各地政策相关，部分地方并未配备财政补助，主要采取老年人自付和村集体承担方式；部分地方配备有财政补助，以老年人自付、财政补助、村集体承担相结合的形式为主。另外，社会捐赠虽然是农村互助养老可贵的资金来源，但也不是每个地方都适用。

（二）我国农村互助养老筹资中的问题及建议

在当前中国农村互助养老的资金来源中，财政补助是重点构成部分，要充分发挥农村互助养老低成本而高效的优点，财政补助标准不能过高，且一定要有稳定性。到 2020 年，农村互助养老的工作费用主要依靠区县、乡镇政府的公共支出，并没有长期稳定的专项经费。不同地区的农村互助养老设施经济资源及筹资渠道差异较大，经费充足地区的农村互助养老设施不仅可以每天提供娱乐服务，还可以实现每日供餐，且在政府补贴后老人的自付比例较低。而经费不足或偏远地区的农村互助养老服务设施平日仅开放棋牌室、阅读室等基本服务设施，租金、水电费以及部分基本生活费用则主要依赖当地的政府补助，而政府补助如果因特殊情况而暂停，这些地区的农村互助养老服务将无以为继。

形成多样化的农村互助养老筹资机制是农村互助养老工作可持续开展的基础保障，因此，基于以上问题，本书提出如下建议。

首先，农村要因地制宜开展集体经济建设。① 在自然资源、文化习俗、民间技艺等方面开发当地的特色产业，与养老事业相结合，招商引资发展集体企业，如开展乡村旅游，开办畜牧业养殖场，进行农产品加工、手工艺品制作、网络直播带货等，向外推销农产品，充分发挥市场营利功能，发展农村经济。

其次，要开辟互助养老资金的获取途径。通过财政补助、农村集体出

---

① 蒲新微、孙宏臣：《互助养老模式：现状、优势及发展》，《理论探索》2022 年第 2 期，第 54~60 页。

钱、农民个人家里出资、社会专业组织支持，综合运用多方资金，既有助于激活农村，打造"产业兴旺、生态宜居、乡风文明、治理有效、生活富裕"的新型农村社会，也能够为互助养老带来资金保障。同时还应加强宣传工作，积极引导爱心组织、社会团体、志愿组织等开展募捐，以增加农村互助养老资金获取能力。

最后，要充分发挥政府补贴的推动作用。政府补贴的推动作用，主要是通过带动广大农户积极参与农村互助养老工作，包括筹资捐助、物资提供、志愿奉献等，形成健康的多样化的社会筹资机制。

二　发展农村互助养老服务体系

（一）农村互助养老的定义

农村互助养老，实质上是基于互惠与共享的新型养老模式，是对农村家庭养老的有效补充。农村互助养老通过同期群①效应，化群体劣势为整体优势，以老年人群众自由参加、自主经营、志愿服务为原则，利用政府、社区、家庭与个人资金，开展老人日常生活护理和精神抚慰等服务业务，以相对低廉的成本，有效提升了农村养老服务的能力。农村互助养老以低龄者照料高龄者、健康者照料体弱者为主要表现形式。互助养老的最大好处就是"互相帮助"，其不以营利为主要目的，对老年人来说投入门槛较低、参与门槛也不高，因此能够吸引很多有需要的老年人加入其中，适合我国农村地区较为脆弱的社会经济环境，并与家庭养老和自我养老相互补充。②

（二）农村互助养老的相关政策

至 2022 年，中国农村养老的基本情况仍表现为农村老年人口比重大、

---

① 同期群：将相同时间段内具有共同行为特征的用户划分为同一个群体，该群体被称为同期群。
② 李歆：《农村互助养老服务问题及对策研究——以河北省肥乡县为例》，硕士学位论文，东北财经大学，2018。

赡养压力大，而农村家庭养老和机构养老都很难满足中国农村人口老龄化带来的需求。传统的家庭养老模式难以为继，而代替传统家庭养老的机构养老方式则因费用高昂、服务不佳，且中国乡村住房分散、农村社区机构发育不完善而难以普遍覆盖农村老人，同时，农村老人沟通受限，使得农村老人精神空洞、孤独感严重成普遍现象。所以，发展我国特色农村互助养老存在着现实需求。我国为了支持这种低成本高效率的养老模式，出台了以下政策文件对农村互助养老进行资金以及政策等方面的支持（见表6-7）。

表6-7　我国农村互助养老的相关政策文件

政策名称	发布时间	相关内容
《社会养老服务体系建设规划（2011—2015年）》	2011年12月	在社区养老服务方面，主要设立老年人日间照料中心、托老所、老年人活动中心、互助式养老服务中心等社区养老设施
《中央专项彩票公益金支持农村幸福院项目管理办法》	2013年5月	每项目补贴3万元，项目资金使用范围是设施修缮和设备用品配备
《关于加快发展养老服务业的若干意见》	2013年9月	切实加强农村养老服务。依靠行政村、较大自然村，利用农家大院等，建立老年日间照料中心、托老所、老年活动站等互助性的养老服务设施
《民政事业发展第十三个五年规划》	2016年7月	支持农村老年互助式养老服务设施建设，充分发挥村民自治组织功能，积极动员农户和社会力量投入服务运营，为农村老年人就地开展餐饮服务、日常生活照料、日间休息、休闲娱乐等综合性邻里日间照料服务
《"十三五"国家老龄事业发展和养老体系建设规划》	2017年3月	在农村养老服务领域，采取邻里互助、亲友相助、志愿服务等方式和建立农村幸福院、农村养老大院等新形式，大力发展农村互助养老服务
《关于加强农村留守老年人关爱服务工作的意见》	2017年12月	支持在乡镇、村成立老年协会等各类老年团体，并激励留守老人入会互助养老
《"十四五"民政事业发展规划》	2021年6月	积极发展农村养老服务。形成由乡镇主导，村委会、老年人协会、低龄健康老年人、农村留守妇女、村干部、党员、志愿者等广泛参加的农村互助养老服务体系

续表

政策名称	发布时间	相关内容
《"十四五"国家老龄事业发展和养老服务体系规划》	2022 年 2 月	尽快弥补农村养老服务缺口，以村级邻里互助点、农村幸福院等为基础，建立农村互助式养老服务网络。
《2022 年国务院政府工作报告》	2022 年 3 月	积极应对老龄化，改善养老服务供给，支持社会力量提供日间照料、助餐助洁、康复护理等服务，积极引导开展农村互助式养老服务。

（三）农村互助养老的模式

20 世纪 90 年代，我国老年人口占比急剧上升。为应对老龄化所造成的消极影响，2001 年，国家民政部门制定以居家互助养老模式为主的"星光计划"，并在国内许多地区开展试点工作，获得了较好的效果。到 21 世纪 20 年代，互助养老已在全国范围内推广实践，并形成了多种互助养老模式，最主要的模式包括集中供养模式、"时光银行"互助养老模式以及邻里互助养老模式。[①]

集中供养模式是指在社区建立农村幸福院，将高龄、空巢、日常生活无法自理等状态的老年人聚集到养老院内，对其实行集中供养，并提供所需的生活服务。这种互助养老模式大多是在地方政府部门指导下，由村集体遵循"政府支持、村级组织、互助服务、社会参与"的原则，为乡村老人搭建社会互助养老的公益性场所，为他们提供日间生活护理、精神抚慰、休息娱乐等公共服务。

"时间银行"互助养老模式是指低龄老年人为高龄、空巢、失能老年人提供养老服务。参与者进行的服务可以被量化和累积，当参与者对服务有需要时将由同期的低龄老人为其进行同样的无偿服务工作，从而

---

① 蒲新微、孙宏臣：《互助养老模式：现状、优势及发展》，《理论探索》2022 年第 2 期，第 54~60 页。

实现低龄老年人照料高龄老年人的互助循环养老。[①] 这种互助养老模式采用储蓄服务时间的形式发展双向有偿志愿养老服务，是对既有养老服务体系的重大革新，可以增强养老资源的可再生性，促进养老服务的可持续发展。

邻里互助养老模式是指在地方政府的政策号召下，以社区为依托，以社区工作人员为主体，以机构为主要服务平台，通过整合社会闲散的老龄人群资源，并组织培训使其形成邻里互助组织，由低龄老年人对高龄老年人定期进行日常生活照顾、精神抚慰等基本生活咨询服务。这种互助养老模式没有固定的活动场所，所以可以使农村老年人在比较熟悉的生活氛围中安享晚年，在老年人口占比比较高、经济文化条件比较落后的乡村地区，可以有效解决农村老年人的养老问题。

（四）农村互助养老存在的问题及建议

1. 筹资渠道与筹资途径方面

农村互助养老的良性运转与长远开展需要足够的财力作保障。一方面，至2020年我国农村互助养老还处在探索时期，农村互助养老的运行资金大部分来自地方财政的补助以及针对农村社会的公益金，家庭和社会的资金支持相对较少，且筹资途径单一、没有稳定可持续的资金来源，这制约着互助养老的未来发展。另一方面，提供养老服务的场所承担了很大的运行成本，而营利性民间资本又没有直接流入养老服务行业的能力，使得互助养老运行资金无法有效支持其长远发展。

根据上述问题，本书建议逐步拓展筹资途径，借助政府部门、社区和个人的协调合作，实现互助养老筹资途径的多样化。

首先，农村地区应该积极发展农村脱贫产业，扩大筹资途径，通过增加农村集体的经济收入，来增加互助养老事业的资金支持。其次，政府应

---

① 董才生、聂淼、马志强：《农村邻里照护：实践形态、制度困境与政策调适》，《吉林大学社会科学学报》2022年第3期，第127~139、237页。

当把农村地区互助养老项目列入养老保障范围，并加大政府投资支持力度，利用税收、用地等政策吸引民间资本注资，以缓解农民养老资金投入不够的实际问题。最后，还需由政府、个人、社区等联合进行资助，积极引导社区个人、中小企业、非营利性社会公益机构等对互助养老项目开展资金投入，以形成多样化的投资融资机制，同时也需积极争取社会各界资金投入的长久支持，并引导非营利性机构参与以实现资金的可持续增长。

2. 服务类型与服务质量方面

当前，农村互助养老服务的供给中出现了服务类型相对单一、服务质量亟待提高的问题。一方面，农村互助养老服务的内容缺乏完整性，部分农村互助养老机构更加重视基础设施建设，高质量的养老服务供给不够，只能满足老人最基本的生活需要，严重阻碍了农村互助养老的长期开展。另一方面，农村互助养老机构由于受到成本制约，专职服务人员十分缺乏，主要依靠老年人的自我服务和管理，再加上服务内容以精神抚慰为主，相互照料的效果并不明显，使得服务品质受到了相当程度影响。此外，我国农村互助养老服务的层级普遍偏低，服务对象多为五保户、高龄孤寡老人，无法满足其他失能、半失能老年人的基本生活服务需要。

基于上述情况，本书认为，应从专业人员培训、加强专项护理训练等角度入手，根据老年人的具体养老需要，为他们提供全面、高质量的养老服务。

首先，应逐步完善农村互助养老服务供给的管理模式，以需求为导向，充分考虑农村老年人的个体差异，从完善服务内容、开展文化娱乐活动、强化技能上的引导与管理等三方面来进行全方位、高品质的养老服务供给，以提升农村互助养老服务供给的整体水平。其次，应从专门人才队伍的建立和培养开始，根据当地状况以及老年人的实际身体状况，进一步充实服务内容，提高服务水平，以切实满足农村老年人的基本养老服务需要。最后，应合理利用农村闲置劳动力组建志愿者团体，对其开展医护等方面专业技能训练，为老年人开展基础护理服务，同时组织志愿者举办各类文娱活动，满足老年人的精神人文需要。

3. 政策扶持与监督机制方面

合理的政策扶持和健全的监督机制，是我国农村互助养老得以长期、高效地进行的关键，而政策扶持的不充分与监督机制的不健全容易产生责任风险，进而使农村互助养老发展受限。首先，由于我国并未对农村互助养老进行过具体的立法规范，因此一旦在互助过程中发生了意外，由于缺乏具体的责任界定，极易削弱农村空巢老年人参加互助养老的意愿。其次，由于我国农村互助养老的法规体系还不完善，相应的社会约束政策与制度也还不健全，在资金筹集、设施建设、社会监督机制和互助网络建设管理等方面都缺乏具体的法律规范可遵循。最后，我国农村互助养老的体制机制还没有理顺，政府也还未能及时与社会养老组织、医疗卫生组织衔接，农村互助养老在税收、用地、有关配套措施等方面都无法得到适当的地方政府保障，无法提供互助过程中所需要的紧急医疗救助服务。

基于上述情况，本书认为，应健全有关规章制度，明晰互助过程中各参与者的职责权责，防范化解互助过程中的道德风险，健全机制，保障农村互助养老的高效运转。

首先，政府应当制定相关的法律法规，厘清各主体在互助养老过程中的责任和义务，并按照有关法律法规解决农村互助养老过程中存在的问题，以确保农村互助养老规范化发展。其次，各地方人民政府应当完善有关政策法规，健全相应机制，明确在互助过程中的争议解决方法，以推动农村互助养老健康发展。最后，政府应当加大对互助养老资金的管理监督力度，实现统筹管理、规范运用，以推动农村互助养老可持续发展。

第七章

乡村振兴背景下多种
养老模式的共生发展

CHAPTER 7

党的十九大报告提出乡村振兴战略，这为农村养老发展创造了良好的环境和条件。本章将养老模式分为家庭养老与社会化养老两种，并以共生理论为基础讨论它们的共生机理与共生发展。以孝文化为背景的传统家庭养老方式依然是老年人的首要选择，而社会化养老所提供的专业化服务也在解决农村养老问题上发挥着重要作用，在乡村振兴背景下，二者相互补充、相互依托、相辅相成、缺一不可，两种养老方式及其衍生的其他养老方式正在共生发展。

第一节　农村养老模式及其演变

一　农村养老模式主要类型

目前，关于农村养老模式的分类方法较多，其中姚兆余根据居住方式将其分为机构、集中居住、居家、社区四种模式，[①] 周娟则综合传统和新式养老服务模式将其分为家庭传统养老、共责式养老、邻里相助等七种典型模式，[②] 朱树彦根据资金来源与养老服务的供给主体进行划分，将其分为家庭养老和社会养老两种模式。[③] 本书认为，我国农村存在的各种各样

[①] 姚兆余：《农村社会养老服务：模式、机制与发展路径——基于江苏地区的调查》，《甘肃社会科学》2014 年第 1 期，第 48～51 页。

[②] 周娟：《中国农村养老服务模式：创新、驱动因素与趋势研究》，《福建论坛》（人文社会科学版）2016 年第 9 期，第 115～121 页。

[③] 朱树彦：《人口老龄化背景下中国养老模式研究》，硕士学位论文，外交学院，2016 年 6 月。

的养老模式归纳起来可以划分为家庭养老和社会化养老两类。

（一）家庭养老模式

何为家庭养老？本书将老人的养老场所基本上处在家中，并且其养老资源供给大部分来源于自己或家庭成员（子女或其他亲属）的这种养老模式称为家庭养老。典型的家庭养老模式是我国农村曾普遍存在的传统的那种由子女或其他亲属用家庭资源供养老人的方式。随着农村经济发展和社会结构变化，这种模式也在演化，衍生出多种样式。

1. 现代家庭养老方式

家庭养老模式强调的是由家庭成员赡养老人，老人养老的经济支持、生活照料和精神慰藉由家庭提供。这种养老方式历史悠久，我国自古崇尚儒家思想，讲求孝道，家庭养老在中国养老保障中发挥了关键作用，几千年来一直备受推崇，并沉积为一种生活原则和社会心理。这种模式是中国传统生产方式的产物，并且在这种模式下形成了独特的传统养老文化。子女承担责任的以孝为基础的家庭养老，本质上是建立在血缘关系基础上的亲情养老，因而也是一种更全面和更为人性化的养老，它最大的优势在于情感慰藉，能够充分满足老人的"天伦之求"。由此可见，家庭养老是其他养老模式难以替代的。受小农经济、血缘传承和孝文化的影响，家庭养老模式在中国一直作为主体模式而存在。

新中国成立后，特别是改革开放以来，我国农村经济发展水平和社会结构发生巨大变化，传统的大家庭已经不再多见，子女和老人多分开居住，但由子女和家庭成员赡养老人，提供大部分经济支持、生活照料和精神慰藉的情景仍随处可见，演化成为现代家庭养老方式，在现代化的进程中为传统的家庭养老模式打上了现代的色彩。

2. 自我养老方式

自我养老是一种以自力养老为主、以外力养老为辅的养老方式。[①]　有

---

① 穆光宗、姚远：《探索中国特色的综合解决老龄问题的未来之路——"全国家庭养老与社会化养老服务研讨会"纪要》，《人口与经济》1999年第2期，第59页。

学者认为，自我养老与其他养老方式的区别主要在养老支持力的来源上，前者之中老年人养老的经济支持主要源于自身储蓄和劳动收入。[1] 综合考虑老年人养老所需的各种资源，黄闯认为，自我养老是指老人不仅在经济支持上依赖自己，而且在精神慰藉和日常生活的照料方面也依靠自己的养老方式。[2] 本书认同黄闯的说法，即认为在老人自我居家生活的基础之上，自我养老方式中的"自我"既包括经济来源方面的主要自养，也包括精神慰藉和生活照料方面的主要自我满足。在经济发展水平不断提高和老人健康素养逐步提升的形势下，自我养老已经不再少见。

3. 社区居家养老方式

社区居家养老方式是一种以家庭供养为主体，社区提供养老辅助支持的养老方式。老年人将养老的地点保持为自己的家中，由社区提供购物、助餐等辅助性养老服务，正是因为如此，许多文献将其划入社会化养老范畴。社区居家养老可以保留老年人在家养老的传统，这样既可以减少老年人去养老机构养老面对陌生环境较为抵触的心理，又可以使老年人得到更加专业、全面的服务，是一种可以弥补家庭养老和机构养老不足的养老模式。[3] 本书认为，农村的社区居家养老中，虽然社区提供了一些生活照料服务，但是在多数情况下子女（家庭）提供的服务是主要的。因此，如果社区居家养老是由家庭成员提供大部分养老服务的话，这种社区居家养老方式仍应归属于家庭养老范畴。

（二）社会化养老模式

机构养老是社会化养老的典型模式。机构养老是指老年人集体居住在某个养老机构里，由专门的服务人员负责他们日常生活的养老模式。养老机构对老年人进行集中管理，并为其提供生活及精神上的照顾，这种养老

---

[1] 赵志强：《当前农村自我养老困境及对策》，《合作经济与科技》2012 年第 11 期，第 71 页。

[2] 黄闯：《农村老人自我养老保障的现实困境与优化路径》，《探索》2015 年第 2 期，第 125 页。

[3] 顾佳妍：《无锡市城市社区居家养老服务优化研究》，硕士学位论文，云南财经大学，2022。

模式的优点是可以节约社会资源与养老成本。

目前，就全国范围来说，农村养老机构主要表现为以下几种形式。一是通常所说的养老院。它给老年人提供住所，有配套相对完整的服务设施，专门接待可以生活自理的老年人或综合接待日常生活依靠拐杖、轮椅等设施帮助的老年人和失能、失智老年人，协助他们安然度过晚年时光。二是老年社会福利院。它是以国家的专项财政拨款作为经济补助，配置了专业性比较强、覆盖面比较广的服务项目和设施的服务机构。三是老年公寓。它是内部设施符合老年人身体、心理特征的老年型综合管理性住宅，让老年人既可以满足养老需求，也可以享受到社会提供的各种养老服务，分为高、中、低等不同档次，也属于机构养老范畴。四是照料院。它专门接待日常生活需要依赖轮椅、拐杖等设施帮助的半失能老年人。五是护理院。它专门接收生活不能自理的老年人，针对残疾老年人、临终患者和其他需要特别护理的老年人提供基础和专业化的护理，与其他养老机构最大的区别是提供和配备专业的医疗服务和工作人员。与第四、第五种相类似的还有医养结合的机构，它集医疗养老功能于一体的，有固定的生活服务场所、必备的生活设施及活动场地和提供医疗服务的手段或方式，主要的服务对象是老年人，服务内容包括老人的康护、疗养、休闲、养老等。

此外，农村互助养老幸福院具有社会化养老的属性，通常被认为属于社会化养老的方式。农村互助养老幸福院由村级主办并借助政府、社会组织等力量建立起来，它给本村老人提供日常养老生活场地。通过建立"时间银行"制度，在入住老人互助、志愿者提供较为专业化的服务、村卫生室提供医养支持的基础上，满足农村老年人特别是空巢老人的用餐、精神支持等需求。在农村互助养老幸福院，老年人的娱乐生活、精神文化生活通过与青少年和其他老年人相处得到丰富，老年人通过力所能及的劳动体现自我价值。与农村互助养老幸福院相近的还有农村社区养老。通常农村社区养老是指基于农村社区和村落集体的力量，充分利用乡村社会的多种资源，在白天能够为农村老人（通常为孤寡老人或者儿女长期在外工作的老人）提供生活照料等养老保障服务的养老方式。本书认为，如果农村社区养老能够为老人提供大部分的社会化养老服务，则可将其归为社会化养老方式。这种养老方式需要农村社区有较好的经济基础支持，随着乡村振兴战略的不断推进与实施，会有更多的农村发展这样的养老方式。

二　家庭养老和社会化养老的演变

家庭是社会的细胞，家庭养老占主导地位。家庭养老是老人最为喜欢的养老模式，也是最经济实惠、最富有人情味的养老模式，可以说它具有天然性。家庭养老模式在中国绵亘几千年，古往今来，家庭为老年人提供资金、生活照料、精神慰藉等老年生活所必需的最基本的养老资源，大家庭所造就的养老观念曾经成为维系中国家庭养老模式的最强有力的精神纽带。但随着经济社会的发展，生产方式、生活方式、思想意识、价值取向等也发生变化，这些变化对家庭结构产生重要影响，家庭养老模式开始发生变化，社会养老资源开始嵌入，社会化养老模式逐步兴起，所占比重逐渐增大，到今天社会化养老模式已经不容忽视。

从养老职能的承担者角度来说，家庭养老主要是由自己、家庭成员或者说亲属网络成员，譬如配偶、子女和其他亲属，履行对老年人的经济供养、生活照料和精神赡养等养老责任，而社会化养老则主要是由社会来承担经济供养、生活照料和精神赡养等养老责任。虽然在我国历史上家庭养老占据着绝对的主要地位，但它与社会化养老在相当长历史时期内存在着并存的关系，不同的历史阶段，两者的比重是不同的。

（一）养老意识的萌芽

人类社会初期，社会生产力十分低下，在自然灾害和野兽等的侵袭面前，任何个体离开群体都无法单独生存。人们通过血缘的纽带组成氏族，并在原始公有制基础上共同劳动、共同消费，依靠氏族这种社会组织的集体力量为老年人口提供经济保障和生活保障，因而养老的经济来源和养老形式都具有单一的社会性质。这一历史时期是养老意识和传统意义上的大家庭养老的萌芽时期。

（二）家庭养老的历史演进

随着社会生产力的发展，以原始公有制为基础的氏族制度逐渐瓦解，取代它的是家庭私有制经济。与此相应地，对老年人的供养，无论是其供养的经济来源还是养老模式，都从依靠集体转变为依靠家庭，即主要依靠子女。

在先秦时期，中国家庭养老作为一个系统已初具形态。首先，养老形式已经具备家庭养老特征，顾名思义，家庭养老就是家庭赡养老年人，所以家庭是家庭养老的基本单元。其次，养老资源已经具备家庭养老特征，子女或者说家庭规模构成了实现家庭养老的资源保证。最后，观念已经具备家庭养老特征：家长制家庭之前，家庭养老主要是一种习俗，家长制家庭建立后，家庭养老成为家长与子女的权利与义务。子女已没有"养"和"不养"的选择，只有子女遵循还是不遵循义务要求、养得让家长满意还是不满意的问题。要做到这一点，就必须有一种思想支持或思想制约，"孝"就是这种思想制约。

两汉至唐末时期是中国家庭养老的发展阶段，主要表现为国家的全面介入。汉高祖刘邦得天下后强调以孝治天下，实行了一系列养老、敬老的优抚政策，这些政策一直持续到魏晋南北朝时期。这一时期，养老制度比较健全，主要表现在政府向社会颁布养老的法令、明确养老范围、以德行为标准遴选三老五更①和制定并落实具体的保障措施等方面。

两宋至清末是中国家庭养老的强化发展阶段。就家庭养老系统的建

---

① 三老五更在秦汉时期开始设置，是指睿智健康而留任在学校中的老年官员，他们的任务是供学生咨询。

设而言，两宋之前其已基本完成。两宋至清末时期的家庭养老发展过程主要是强化过程，也就是家庭养老理念的绝对化过程，如主张家长至上，"家无二尊"成为家长制家庭的基本原则之一。敬老风气盛行，朝廷举行"千叟宴"，请各地老人来京城；对于家长，子女要做到至孝，唯父命是从，不能有丝毫的违背和不悦，一切以父母的喜怒哀乐为行事的标准，"凡子事父母，乐其心，不违其志。乐其耳目，安其寝处，以其饮食忠养之"①。

鸦片战争后，中国进入近代社会时期。中国的近代不仅仅是社会经济剧烈变化的时期，还是思想文化剧烈碰撞的时期。这一时期，传统的家庭养老发生了很大变化，家庭养老出现了养老思想弱化和实际家庭养老强化并存的局面。对于延续了几千年的家庭养老来说，尽管其基本行为方式没有明显的变化，但其理论基础三纲五常和思想基础孝文化却受到了猛烈的冲击。这种冲击为年轻一代解放思想、挣脱父权桎梏提供了条件，并最终为家庭养老的变化奠定了思想基础。虽然任何一场历史变革都是经济基础发展的必然结果，但在变革的启动和运作过程中，思想解放却常常成为关键性的先导因素。

中国传统家庭养老方式源远流长，一直延续至今，既有其存在的历史原因，又有现实原因。从现实看，一是人们对这种方式的存在已经习惯，而且它也是社会提倡的传统美德；二是传统的家庭养老满足了供养双方心理和精神上的慰藉需求。由于家庭的成员长期生活在一起，各代人之间比较协调和融洽。年轻的供养年老的，年老的帮助年轻的做一点力所能及的家务劳动，这种家庭养老形式在供养双方心理上都能被接受。从清末、民国到新中国成立，在经济社会制度的转轨进程中，尽管传统的家庭养老模式已暴露出一些问题或矛盾，但基于历史、文化和现实的原因，家庭养老模式一直延续，并居于主导地位。

---

① 司马光：《居家杂仪》，转引自史凤仪《中国古代的家族与身分》，社会科学文献出版社，1999，第26页。

（三）社会化养老成长与现代的家庭养老

社会化养老在中国古代已经存在，在现代家庭养老发生转型和变化的情况下，社会化养老迅速成长。

养老机构在我国的先秦时代就已经出现，机构养老作为一种养老方式也随之产生。《礼记·王制》中有这样的记载："有虞氏养国老于上庠，养庶老于下庠；夏后氏养国老于东序，养庶老于西序；殷人养国老于右学，养庶老于左学；周人养国老于东胶，养庶老于虞庠。"国老，通常是指告老退职的卿、大夫、士等国之重臣、达官贵人，用今天的事物类比就是离退休的高级干部、知名人士；庶老，则是指一般退休官员和普通百姓年长贤德者及烈士父祖需要照顾者，可以理解为今天的一般退休干部和社会贤达及需要政府照顾的人员。这些称为"序、学、庠、胶"的机构应算是中国最早的官办养老机构了。①

对于无人赡养需要救助的老人，我国古代历史上也曾建立有专门的机构负责养老。魏晋南北朝时期，梁武帝萧衍在都城建康（今南京）创办了中国历史上第一家"养老院"——孤独园，收养孤儿和无人赡养的孤寡老人，负责其衣、食及医疗等。唐时期，养老机构得到继承和推广，政府派官吏专门负责相关事宜。例如，武则天在位时期，开设了"悲田养病院""普救病坊"等收住无人赡养的老人。为救助鳏寡独老，宋神宗时开始推行集中居养的方式，将其收养于"福田院"，随后，又开设了"居养院""养济院""安济坊"等慈善性质的养老机构。元世祖忽必烈曾采纳汉臣刘秉忠的建议，逐步建立和完善了元朝的收养救助制度，当时各路均设立养济院一所，救助、收养"诸鳏寡孤独、老弱病残、穷而无告者"。在总结历朝抚恤孤老残疾经验教训的基础上，明朝政府责令各州县设立"养济院"收养孤老残疾之人，对救助对象、救助办法以及经费来源，均给予详细规定，并将其载入《大明律》中。清朝继续开办"养济院""施棺

---

① 王新光：《中国养老机构管理实践与应用》，中国商务出版社，2018。

局"等养老机构，清政府还大力提倡发展民办慈善机构，如"普济堂粥厂""功德林粥厂""朝阳阁粥厂"等，收住对象除老人外，还有贫民和病人。民间资本也大力捐助养老机构，并参与到各类养老机构的管理和运营中。

我国古代这种在官办的养老机构中养老的方式应该视为那个年代的社会化养老模式。社会化养老能够在家庭养老模式占据绝对主导地位的情况下与之并存共生，说明养老不仅是家庭的事情，还具有社会属性，在某些情况下需要由社会来承担养老责任。随着近现代社会的发展，养老的社会化需求表现得越来越明显。我国改革开放以来，农村的经济发展水平不断提高，劳动力外出流动的规模逐步扩大，农村社会结构和家庭结构快速转型和变化，传统的家庭养老模式不得不顺应时代的要求而转型变化，同时农村社会化养老模式快速成长，社会化养老的需求愈发迫切。民政部公布的《2021 年民政事业发展统计公报》显示，截至 2021 年底，全国共有各类养老机构和设施 35.8 万个，养老床位合计 815.9 万张。其中，全国共有注册登记的养老机构 4.0 万个，比上年增长 4.7%，床位 503.6 万张（约126 张/机构），比上年增长 3.1%；社区养老机构和设施 31.8 万个，共有床位 312.3 万张。城市社区综合服务设施覆盖率为 100%，农村社区综合服务设施覆盖率为 79.5%。全国提供住宿的民政服务机构共计 4.3 万个，机构内床位有 530.5 万张，年末抚养人员达 238.1 万人。虽然总的来看目前社会化养老的人数占比不高，但增长迅速。

随着党的二十大召开，乡村振兴战略全面推进，我国正迈步走在建成社会主义现代化强国的征程上，在这样的背景下，家庭养老也必将走上现代化家庭养老的道路。家庭养老的功能和支持力弱化正成为越来越普遍的现象。家庭结构变迁、子女数减少、代际居住方式变化、劳动力社会参与率提高这些变化影响到家庭的养老功能。传统上家庭养老资源由家庭供给，随着现代社会的发展和现代生活方式的流行，养老资源在社会上重新配置，从而带来了现代化进程中的家庭养老转型和社会化养老的成长、壮大。新时代我国人口老龄化形势日益严峻，养老模式已经且必将由单一化向多元化转变，以适应我国老年人群存在的显著社会差异和养老需求。家庭养老和社会化养老多元并存是我国养老模式现代化变迁的必然结果。

以上关于我国家庭养老模式和社会化养老模式及其演变历史的讨论，给予我们以下两点启示。

第一，养老模式并非一成不变，而是总是处于不断的演变之中，且与当时的经济发展水平、社会结构和人们的文化思想观念相呼应。事实上，养老模式可以看成老人根据自己养老供给主体以及养老资源供给的实际情况而做出的关于养老生活的选择。在自然经济和传统社会的条件下，养老供给主体和养老的人力物力资源基本上集中在家庭，因此，家庭养老模式成为普遍选择的养老模式，同时形成了传统的养老思想观念。在现代社会，老人面对的是多元化的供给主体（家庭、市场化养老机构乃至社区）和多种方式供给的养老资源（养老生活需要的人力物力等资源）及其组合，老人可根据自身的特点、需求和偏好做出选择，从而带来多种多样的养老模式。传统的家庭养老模式，会由于社会养老资源的介入，衍生出与传统养老模式相关联的具有新的内容含义的各种各样形态的养老模式。同样，社会化养老模式也会衍生出各种各样的养老模式，并在老人的选择过程中成长、壮大。

第二，未来家庭养老模式与社会化养老模式将呈现复杂的联系。养老模式由于老人对养老供给主体、资源的选择而呈现多种形态，但仍可以分为两类：家庭养老模式和社会化养老模式。由于养老供给主体和养老资源供给配置的多样性，在养老资源上，两种模式可以相互渗透、相互嵌入。家庭养老只表明实施日常生活照料的场所在家庭，并不等于不存在社会提供照料服务的部分；同样，社会化养老不可能完全割断老年人与家庭亲友间的联系。老年人虽居住在养老院、托老所、敬老院等养老机构，但无法阻止亲友给予其物质上、经济上的援助和精神上的慰藉。当养老从家庭外部（市场）获取的养老资源处于辅助性地位或在量上所占比重相对较小时，可认为是家庭养老；反之，则可认为是社会化养老。在目前情况下，社会化养老与家庭养老将处于共生共存状态。

第二节　共生理论语境下多种农村养老模式共存

一　共生理论

（一）共生的概念

共生是社会中普遍性的存在。在社会这个复杂的大系统中共生关系几乎无处不在，广泛分布于人类社会的经济、政治、文化、社区、家庭等多个领域。在诸领域的共生中，人与自然的和谐共生是整个社会和谐共生的基础。经济、政治、文化系统的和谐共生分别是社会各主体在合理的度之内分享关于经济、政治、文化资源的基本权利。①

"共生"一词最早起源于希腊语。共生的具体概念首先是由德国真菌学家德贝里在 1879 年提出的，他将共生定义为不同种属生活在一起，并明确指出寄生也是共生的一种，但短期的联系不是共生关系。1998 年，我国学者袁纯清将共生学说创新为社会科学的共生理论，共生是指共生单元之间在一定的共生环境中按某种共生模式形成的关系。共生理论主要包括三个方面的论题：共生不仅是一种生物现象，也是一种社会现象；共生不仅是一种自然状态，也是一种可塑形态；共生不仅是一种生物识别机制，也是一种社会科学方法。②

（二）共生的三要素

一般而言，共生的要素包括共生单元、共生模式和共生环境。

---

① 胡守钧：《社会共生论》（第二版），复旦大学出版社，2012，第 3~5 页。
② 袁纯清：《共生理论——兼论小型经济》，经济科学出版社，1998，第 5 页。

1. 共生单元

共生单元是构成共生体或共生关系的最基本单位，它是形成共生体的基本物质条件。在不同的共生关系中，共生单元的性质、类别是不同的。反映共生单元外部特征的因素称为象参量，而反映共生单元内在性质的因素称为质参量。对于任何共生单元而言，多数情况下是存在一组质参量和一组象参量，质参量与象参量的相互作用是共生单元存在和发展的基本动力，也是共生关系形成和发展的内在依据与基本条件。因此，确立和判别共生关系的核心就在于识别与掌握共生单元的质参量和象参量。同一共生单元的质参量和象参量的关系随时空条件与共生模式的变化而变化。

2. 共生模式

共生模式，也称共生关系，是指共生单元相互作用的方式或相互结合的形式，它同时也反映作用的强度。它既反映共生单元之间的物质信息交流关系，也反映共生单元之间的能量互换关系。共生关系多种多样。从行为方式上说，存在寄生关系、偏利共生关系和互惠共生关系，从组织程度上说有点共生、间歇共生、连续共生和一体化共生等多种情形。任何完整的共生关系都是行为方式和组织程度的具体结合，因此可以说，共生关系是反映共生单元某种组织程度的行为方式。同时，共生关系不是固定不变的，它随共生单元的性质及后续共生环境的变化而变化，寄生关系可以演变为偏利共生甚至互惠共生关系，而点共生也可以演变为间歇共生、连续共生直至一体化共生。共生体是共生关系的高级形式但不是唯一形式。共生模式分两种，反映组织程度的模式称为组织共生模式，反映共生行为方式的模式称为行为共生模式。

3. 共生环境

共生环境对一组特定的共生关系来说是外生的。共生单元之间的关系即共生模式不是在真空中产生的，而是在一定的环境中产生和发展的。共生体和环境之间的相互作用往往是通过物质、信息和能量的交换来实现的。共生单元以外所有因素的总和构成共生环境。对任一共生体而言，它都可能面临三类环境，即正向环境、中性环境和反向环境。与之相对应的有正向共生体、中性共生体和反向共生体。正向共生体对环境产生积极作用，反向共生体对环境产生消极作用，中性共生体对环境保持中性作用。

（三）共生的条件

第一，潜在或候选共生单元之间要构成共生关系首先必须具有某种时间和空间上的联系，在给定的时空条件下，它们之间应存在某种确定的共生界面。一方面，这种共生界面为共生单元提供接触机会与表达共生愿望和信息的窗口；另一方面，一旦共生关系形成，这种共生界面就会演化成共生单元之间物质、信息和能量的转移传递通道即共生通道，这种通道的存在是共生机制建立的基础。这种共生界面可以是间歇工作的，也可以是连续工作的。共生界面有多种表现形式，如人类的语言、文字及各种语义系统；经济体系的经济语言按其性质差异可分为有形界面和无形界面，从自然界到人类社会，或者说随着生命层次的提高，共生界面表现出从有形界面向无形界面转化的趋势。这种转化大大扩展了共生的可能性，因为共生不再完全依靠以直接接触为主要形式的有形界面而可以依靠以间接接触为主要形式的无形界面。但我们也看到，有形共生界面的作用仍然在人类社会中占有重要地位。

第二，共生单元之间必须存在必然的物质、信息或能量联系，表现为共生单元之间按某种方式进行物质、信息或能量交流。这种联系往往是由质参量或主质参量之间的亲近度、同质度或关联度等内在性质所决定的。这种联系具有三方面作用，一是促进共生单元某种形式的分工，弥补每一种共生单元在功能上的缺陷；二是促进共生单元的共同进化，物质、信息和能量的交流过程，同时也是共生单元的相互适应、相互激励过程；三是使共生单元按照质参量所规定的形式形成某种新的结构，在生物学中表现为新的器官或物种的出现，在社会中表现为新的社会组织的形成，在经济中表现为新的企业组织形式的产生。

第三，在共生关系的形成中，共生伙伴的选择并不是随意的，而是表现出某种规律性。共生选择成为共生关系形成和发展的重要组成部分。一方面，任何共生单元都会选择与之具有某种关系的其他候选共生单元作为共生的对象，其选择的首要原则体现为有利于自己功能提高的将被优先选择、能力强的将被优先选择、匹配性能好（匹配成本低）的将被优先选择。另一方面，共生对象的选择往往不是一步完成的，共生单元与共生对象（寄主与共生者）之间关系的形成是逐渐相互识别和认识的过程，共生度是变化的，变化表现为逐渐提高；同时，共生关系形成也不是一劳永逸的，随着共生环境的变化和共生单元自身的变化，共生关系形成中不仅仅存在由松到紧的过程，而且也存在由紧到松的相反过程，共生对象识别和共生对象选择反映了共生过程的基本特征。

第四，共生单元之间存在一种临界规模关系，这种临界规模可能是共生形成的重要条件。共生单元的规模之所以也构成共生的一个重要条件，是因为在实际发生的共生关系中，即使有共生的其他条件，如果共生单元的规模过大或过小，共生关系也不可能最终形成。任何一类共生单元或任何一个共生单元在不同的共生关系中往往对其共生对象有不同的临界规模要求。

二 农村养老模式的共生机理

农村养老模式的发展，将政府、家庭、社区、企业等密切地联系起来，形成了互相信任、利益相关的农村养老共同体，其成为推动农村养老模式发展的重要力量。政府、家庭、社区、企业之间在养老模式方面形成了稳定的互惠共生关系。

（一）农村养老模式的共生单元

在农村养老模式中共生单元的确定是确定共生系统存在的最基本条件，共生单元是共生系统得以协同演化的物质基础和物质条件，也是塑造共生系统的重要动力来源。而识别和判定共生单元的核心在于识别象参量与质参量。象参量与质参量分别反映共生单元外部特征和内在性质，共生关系的形成要求共生单元之间应至少具有一组兼容质参量。一般而言，共生单元质参量的匹配性越强、关联度越高，共生关系越稳定。由此引申得到，养老服务供给方的交互适应就是多种养老模式共生关系得以持续发展的物质条件，也是养老模式共生行为的具体表现。

正如上文所说，农村养老模式的共生单元应是共生系统形成发展的重要动力，同时它们之间应存在最少一组兼容质参量。养老模式共生系统的发展需要法律制度、配套齐全的基础设施、高水平的养老服务、敬老爱老的社会风气、老年人自身健康的精神状态等。因此，将政府、家庭、社区、企业这四个养老服务资源供给方作为该系统的共生单元，敬老爱老的孝道精神、维护社会稳定的理念、养老服务资源供给能力、服务质量与水平可视为它们的共同质参量。而这四个共生单元的外部特征，如经济能力、配套设施水平可视为它们的象参量。这四个共生单元以农村养老模式完善为目标，致力于推动农村养老服务水平提升。

政府发挥好在解决农村养老问题过程中的制度设计与引导作用；加强农村社区养老服务硬件和软件的建设，提高社区养老服务水平；大力发展面向农村社区的各种养老服务组织；等等。要积极调适多主体之间的关系，特别是要发挥政府在其中的制度引导和政策支持作用，多元合作，优势互补，发挥合力，最终形成长效联动机制。政府是相关政策的实施方，在养老服务上提供了基本保障措施，在养老基础设施等方面的建设上，对农村养老模式的完善发展有着重要的支持作用。

家庭是提供养老服务的主要单元。养老不仅需要经济支持还需要精神慰藉，发展养老服务离不开家庭的关怀与照顾。

社区作为老人熟悉的生活场所，是提供养老服务的重要角色。老人在家庭养老困难时，更倾向于社区养老，在熟悉的环境与熟悉的人相处，会让老人更有安全感。社区把关心老年人的生活水平、身体健康作为工作要点，推进养老服务的专业化和系统化进程，减轻子女赡养负担。

企业中的养老机构对老年人进行集中管理，为其提供生活及精神上的照顾，配套相对完整的服务设施、医疗设施等。而其他类型企业也会根据自身企业文化组织提供养老资源的交换、志愿活动，也是潜在的养老共生单元。

多个共生单元共同作用避免了单一主体的脆弱性和不稳定性风险。由于养老主体和养老工具的增多，当一种养老主体不能及时有效地行使养老职能时，农村老年人不会像在传统社会一样陷入无人照料、孤独无依的境地，会有其他主体来满足老年人在养老方面的需求。这一点在家庭结构迅速变迁和人口流动十分频繁的今天显得尤为重要。多元主体的存在，意味着多元资源的介入，有助于充实相对稀缺的农村养老资源。政府、家庭、社区、企业这些养老资源供给方的多重作用，丰富了农村养老模式的主体资源、物质资源，有助于解决传统农村养老面临的人力资源和物质资源短缺的问题，也体现了农村养老模式发展的内在本质，这就是提升农村老人的养老水平、缓解农村养老难题。

（二）农村养老模式的共生条件

农村多种养老模式共生共存的状况，是在我国人口老龄化严重的情况下形成并发展的。由于城镇化的发展，年轻劳动力外出打工，农村空心化等问题普遍存在，这给农村养老发展带来了挑战，解决农村养老问题也成了农村发展的关键。乡村振兴战略实施和各类养老服务措施的推行，为农村养老创造了良好的政策制度环境，在正向促进的政策环境与逆向推动的社会环境的共同作用下，农村养老模式共生发展也呈现出了旺盛的生命力和发展潜力，这也为缓解农村养老难题、解决农村发展问题带来了巨大的机遇。

此外，共生界面的中介传导作用也是共生系统形成的必要条件，政府的养老服务政策、社区的社会资源、养老企业的经济力量、家庭对缓解赡养压力的诉求等共生界面的有效中介传导作用，决定了政府、家庭、社区、企业彼此之间适于共生，使得养老资源供给方得到了壮大，政府建设的养老服务基础设施更完善，社区与企业更富有活力，家庭经济和心理压力减轻。各个共生单元之间目标与行为的协同一致，将推动农村养老服务水平的提升。

（三）农村养老模式的共生模式

如前文所述，共生模式是指共生单元相互作用的方式或相互结合的形式，也称为共生关系，在农村养老服务模式中，各个共生单元之间既存在组织共生关系，也存在行为共生关系。从组织程度上看，由于政府、家庭、社区、企业之间的行政关系，政府、企业、社区之间形成长期的连续共生，而家庭与企业之间在组织上通常依靠合同契约联合，即家庭是养老服务企业养老服务的购买方，二者间关系一般属于组织间的间歇共生。但是随着养老服务水平提升，家庭可能会在繁忙期间将老人委托给养老企业照料，随着这种行为的增多，家庭与养老企业之间的利益联结也会越来越紧密。政府、家庭、社区、企业之间的共生关系可能会演变成连续共生。从行为方式上看，各个共生单元之间存在着协同利益关系，即互惠的行为共生关系。政府支持企业、社区服务发展，发展农村产业，改善农村养老能力的经济基础，社区通过提供养老服务缓解家庭压力、减轻家庭赡养负担，由此提高共生系统的经济效益，政府、家庭、社区、企业形成互惠连续共生的模式。

（四）农村养老模式的共生环境

共生环境是共生系统所处的环境，包括政策环境、经济环境、文化环境等，对共生系统或共生单元产生正向激励、中性效应及逆向约束。党的十九大报告提出乡村振兴战略，为农村养老服务模式的发展创造了良好的政策环境。以孝道为先的传统文化也是农村养老模式发展的重要环境因素，但由于生产方式和社会结构的转变，家庭养老功能出现弱化，这也说明农村养老模式发展需要对孝文化进行宣传，从而形成敬老尊老的社会风尚。

1. 政策环境

农村养老的相关政府保障措施一直相对落后，早期主要体现为由政府和村集体经济组织对年老多病、无依无靠的老人进行赡养。长期以来我国农村形成的集体养老形式主要有五保制度和敬老院制度，这种制度的资金获取主要依靠政府拨款和村集体筹款。农村中那些年老多病、无儿无女的老人可以选择独自生活或去敬老院，但大部分农村老人尽可能自己生活，不愿意去敬老院，主要原因在于敬老院的服务不充分，相关养老配套设施不健全，农村老人对敬老院没有归属感，不到万不得已一般不愿意选择。随着农村老龄化的加剧，在广大农村地区，甚至连长期以来实施的五保制度和敬老院制度等也将受到挑战，走向转型、演变。

面向未来，乡村振兴战略实施后，这种情况会有明显改善。乡村振兴战略为农村养老服务高质量发展提供重要机遇。乡村振兴战略的总要求必将为农村养老服务提供新的发展机遇，增强农村养老服务的内生力量，盘活养老资源，促进农村养老模式、养老体系的发展与完善。①

2. 经济环境

小农从个体生产向社会化生产转变，带来了由以家庭为基础的一元养老与集体养老、家庭养老相结合的二元养老向多元社会化养老模式的转变。改革开放以来，中国经济快速崛起，在这个过程中，城市的发展快于农村的发展，相比农村，城市的生活条件更为优越，这也吸引了越来越多的年轻人外流，农村劳动力向城市转移造成了目前农村的空心化，即农村的空巢老人现象非常普遍。家庭养老模式主要是父母依靠儿女，部分无法依靠的老年人群体只能自给自足、自力更生。目前，土地收入仍然是部分农村老年人的主要经济来源。土地在农村不单单是经济收入的来源，农村老年人对于土地有一种特殊的情感，很多老年人甚至将能否自己完成土地耕种和农业生产视为自身生命力强弱的表现。很多老年人甚至认为，什么时候自己种不动地了，什么时候就接近了人生的终点。

但同时，随着乡村振兴战略的实施，经济快速发展，这也使得农村劳

---

① 杜鹏、王永梅：《乡村振兴战略背景下农村养老服务体系建设的机遇、挑战及应对》，《河北学刊》2019 年第 4 期，第 172～178 页。

动力有更多的就业机会。子女经济水平不断提升，促使子女对父母养老方式的选择更加多样化，乡村振兴战略的实施不仅为提升农村养老服务能力提供有力支撑，而且必将促使更多资本、技术、人才向乡村集聚，由此产生链条效应，促进农村养老服务高质量发展。

3. 文化环境

孝文化是支撑传统农业社会发展的核心道德力量，维系着乡土社会的社会治理秩序稳定。但是，伴随着快速的现代化和城镇化发展进程，当代农村正经历从"熟人社会"到"半熟人社会"、从聚居的大家庭格局到离散型小家庭结构再到新联合家庭的变迁，传统孝文化的社会基础和依托正逐渐丧失。传统文化强调乡土社会中血缘、人情、孝道在维系公共道德秩序中的重要性，强调辈分长幼和亲疏关系，讲究三纲五常与差序格局。年长的父辈凭借丰富的人生阅历、老到的为人处世经验以及高超的生产技能在家庭、家族中拥有核心和优势地位。但受现代性意识的冲击，原有的封闭社会已转型成为以理性、法治为特征的开放社会，市场经济取代了农耕经济，社会交往的效率提高，人际关系的信任建立在平等主体间的契约之上。概括而言，孝文化与现代性所需要的伦理规范之间存在着结构性的张力。①

第三节　乡村振兴与农村养老模式共生发展

党的二十大报告中提出要"全面推进乡村振兴"，再一次强调"扎实推动乡村产业、人才、文化、生态、组织振兴"。全面推进乡村振兴，是全面建设社会主义现代化国家的重要组成部分，产业、人才、文化、生

---

① 屈群苹:《慈孝文化的现代困境与实践转型：浙江"慈孝仙居"的经验表达》,《治理研究》2019 年第 1 期，第 114~121 页。

态、组织的"五大振兴"涉及农村生产、生活、生态各个方面，完成这一艰巨而又繁重的目标任务，将会实现城乡协调发展、人民共同富裕的理想和愿景，形成农村生产、生活、生态"三生共赢"的局面，从而带动农村养老事业的空前发展和多种养老模式的共生共赢。在我国农村人口老龄化程度持续加深的情境下，只有不断完善我国农村养老保障制度和养老服务体系，推动多种养老模式共生发展，才能真正建成农业高质高效、乡村宜居宜业、农民富裕富足的现代化新农村。

农村养老是我国民生领域发展的短板，补齐这块短板是乡村振兴的重要任务和难点所在。目前，在我国农村，养老资源总量短缺，社会化养老支持体系发展不充分，家庭养老功能弱化，各种养老模式有待定型、提质和强化。实施乡村振兴战略，在农业农村实现现代化、养老资源供给充足的条件下，不会导致出现社会化养老模式取代家庭养老模式，或者一种模式完全替代其他养老模式的情境。相反，养老模式会朝着多元化而非单一化方向发展。在乡村振兴进程中推进农村多种养老模式的共生发展，是解决我国农村养老问题的必然选择和现实路径。

一 产业振兴：为农村多种养老模式共生夯实经济基础

产业是农业农村发展的根基。乡村"五大振兴"，产业振兴是第一位的。产业兴旺是解决农村一切问题的前提。产业振兴包括培育壮大乡村优势产业、特色产业，夯实农业生产能力基础，构建现代农业生产体系，促进农村一、二、三产业融合发展；质量兴农、绿色兴农、创新兴农，增强乡村产业的持续发展能力，实现由农业大国向农业强国转变；延长产业链，融合多元主体，促进小农户和现代农业发展有机衔接。因此，乡村产业振兴意味着乡村经济实力和经济发展水平大幅度提升，意味着为乡村创造更多的就业机会从而促进农民增收。而乡村经济实力和经济发展水平的提升将会增强农村养老保障能力，增加养老资源特别是养老经济支持的供给，满足多种养老模式需求，促进农村多种养老模式的共生发展。产业振兴可以增强家庭养老经济支持能力，同时也能够壮大农村社会化养老的经济资源实力，二者同步发展，同时得到增强，现实中任何一方都不可能取代另一方。

（一）产业振兴促进农户增收，增强家庭养老经济资源实力

良好的家庭经济基础是家庭养老服务持续供给的前提，更是塑造老年人高质量生活的重要因素。家庭养老经济支持的来源包括家庭的经营及劳动收入、家庭金融资产、老人的养老金及政府补贴，其中，家庭的经营及劳动收入最为关键。而产业振兴正是以增强农户经济实力、促进农民增收为发展导向的。

产业振兴可以通过多种方式促进农户增收。科学布局生产、加工、销售、消费等环节，把产业增值环节更多留在农村。建立联农带农机制，引导工商资本投入农村产业中，发挥资本要素优势，形成资本与农户在产业链上优势互补、分工合作的格局，带动农民致富增收。通过产业振兴盘活农村已有人力、物力、生态资源，实现生产要素资源的自由流动和优化配置，依靠发展产业来建立促进农民增收与实现生活富裕的长效机制，筑牢与加强家庭养老的经济基础和实力保障。乡村振兴战略的实施对农村土地发展提出新的要求，各地区应结合自身实际情况，转变农业发展方式，适应现代农业发展规律，推动农村产权制度改革，鼓励引导社会工商资本进入农村产业，培育新型农业经营主体，发展特色种养殖、休闲农业等高效农业，通过集体资产股权量化，促进农民身份向股东身份的转变，切实发挥土地收益对农民基本养老的保障作用。农民也可以通过出让闲置土地和住宅打造出文旅小镇，进而带动当地的经济发展，增加农村家庭的经济收入。产业振兴可以为农民创造更多就地就近就业机会，实现就业增收。在农产品和乡村发展的基础上，推动当地的其他劳动岗位如环卫工、绿化维护工人、传统技艺制作人等增加，这些岗位大多数可以由本地的低龄老年人担任。为在当地且尚未丧失劳动能力的低龄老年人提供合适的在岗就业机会，既能增加农村老年人的收入，又可以让老年人感受到"被需要"从

而改善身心健康。

（二）产业振兴壮大乡村经济实力和丰富农村社会化养老经济资源

产业振兴强调强化县域统筹，优化乡村产业空间结构，推进镇域产业聚集，促进镇（乡）村联动发展。强调培育多元主体融合，形成"农业＋"多业态发展态势，打造产业融合载体，构建利益联结机制。强调实施农产品品牌战略，打造"一村一品"，将地域资源优势转化为市场竞争优势，促进农业区域结构、产业结构、品种结构全面优化。强调发展村级集体经济项目：以农业为基础，使其与农产品加工业、农村服务业融合；强化农业"接二连三"，发展农产品加工业"接一连三"，加快休闲农业"接二连一"；通过产业相融、产权同享、创新发展，延伸现有村级集体经济项目的产业链和开发新的多元发展产业链，激活各类发展要素，深度挖掘村级集体经济项目的附加值；构建股份经济合作社、一般经济合作社的长期发展机制，使集体经济发展到一个较高的水平，促进集体经济组织良性运行。随着乡村振兴战略的推进，产业振兴、美丽乡村建设和农村养老将会结合发展，农村养老服务产业也将迎来大发展。毫无疑问，产业振兴会不断激发农村经济发展的新活力，壮大农村经济实力，从而丰富农村社会化养老经济支持资源。

二　人才振兴：为农村多种养老模式共生充实人才人力资源

乡村振兴，人才是关键。在推进乡村振兴过程中，需要聚集方方面面的人才为乡村振兴提供人才支撑，需要加快培养农业生产经营人才，农村二、三产业发展人才，农村公共服务人才，农村治理人才，农业农村科技人才等五类人才。乡村振兴必然伴随着乡村人才的振兴。改革开放以来，我国农村青壮年大量流入城市务工，带来了村庄空心化和农村老龄化率偏高等后果，导致养老服务人员和人才资源的短缺，加大了农村养老的压力。《2021年农民工监测调查报告》显示，有1.62亿农民工在县城内就业，占全国 2.93 亿农民工总数的 55%。[1] 乡村振兴的目的就是要遏制村庄凋敝衰落的趋势，使农业多种功能、乡村多元价值得到有效开发，重新布局乡村发展空间格局，让乡村重现烟火人气，建成社会主义现代化新农村。

乡村振兴必然要求产业振兴，进而带来人才振兴。乡村产业的发展，将为农民提供更多就近就地和稳定的就业岗位，留住乡村当地的人力资源和人才资源，从而为充实农村养老人力资源提供坚实基础。产业振兴将扩展乡村发展的空间，改善农村营商环境，强化政策支持和服务保障，不仅吸引当地人力、人才留乡返乡，也将吸引外地人才入乡就业创业，有利于农村养老人力、人才资源的聚集。

产业振兴、人才振兴意味着更多的农民选择离土不离乡，在县域内就近就地就业，意味着更多的农村家庭青壮年稳定在家庭、回流到家庭，农村家庭养老重拾活力。农民工就近就地就业、返乡入乡人员创业就业不仅可以实现农村家庭团聚和家庭养老功能的回归，避免出现孤寡老人或留守儿童家庭，还可以减缓人口外流造成的农村空心化，并且为农村社会化养老聚集人力和人才资源。拥有养老人力、人才资源，有利于推动农村社会化养老服务体系的建立和发展，乃至农村养老机构的建立和发展。随着乡村振兴战略的实施、乡村的产业振兴和人才振兴，农村的康养产业、医养产业将迎来广阔的发展前景。总之，人才振兴可以遏制农村家庭养老功能弱化，同时推动农村社会化养老发展，为农村多种养老模式共生发展提供养老人力资源的支撑。

三 生态振兴：为农村多种养老模式共生发展创造良好环境条件

生态振兴，就是尊重自然、顺应自然、保护自然，推动乡村自然资本加快增值，打造人与自然和谐共生的发展格局，实现百姓富、生态美的统

---

① 胡春华：《建设宜居宜业和美乡村》，《人民日报》2022 年 11 月 15 日，第 6 版。

一。实现农村生态宜居是生态振兴的一项重要任务，目的是使我国农村基本具备现代生活条件，包括完善农村基本生活设施，提高教育、医疗卫生、养老托幼等基本公共服务水平等。我国农村脱贫攻坚战取得全面胜利和全面建成小康社会后，农村生活条件大大改善，但在基本生活设施、基本公共服务、环境生态宜居等方面，距离基本具备现代生活条件的要求还有不小的差距。随着乡村振兴战略的全面推进和生态振兴，打造现代生活条件的各项任务会如期完成，包括：乡村水、电、路、气、信和物流等生活基础设施基本配套完备，生产生活便利化程度进一步提升；全民覆盖、普惠共享、城乡一体的基本公共服务体系逐步健全，教育、医疗、养老等公共服务资源的城乡布局更加公平；卫生厕所进一步普及，生活垃圾和污水得到有效处理，乡村风貌各具特色。

生态振兴为农村创造的良好自然环境和人居条件，必将促进农村多种养老模式的共生发展。对于家庭养老来说，基本生活设施的改善，教育、医疗、养老等公共服务水平的提升，会使农村老人在家养老的生活质量以及获得的养老服务质量大大提高，使农村家庭养老深度融入我国现代化发展和城乡协调发展的进程中。在这种情况下，老人及其家庭成员会喜居乡村，从而有利于农村家庭养老功能的恢复。同时，结合产业振兴、人才振兴，农村各种养老资源会变得充足可及，社区居家养老等社会化养老模式也会成长起来，形成多种养老模式共生发展的局面。

生态振兴将带来农业生态产品和服务供给的增加。因地制宜，发展观光旅游产业，积极开发观光农业、游憩休闲、健康养生、生态教育等项目，是生态振兴可以预期的成果和美好愿景。相比城市，农村宁静的自然环境、淳朴的人文气息和桃源般的田园生活更适合养老，更有益于老年人保持心情愉悦，这必然在农村促进养老产业特别是医养、康养产业的发展，促进社会化养老模式在农村的发展。总之，生态振兴可以创造良好的居住环境，为农村增添更为优质养老资源供城乡老年人进行选择，进而推动多种养老模式的共生发展。

四　文化振兴：为农村多种养老模式共生塑造良好乡风家风

文化振兴，就是培育文明乡风、良好家风、淳朴民风，改善农民精神风貌，提高乡村社会文明程度。文化振兴的内涵非常丰富，包括加强农村思想道德建设、传承发展农村优秀传统文化、加强农村公共文化建设等多个方面。就推动解决农村养老问题来说，文化振兴工作的重点应该是：第一，加强文明乡风建设，通过挖掘农村传统道德教育资源，推进社会公德、职业道德、家庭美德、个人品德建设；第二，加强良好家风建设，通过深入挖掘农耕文明蕴含的中华优秀传统文化，教化群众、淳化民风，培育尊老敬老思想意识，重塑传统孝文化。文明乡风、良好家风是中华优秀传统文化的"根"，是社会稳定的结构性力量。文明乡风和良好家风建设必然强调和倡导包含恭敬孝顺美德的孝文化，从而促进多种养老模式在农村共生发展。

文化振兴有利于农村家庭养老模式的稳固，有利于恢复农村家庭养老的功能。建设文明乡风和良好家风，传承和弘扬中华优秀传统孝文化，能够强化人们尊老敬老的思想观念，并将这种思想观念转化为人们的情感认同和日常的行为习惯，使家庭对老年人的赡养职责与义务深入人心。在过去上千年的历史中，中国农村长期坚持尊老孝老和家庭养老，这成为我国农耕文明的文化标志之一。但随着我国经济发展水平的提高和社会结构的转型变化，家庭养老功能面临弱化趋势，尊老孝老思想观念开始衰落，在这种情况下，推动乡村文化振兴，重塑传统孝文化，必将带来农村家庭养老功能的稳定与回归。

文化振兴有利于农村社会化养老模式的应用范围扩展和质量提升。乡风文明是乡村文化振兴的必然结果。通过推进对传统文化的保护与传承，发挥传统文化底蕴深厚、流传久远的优势，推动乡风文明建设，创设良好的人文环境，能够提高村民的思想觉悟、道德水准、文明素养和科学文化素质，在乡村社区形成爱老的风气，营造出良好的敬老尊老的社区文化氛围。在这种氛围中，农村养老院、社区居家养老、农村互助养老幸福院等社会化的养老模式很容易在乡村社区落地生根。而乡村公共文化服务体系的健全，会使老人的养老生活受到重视，必将丰富农村老年人精神文化生活，老年人精神需求会得到多方面的满足。

五　组织振兴：为农村多种养老模式共生发展提供体制机制保障

组织振兴，就是建立有效的乡村治理新体系。农村基层组织是社会治理网络的神经末梢，农村基层党组织引领下的农村专业合作经济组织、社会组织和村民自治组织等多主体参与的基层组织体系，构成了推进乡村振兴的基层组织力量。农村基层党组织是党沟通广大农民群众的主心骨，坚持党的领导，坚持自治、法治、德治相结合，是乡村扎实开展各项工作的体制机制保障，可以确保乡村社会充满活力、和谐有序。随着乡村振兴的深入推进，农村专业合作经济组织、社会组织和村民自治组织得到进一步建设和完善，广大农村将逐步健全自治、法治、德治相结合的治理体系，这必将带动乡村养老保障制度和养老服务体系建设，促进农村多种养老模式的共生发展。

组织振兴能够缓解当前家庭养老的困境，助力家庭养老模式稳步前行。我国农村家庭养老陷入困境的原因主要有以下两个方面：一是孝老思想观念的变化和种种家庭矛盾导致的农村赡养行为弱化；二是青壮年劳动力外出流动导致家庭的小型化和家庭成员的分开居住，造成老人的家庭照料出现困难。乡村组织振兴可以结合文化振兴，通过宣传表彰活动，弘扬尊老孝老典型事迹，使人们正确树立尊老孝老思想观念，扶正乡风、民风、家风，并深入居民家庭，运用法治、德治等方法，调解家庭养老过程中产生的矛盾和纠纷。农村基层组织还可以统筹乡村养老资源，解决农村家庭养老遇到的实际困难，助力家庭养老。

组织振兴能够发挥农村基层组织贴近百姓服务的优势，推动社会化养老模式在农村落地见效。通过组织振兴，结合产业振兴、人才振兴、生态振兴，农村基层组织可以因地制宜，利用当地优势资源，开发养老产业、医养康养产业，兴建各种形式的养老院和养老机构。兴建互助养老幸福院。互助养老具有低成本、非营利、多元参与、灵活多样的特点，应弘扬农村互助文化，多渠道筹资加强农村互助养老资金支持，加强农村互助养老组织建设，加强规范指导，提高互助养老的服务质量。优化配置乡村养老资源，推动乡村社区养老。发挥基层党组织引领作用，建立低龄健康老年人、村干部、党员、志愿者广泛参与的农村养老服务人才队伍和志愿者组织；利用当地闲置资源优化建设养老场所，提升农村社会化养老功能。

参考文献

著作

陈友华、赵民主编《城市规划概论》，上海科学技术文献出版社，2000。

胡守钧：《社会共生论》（第二版），复旦大学出版社，2012。

埃比尼泽·霍华德：《明日的田园城市》，金经元译，商务印书馆，2000。

李通屏、朱雅丽、邵红梅等编著《人口经济学》（第二版），清华大学出版社，2014。

李仲生：《人口经济学》（第三版），清华大学出版社，2013。

梁漱溟：《乡村建设理论》，上海人民出版社，2006。

《伦理学》编写组编《伦理学》，高等教育出版社、人民出版社，2012。

《毛泽东选集》（第2卷），人民出版社，1991。

沙艳蕾：《新时期中国老龄化问题及应对策略》，武汉大学出版社，2018。

史凤仪：《中国古代的家庭与身分》，社会科学文献出版社，1999。

迈克尔·P. 托达罗：《经济发展与第三世界》，印金强、赵荣美等译，中国经济出版社，1992。

王新光：《中国养老机构管理实践与应用》，中国商务出版社，2018。

王兴国、徐光平、樊祥成：《惠农富农强农之策——改革开放以来涉农中央一号文件政策梳理与理论分析》，人民出版社，2018。

王振亮：《城乡空间融合论——我国城市化可持续发展过程中城乡空间关系的系统研究》，复旦大学出版社，2000。

《习近平谈治国理政》（第4卷），外文出版社，2022。

《习近平谈治国理政》（第2卷），外文出版社，2017。

袁纯清：《共生理论——兼论小型经济》，经济科学出版社，1998。

论文

陈丹、张越：《乡村振兴战略下城乡融合的逻辑、关键与路径》，《宏观经济管理》2019年第1期。

陈景帅、张东玲：《城乡融合中的耦合协调：新型城镇化与乡村振兴》，《中国农业资源与区划》2022年第10期。

陈卫：《中国人口负增长与老龄化趋势预测》，《社会科学辑刊》2022年第5期。

陈显友：《乡村振兴背景下农村养老服务供给问题研究》，《广西社会科学》2021年第11期。

董才生、聂淼、马志强：《农村邻里照护：实践形态、制度困境与政策调适》，《吉林大学社会科学学报》2022年第3期。

杜鹏：《构建与老龄化进程相适应的中国特色养老服务体系》，《中国民政》2022年第12期。

杜鹏、李龙：《新时代中国人口老龄化长期趋势预测》，《中国人民大学学报》2021年第1期。

杜鹏、王永梅：《乡村振兴战略背景下农村养老服务体系建设的机遇、挑战及应对》，《河北学刊》2019年第4期。

高帆：《新时代中国城乡差距的内涵转换及其政治经济学阐释》，《西北大学学报》（哲学社会科学版）2018年第4期。

高鸣：《中国农村人口老龄化：关键影响、应对策略和政策构建》，《南京农业大学学报》（社会科学版）2022年第4期。

高鹏、杨翠迎：《我国医养结合服务模式实践逻辑与协同路径分析：

基于"全国医养结合典型案例"的扎根理论研究》,《兰州学刊》2022 年第 8 期。

顾佳妍:《无锡市城市社区居家养老服务优化研究》,硕士学位论文,云南财经大学,2022。

郭志刚:《中国低生育进程的主要特征——2015 年 1% 人口抽样调查结果的启示》,《中国人口科学》2017 年第 4 期。

韩纪江:《什么样的村庄更容易空心化?——基于全国 14 省 44 县 111 个行政村的调查数据》,《江南大学学报》(人文社会科学版)2020 年第 6 期。

黄闯:《农村老人自我养老保障的现实困境与优化路径》,《探索》2015 年第 2 期。

黄季焜:《乡村振兴:农村转型、结构转型和政府职能》,《农业经济问题》2020 年第 1 期。

黄建:《老年人长期照护保障机制研究——以喘息服务为视角》,《学术交流》2022 年第 5 期。

黄敏:《中国财政支持养老保险支出的风险及对策研究》,博士学位论文,河北大学,2013。

黄祖辉:《准确把握中国乡村振兴战略》,《中国农村经济》2018 年第 4 期。

纪志耿、祝林林:《中国农村养老服务供给:理论基础、形势判断及政策优化》,《农村经济》2019 年第 5 期。

贾晋、李雪峰、申云:《乡村振兴战略的指标体系构建与实证分析》,《财经科学》2018 年第 11 期。

贾兴梅:《新型城镇化与农业集聚的协同效应》,《华南农业大学学报》(社会科学版)2018 年第 2 期。

蒋军成、黄子珩:《乡村振兴战略下基本养老保险制度城乡融合路径研究》,《经济体制改革》2021 年第 6 期。

康越:《日本养老人才队伍建设简析》,《中央民族大学学报》(哲学社会科学版）2013 年第 3 期。

孔祥智：《实施乡村振兴战略的进展、问题与趋势》，《中国特色社会主义研究》2019 年第 1 期。

雷明、邹培：《侍亲、事孝：农村老年防贫与孝道帮扶》，《社会科学家》2022 年第 7 期。

李俏、刘亚琪：《农村互助养老的历史演进、实践模式与发展走向》，《西北农林科技大学学报》（社会科学版）2018 年第 5 期。

李实、陈基平、滕阳川：《共同富裕路上的乡村振兴：问题、挑战与建议》，《兰州大学学报》（社会科学版）2021 年第 3 期。

李伟、陶沙：《大学生的压力感与抑郁、焦虑的关系：社会支持的作用》，《中国临床心理学杂志》2003 年第 2 期。

李文军：《城乡居民基础养老金调整与财政负担测算研究：2016～2050》，《广西师范大学学报》（哲学社会科学版）2018 年第 1 期。

李歆：《农村互助养老服务问题及对策研究——以河北省肥乡县为例》，硕士学位论文，东北财经大学，2018。

林宝：《人口老龄化城乡倒置：普遍性与阶段性》，《人口研究》2018 年第 3 期。

刘冰：《城乡居民基本养老保险制度发展的宏观评价研究》，《理论与改革》2015 年第 1 期。

刘晨光、李二玲、覃成林：《中国城乡协调发展空间格局与演化研究》，《人文地理》2012 年第 2 期。

刘金华、谭静：《养老需求中精神慰藉类型的分析——基于四川省彭州市宝山村的调查》，《农村经济》2016 年第 10 期。

刘娜、董莉娟、孙鹏鹏等：《农村老年人日常生活照料需求及影响因素研究》，《中国卫生事业管理》2016 年第 7 期。

刘琪：《通过社会交往的农村老年人精神慰藉实现：生成逻辑与路径优化》，《云南民族大学学报》（哲学社会科学版）2022 年第 3 期。

刘彦随：《中国新时代城乡融合与乡村振兴》，《地理学报》2018 年第

4 期。

陆杰华、刘芹：《中国老龄社会新形态的特征、影响及其应对策略——基于"七普"数据的解读》，《人口与经济》2021 年第 5 期。

罗佳丽：《农村留守老年人的生活照料问题研究》，硕士学位论文，湖南师范大学，2014。

穆光宗：《普惠养老如何才能做到普惠》，《人民论坛》2019 年第 36 期。

穆光宗、姚远：《探索中国特色的综合解决老龄问题的未来之路——"全国家庭养老与社会化养老服务研讨会"纪要》，《人口与经济》1999 年第 2 期。

穆荣平、蔺洁、池康伟等：《创新驱动社会服务数字转型发展的趋势、国内外实践与建议》，《中国科学院院刊》2022 年第 9 期。

聂丹：《加快发展社会化养老服务体系的路径选择研究》，《劳动保障世界》2015 年第 S2 期。

庞国防、胡才友、杨泽：《中国人口老龄化趋势与对策》，《中国老年保健医学》2021 年第 1 期。

蒲新微、孙宏臣：《互助养老模式：现状、优势及发展》，《理论探索》2022 年第 2 期。

祁玲、杨夏丽：《西北农村互助养老需求及其影响因素分析》，《学术交流》2020 年第 8 期。

乔晓春：《基于需求的养老服务体系建设——思路、框架与实证分析》，《华中科技大学学报》（社会科学版）2022 年第 3 期。

乔晓春、张恺悌、孙陆军：《中国老年贫困人口特征分析》，《人口学刊》2006 年第 4 期。

屈群苹：《慈孝文化的现代困境与实践转型：浙江"慈孝仙居"的经验表达》，《治理研究》2019 年第 1 期。

冉晓醒、胡宏伟：《城乡差异、数字鸿沟与老年健康不平等》，《人口学刊》2022 年第 3 期。

邵春婷：《我国农村养老服务发展的困境及优化措施》，《农村经济与科技》2022 年第 4 期。

舒展、肖金光、陈俊衣等：《社区服务和新型农村合作医疗对农村老年人疾病经济负担影响》，《中国公共卫生》2020 年第 9 期。

宋慧慧：《医养康养相结合机构养老服务的问题及对策研究——以安徽省为例》，硕士学位论文，安徽大学，2021。

苏红键：《人口城镇化趋势预测与高质量城镇化之路》，《中国特色社会主义研究》2022 年第 2 期。

孙小雁、左学金：《中国城乡老年人收入结构变化及影响因素分析》，《上海经济研究》2021 年第 6 期。

汪小勤：《二元经济结构理论发展述评》，《经济学动态》1998 年第 1 期。

王红艳：《乡村振兴战略的"四重超越"特征——兼论中国特色社会主义乡村振兴道路》，《新视野》2021 年第 1 期。

王琼、黄维乔：《农村老年人劳动参与对健康的影响》，《湖北经济学院学报》2022 年第 2 期。

王铄：《积极老龄化视角下农村互助养老模式探析》，《农业经济》2019 年第 12 期。

王晓亚：《农村社区居家养老服务体系建设研究——基于市场视角》，硕士学位论文，河北农业大学，2014。

王宗廷：《家庭转型与居家养老》，《理论月刊》2000 年第 3 期。

魏后凯：《实施乡村振兴战略的目标及难点》，《社会发展研究》2018 年第 1 期。

文丰安、段光鹏：《中国共产党发展理论的百年探索与实践经验》，《经济与管理研究》2021 年第 4 期。

文丰安：《农村生态治理现代化：重要性、治理经验及新时代发展途径》，《理论学刊》2020 年第 3 期。

文丰安：《全面实施乡村振兴战略：重要性、动力及促进机制》，《东岳论丛》2022 年第 4 期。

文丰安：《乡村振兴战略与新型城镇化建设融合发展：经验、梗阻及新时代发展》，《东岳论丛》2020 年第 5 期。

邬锡波、韩红霞、沙开辉等：《糖尿病对农村老年人轻度认知障碍的影响》，《中国农村卫生事业管理》2022 年第 6 期。

吴捷、程诚：《城市低龄老年人的需要满足状况、社会支持和心理健康的关系研究》，《心理科学》2011 年第 5 期。

武玉：《医养康养模式的内涵逻辑、国际经验与本土启示》，《老龄科学研究》2022 年第 7 期。

夏金梅：《新型城镇化与乡村振兴协同发展的时空观察》，《西南民族大学学报》（人文社会科学版）2021 年第 5 期。

熊湘辉、徐璋勇：《中国新型城镇化水平及动力因素测度研究》，《数量经济技术经济研究》2018 年第 2 期。

徐兰、李亮：《互联网＋智慧养老：基于 O2O 理念下的社区居家养老服务模式》，《中国老年学杂志》2021 年第 12 期。

徐维祥、李露、周建平等：《乡村振兴与新型城镇化耦合协调的动态演进及其驱动机制》，《自然资源学报》2020 年第 9 期。

薛惠元、仙蜜花：《城乡居民基本养老保险基础养老金调整机制研究》，《统计与决策》2015 年第 15 期。

薛惠元：《新型农村社会养老保险财政保障能力可持续性评估——基于政策仿真学的视角》，《中国软科学》2012 年第 5 期。

阎寒梅、朱志申、闵晓莹：《社会支持、主观幸福感与农村老年人精神生活满意度——基于辽宁省三个市的调查》，《调研世界》2017 年第 4 期。

颜惠琴、牛万红、韩惠丽：《基于主成分分析构建指标权重的客观赋权法》，《济南大学学报》（自然科学版）2017 年第 6 期。

杨一帆：《国际社会保障政策中的社会现金转移计划：关键问题与政策启示——基于拉美和非洲等国政策创新的比较研究》，《经济社会体制比较》2010 年第 5 期。

叶子荣、龙洋思：《城乡基本养老保险差异及对策——以四川省成都市为例》，《农村经济》2012 年第 2 期。

岳希明、种聪：《我国社会保障支出的收入分配和减贫效应研究——基于全面建成小康社会的视角》，*China Economist*2020 年第 4 期。

翟坤周：《新发展格局下乡村"产业—生态"协同振兴进路——基于县域治理分析框架》，《理论与改革》2021 年第 3 期。

翟振武、陈佳鞠、李龙：《2015～2100 年中国人口与老龄化变动趋势》，《人口研究》2017 年第 4 期。

张琛、彭超、孔祥智：《农户分化的演化逻辑、历史演变与未来展望》，《改革》2019 年第 2 期。

张红宇、张海阳、李伟毅等：《中国特色农业现代化：目标定位与改革创新》，《中国农村经济》2015 年第 1 期。

张继元：《农村互助养老的福利生产与制度升级》，《学习与实践》2021 年第 6 期。

张静：《农村敬老院转型与发展研究》，《老龄科学研究》2016 年第 8 期。

张琦、孔梅：《"十四五"时期我国的减贫目标及战略重点》，《改革》2019 年第 11 期。

张挺、李闽榕、徐艳梅：《乡村振兴评价指标体系构建与实证研究》，《管理世界》2018 年第 8 期。

张贤：《多维视角下我国基本养老保险综合水平地区差异性研究》，硕士学位论文，北京工业大学，2018。

张蕴萍、赵建、叶丹：《新中国 70 年收入分配制度改革的基本经验与趋向研判》，《改革》2019 年第 12 期。

赵志强：《当前农村自我养老困境及对策》，《合作经济与科技》2012 年第 11 期。

郑吉友：《乡村振兴战略下农村医养结合型养老服务体系研究》，《广西社会科学》2021 年第 11 期。

《中共中央、国务院关于一九八六年农村工作的部署》，《中华人民共和国国务院公报》1986 年第 5 期。

周佳茜：《城企联动视角下普惠型养老服务制度研究——以 N 自治区 T 市为例》，硕士学位论文，吉林大学，2022。

周湘莲、刘英：《论农村空巢老人精神养老的政府责任》，《湖南师范大学社会科学学报》2014 年第 4 期。

周祝平：《中国农村人口空心化及其挑战》，《人口研究》2008 年第 2 期。

朱淑媛：《农村居家养老服务中的政府职能履行问题及对策研究——以 L 县为例》，硕士学位论文，曲阜师范大学，2021。

邹湘江、吴丹：《人口流动对农村人口老龄化的影响研究——基于"五普"和"六普"数据分析》，《人口学刊》2013 年第 4 期。

Y. Liu and Y. Li, "Revitalize the World's Countryside," *Nature* 548 (2017).

W. A. Lewis, "Economic Development with Unlimited Supply of Labor," *The Manchester School of Economic and Social Studies* 22 (1954).

报纸

胡春华：《建设宜居宜业和美乡村》，《人民日报》2022 年 11 月 15 日。

《实施积极应对人口老龄化国家战略》，《光明日报》2020 年 12 月 17 日。

习近平：《决胜全面建成小康社会 夺取新时代中国特色社会主义伟大胜利》，《人民日报》2017 年 10 月 28 日。

《中共中央关于制定国民经济和社会发展第十四个五年规划和二〇三五年远景目标的建议》，《人民日报》2020 年 11 月 4 日。

电子文献

《第七次全国人口普查公报（第五号）——人口年龄构成情况》，国家统计局网站，2020 年 5 月 11 日，http：//www. stats. gov. cn/sj/tjgb/rkpcgb/qgrkpcgb/202302/t20230206_1902005. html。

《国家卫生健康委员会举行新闻发布会 介绍建立完善老年健康服务体系指导意见有关情况》，中华人民共和国中央人民政府网站，2019 年 11 月 2 日，http：//www. gov. cn/xinwen/2019 – 11/02/content_5448445. htm。

《刘红尘：以养老机构延伸服务社区解决养老难题》，搜狐网，2009 年 10 月 28 日，http：//news. sohu. com/20091028/n267803456. shtml。

《2006 年城乡建设统计年鉴》，中华人民共和国住房和城乡建设部网站，https：//www. mohurd. gov. cn/file/old/2016/20160202/w0201602022093 5108149666279. rar。

《2021 年城乡建设统计年鉴》，中华人民共和国住房和城乡建设部网站，https：//www. mohurd. gov. cn/file/2022/20221012/5683cd2a – 1b26 – 4cd7 – 854f – 22d40ce98636. zip？ n = 2021% E5% B9% B4% E5% 9F% 8E% E4% B9% A1% E5% BB% BA% E8% AE% BE% E7% BB% 9F% E8% AE% A1% E5% B9% B4% E9% 89% B4。

《2021 年度人力资源和社会保障事业发展统计公报》，中华人民共和国人力资源和社会保障部网站，http：//www. mohrss. gov. cn/xxgk2020/fdzdgknr/ghtj/tj/ndtj/202206/W020220607572932236389. pdf。

《人类减贫的中国实践》，中华人民共和国国务院新闻办公室网站，2021 年 4 月 6 日，http：//www. scio. gov. cn/zfbps/ndhf/44691/Document/1701664/1701664. htm。

习近平：《高举中国特色社会主义伟大旗帜 为全面建设社会主义现代化国家而团结奋斗——在中国共产党第二十次全国代表大会上的报告》，中华人民共和国中央人民政府网站，2022 年 10 月 25 日，http：//www. gov. cn/xinwen/2022 – 10/25/content_5721685. htm。

习近平：《坚持把解决好"三农"问题作为全党工作重中之重 举全党全社会之力推动乡村振兴》，共产党员网，2022 年 3 月 31 日，https：//www. 12371. cn/2022/03/31/ARTI1648714506421324. shtml。

习近平：《决胜全面建成小康社会 夺取新时代中国特色社会主义伟大胜利——在中国共产党第十九次全国代表大会上的报告》，中华人民共和国中央人民政府网站，2017 年 10 月 27 日，http：//www. gov. cn/zhuanti/2017 – 10/27/content_5234876. htm。

《郑新立：我国失能半失能老人共 5000 万，建立照护体系可增加 2500 万就业岗位》，搜狐网，2020 年 9 月 8 日，https：//www. sohu. com/a/416912220_100160903。

《中共中央 国务院关于全面推进乡村振兴加快农业农村现代化的意见》，中华人民共和国中央人民政府网站，2021 年 2 月 21 日，http：//www. gov. cn/zhengce/2021 – 02/21/content_5588098. htm。

《中共中央 国务院关于实施乡村振兴战略的意见》，中华人民共和国中央人民政府网站，2018 年 2 月 4 日，http：//www. gov. cn/zhengce/2018 – 02/04/content_5263807. htm。

《中共中央 国务院印发〈乡村振兴战略规划（2018—2022 年）〉》，中华人民共和国中央人民政府网站，2018 年 9 月 26 日，http：//www. gov. cn/xinwen/2018 – 09/26/content_5325534. htm。

《中华人民共和国国民经济和社会发展第十四个五年规划和 2035 年远景目标纲要》，中华人民共和国中央人民政府网站，2021 年 3 月 13 日，http：//www. gov. cn/xinwen/2021 – 03/13/content_5592681. htm。

图书在版编目（CIP）数据

乡村振兴背景下农村养老问题研究／叶金国，吕洁
著 . -- 北京：社会科学文献出版社，2023.11
　ISBN 978 - 7 - 5228 - 2791 - 9

　Ⅰ. ①乡…　Ⅱ. ①叶…　②吕…　Ⅲ. ①农村 - 养老 -
社会服务 - 研究 - 中国　Ⅳ. ①D669.6

中国国家版本馆 CIP 数据核字（2023）第 219466 号

乡村振兴背景下农村养老问题研究

著　　者／叶金国　吕　洁

出 版 人／冀祥德
责任编辑／周志静
文稿编辑／陈彩伊
责任印制／王京美

出　　　版／社会科学文献出版社·人文分社（010）59367215
　　　　　　地址：北京市北三环中路甲 29 号院华龙大厦　邮编：100029
　　　　　　网址：www. ssap. com. cn
发　　　行／社会科学文献出版社（010）59367028
印　　　装／三河市尚艺印装有限公司

规　　　格／开 本：787mm × 1092mm　1/16
　　　　　　印 张：19　字 数：270 千字
版　　　次／2023 年 11 月第 1 版　2023 年 11 月第 1 次印刷
书　　　号／ISBN 978 - 7 - 5228 - 2791 - 9
定　　　价／98.00 元

读者服务电话：4008918866